무역정책

조 영정 지음

박영사

TRADE POLICY

by
Yungjung Joh

Parkyoung Publishing Company
Seoul, Korea
2016

머리말

오늘날 우리의 삶은 날로 세계화되어 가고 있다. 이러한 세계화 현상은 많은 부분 과학과 기술의 발전에 기초한 것이지만 사람들의 의사와 전혀 무관한 것은 아니다. 사람들이 발전하는 과학과 기술을 세계화에 이용하기 때문이고, 또 사람들의 의지에 의해서 세계화로 나아가고자 하는 힘이 작용하고 있기 때문이다. 이러한 힘으로서 가장 강한 요인중의 하나가 경제적 동기이며, 이 경제적 동기의 구체적인 형태가 국제경제활동이다. 그리고 이 국제경제활동에서의 국가의 의지를 담은 것이 바로 무역정책이다.

현대와 같은 개방경제체제하에서는 어느 나라이든 대외거래활동이 중요할 수밖에 없고 이에 따라 무역정책 또한 중요할 수밖에 없다. 특히 한국과 같이 경제활동에서 대외의존도가 높은 나라에서는 무역정책은 어느 경제정책 못지않게 중요한 역할을 하게 된다.

학문적으로 볼 때 무역정책은 무역학개론이나 무역이론을 공부하고 각론을 공부하기 전에 배우는 과목으로서 무역학 학습과정에서 중간에 위치하면서, 이론을 현실에 적용하는 것을 주요 내용으로 한다. 그래서 무역정책은 무역에 대한 지식을 활용하는데 있어서 뿐만 아니라 무역학 전체를 잘 이해하는 데에도 매우 중요한 과목이다.

이러한 점들을 고려하여 본서는 다음과 같은 사항에 주안점을 두었다.

첫째, 이론과 현실을 연결하고 조화시키려고 노력하였다. 지나치게 현학적인 이론이나 오늘날의 현실에서 큰 의미가 없는 이론은 비중을 낮추어 다루고 현실에서 실질적으로 중요한 내용이나 제도들에 좀 더 높은 비중을 두었다.

둘째, 무역정책에서 다루어야 할 내용을 빠짐없이 그리고 어느 한 곳에 치우침 없이 전체의 내용을 골고루 담도록 노력하였다. 대내적·대외적 경제여건에 연계되어 형성되는 무역정책의 문제들이 매우 다양하고 복잡하며, 또 각 주제마다 그 내용이 깊고도 넓지만 제한된 시간과 공간을 감안하여 중요한 사항을 선별하여 간략하지만 핵심을 짚는 내용이 되도록 노력하였다.

셋째, 새로운 내용을 많이 담았다. 급변하는 국제경제환경에 맞추어 과거의 지식보다 현재의 지식 또는 미래에 중요성을 갖게 될 지식에 더 많은 비중을 두었다. 무역에서의 환경문제나 생산요소의 국제적 이동을 심도 있게 다룬 것도 이러한 취지에서이다.

넷째, 쉽게 설명하였다. 무역정책은 그 내용이 무역이론의 토대위에서 전개되는 경우가 많고, 또 어떤 부분은 상당히 어렵고 복잡한 경우도 있는데 특히 이런 부분에서 여러 방법들을 고안하여 최대한 쉽게 이해될 수 있도록 서술하였다.

다섯째, 강의용으로 적합하게 구성하였다. 한 학기 강의교재로서 모두 8장으로 하여 분량이 작은 장은 1주, 분량이 많은 장은 2주에 걸쳐 강의하기에 알맞게 하였다. 교수님 판단에 따라 더 중요한 장은 자세하게 하고 덜 중요한 장은 간략하게 강의함으로써 융통성을 가지면서 전체적으로 균형을 맞출 수 있도록 구성하였다.

보다 완성도 높은 책을 내겠다는 욕심에도 불구하고 저자의 부족한 능력으로 말미암아 미흡한 점이 많을 줄 안다. 독자 여러분의 기탄없는 질정을 기다리며, 미흡한 부분은 앞으로 착실히 보완해 나갈 것을 약속드린다.

끝으로 본서의 출간을 위하여 노고를 아끼지 않으신 안상준 상무님, 김선민 부장님, 박선진 대리님, 김효선 대리님을 비롯한 박영사 여러분께 깊은 감사를 드린다.

2016년 7월 1일
한강가에서
조 영정 씀

차 례

제6장 무역에서의 환경문제

제7장 국제요소이동

무역정책 개관

CHAPTER 01

무역정책 개관

제1절 무역정책의 의의

　무역이란 국가간에 이루어지는 물품과 서비스의 거래를 말한다. 또 정책이
란 개인이나 조직이 추구하려는 가치로서 목표를 설정하고 그것의 달성을 위한
수단들을 실행하는 일련의 행위를 말한다. 따라서, 무역정책이란 "국가가 국민
경제의 발전을 위하여 외국과의 물품과 서비스 거래를 대상으로 추구하려는 목
표를 설정하고 이를 달성하기 위한 수단들을 실행하는 일련의 행위"라고 할 수
있다.

　또 다른 정의로서, 무역정책이란 "국가가 국민경제의 발전을 위하여 대외무
역거래를 조정·관리하는 행위이다" 라고도 할 수 있다. 또는, "국가가 대외무역
과 관련하여 자국의 이익극대화를 위하여 행하는 정부의 활동이다" 라고도 할
수 있다. 모든 국가는 각 분야마다 추구하는 목표가 있고 이를 달성하기 위하여
정책을 수행하게 되는데 그중 무역과 관련된 목표를 달성하기 위한 정책이 무

역정책이다.

무역정책과 유사개념으로서 통상정책이 있다. 통상정책이란 무역과 통상을 동일한 의미로 본다면 무역정책과 동일하다. 그러나 무역과 통상을 엄격하게 구분하여 그 함축된 의미를 생각한다면, 무역정책이라고 할 때는 정부가 대국민의 관계에서 무역과 관련된 국내제도를 변경하거나 수출과 수입을 장려 또는 억제하는 정책이 중심이 되는 반면에, 통상정책은 대외무역관계에 대한 국가전략이나 대외관계에 대한 정책이 중심이 되는 뉘앙스를 갖는다.

무역정책에는 수입의 제한이나 관세의 부과와 같이 무역에 직접적으로 영향을 주는 조치들이 있는 반면에 농업보조금의 지급과 같이 무역에 간접적으로 영향을 주는 조치들도 있고, 또 환경문제와 같이 무역으로 인하여 간접적으로 영향을 받게 되는 영역에 대한 조치들도 포함된다. 현재 무역자유화의 추세에 따라 직접적으로 영향을 주는 조치들은 줄어들고 있는 반면, 무역의 증대로 무역과 여타 분야와의 상호연관성이 커짐에 따라 간접적으로 영향을 주는 조치들은 늘어나고 있다.

무역정책은 국가의 다른 경제정책들과 밀접한 관련성을 갖고 있다. 예를 들면, 재정정책은 수입수요에 영향을 주어 수입량을 변화시키고, 통화정책은 물가에 영향을 주어 수출과 수입을 변화시키게 된다. 또 각 산업의 산업정책도 이들 산업에서의 국제경쟁력과 수급상황의 변동으로 수출과 수입을 변화시키게 된다. 반대로 무역정책의 결과는 단순한 수출입량의 변화로 끝나는 것이 아니라 물품의 수급, 물가, 고용, 통화량, 경제성장, 국제수지, 산업의 경쟁력 등 경제 전반에 걸쳐서 영향을 미치게 된다. 그래서 무역정책은 국가의 여러 경제정책 분야 중의 하나로서 다른 정책들과 조화를 이루면서 시행된다.

제2절 무역정책의 주체와 객체

무역정책의 주체는 기본적으로 국가이다. 그러나 독립된 경제주체로서 인정되는 국가 아닌 정부도 주체가 될 수 있고, 지역경제통합기구도 주체가 될 수 있다. 세계무역기구(WTO)에서는 회원이 될 수 있는 자격을 "국가", 그리고 대외무역관계나 협정을 수행하는데 완전한 자치권을 보유하는 "독자적인 관세영역"으로 명시하고 있다. 국가 이외의 자치권을 보유하는 독자적인 관세영역이란 홍콩과 같이 국가는 아니지만 독립적인 경제단위인 경우나 유럽연합(EU)과 같이 무역에서 정책결정권을 갖고 있는 경제통합체가 여기에 해당된다.

무역정책의 대상은 물품, 서비스, 지적재산권 등에서의 대외적 거래와 관련된 제반사항이다. 크게는 무역을 할 것인가 말 것인가에서부터, 작게는 어떤 상품에 얼마의 관세를 부과할 것인가에 이르기까지 무역과 관련한 제반문제들이 국가가 결정해야 할 무역정책의 대상이다.

구체적으로 무역대상상품, 무역의 절차, 무역의 관리방법, 무역대상국가, 무역관련 보건문제, 무역관련 안보문제, 무역관련 사회문제, 무역관련 국제협력문제, 지역경제통합, 대외경제협력, 무역관련 경제운용문제, 무역관련 산업생산문제, 무역관련 국내경제발전 문제, 무역관련 환경문제, 해외투자와 외국인 투자유치, 다국적기업의 관리, 국제노동력의 이동 등 무역정책의 대상은 매우 다양하다. 특히 세계화와 국가간 상호의존성 증대로 국제무역의 규모가 증가하고 그 폭이 넓어짐에 따라 무역정책의 대상범위도 점차 확대되고 있다.

제3절 무역정책의 주요 목표

1 국내산업 발전

국제무역은 국내산업의 발전에 매우 중요한 영향을 미친다. 그래서 국가는 무역정책으로 자국산업의 상황에 따라 수출을 촉진시키거나 수입을 억제하게 된다. 수출은 생산량을 증가시켜 국내산업을 확대 발전시킬 수 있다. 수출은 지속적인 산업발전을 가능하게 한다. 수출이 계속되기 위해서는 세계시장에서 경쟁력을 가질 수 있을 만큼 효율성을 가져야 하고 기술개발이 계속 이루어져야 하기 때문이다. 한편 수입은 외국상품의 유입에 의하여 국내산업이 위축될 수 있기 때문에 가급적이면 수입을 억제하여 국내산업을 보호하게 된다. 하지만 때로는 국내산업 발전을 위하여 수입개방을 하기도 한다. 수입을 원활하게 하여 국내산업에서 필요로 하는 물자나 원자재를 해외에서 쉽게 조달할 수 있고, 수입개방을 통하여 산업의 효율성을 높이거나 시장구조를 개선하고 독과점 등의 폐해를 막을 수 있기 때문이다.

2 국내고용 증대

수출이 많아지면 국내생산이 증가하고 수입이 많아지면 국내생산이 감소하게 된다. 국내생산이 증가하면 국내고용도 증가한다. 따라서 무역정책으로 수출을 진작하고 수입을 억제함으로써 국내고용을 증대시킬 수 있다. 더 나아가서 산업에는 노동집약적 산업과 같이 고용량이 많은 산업이 있고 자본집약적 산업과 같이 고용량이 적은 산업이 있으므로, 노동집약적 산업에 수출촉진과 수입억제를 하게 되면 국내고용 증대효과는 더욱 커지게 된다. 그래서 국가는 각 산업의 특성을 고려하면서 무역정책을 통하여 국내고용수준의 향상을 기하게 된다.

3 국내물가 안정

국가내 생산과 소비에서의 수급불균형으로 물가가 오를 경우에는 수입을 확대하거나 수출을 줄임으로써 물가상승을 억제할 수 있고, 반대로 물가가 하락할 경우에는 수입을 줄이거나 수출을 증대시킴으로써 물가하락을 억제할 수 있다. 개방경제하에서 국내물가 상승하면 국내상품의 국제경쟁력은 약화되어 수출은 감소하고 수입은 증가하게 되어 물가가 하락하고, 반대로 국내물가가 하락하면 국내상품의 국제경쟁력은 강화되어 수출은 증가하고 수입은 감소하게 되어 물가가 상승하여 자동적으로 균형을 회복하는 힘이 작동하게 된다. 무역정책은 이러한 물가에 대한 무역의 역할을 고려하여 국내물가의 안정을 도모하게 된다.

4 국제수지 균형

장기적으로 적정한 국제수지를 유지하기 위해서는 경상수지에서의 적정한 균형이 중요하다. 그런데 경상수지내에서 상품무역과 서비스무역 수지가 가장 큰 비중을 차지한다. 수입초과로 국제수지 적자가 발생한다면 수출은 늘고 수입은 줄도록 무역정책수단을 사용하게 되고, 반대로 수출초과로 국제수지 흑자가 과도하게 발생한다면 수출은 줄고 수입은 늘도록 무역정책수단을 사용하게 된다.

5 교역조건 개선

교역조건은 수입가격지수에 대한 수출가격지수의 비율로서 수출상품과 수입상품의 교환비를 나타낸다. 교역조건이 좋아진다는 것은 자국에서 수출물품 일정량을 수출하여 외국으로부터 들여올 수 있는 수입물품량이 더 많아진다는 것을 의미하기 때문에 이는 곧 국가의 후생수준이 증대됨을 뜻한다. 교역조건을 개선하기 위해서는 수출가격이 높게 유지되도록 해야 하고, 수입가격은 낮게 유지되도록 해야 한다. 수출가격이 높게 유지되도록 하기 위해서는 수출상품의 질을 높이고 수출상품을 다양화하고 수출지역을 다변화하여야 한다. 또한 수입가격은 국내에서 수입경쟁재가격이 낮을수록 낮게 되고, 수입관세나 수입과징금과 같은 수입장벽도 수입가격을 낮추는 역할을 한다.

6 자원의 효율적인 배분

어느 나라나 그 국가가 보유하고 있는 자원은 유한하다. 경제 모든 영역에서 그러하듯이 한정된 자원을 효율적으로 사용하는 것은 국가경제에 있어서 중요한 문제다. 일반적으로 자유무역은 비교우위에 있는 재화를 생산하여 수출하고, 비교열위에 있는 재화를 수입하여 소비함으로써 자원을 효율적으로 사용하게 한다. 무역에 장애가 있는 경우 정책적으로 이를 제거하여 무역을 증진시킴으로써 자원배분의 효율성을 증대시킬 수 있다. 또한 생산물시장이나 요소시장에 왜곡이 존재하는 경우에는 자원의 최적배분이 이루어지지 못하므로 무역정책수단으로 이러한 왜곡을 시정함으로써 자원배분의 효율성을 높이게 된다.

7 경제성장 촉진

경제성장이란 국가의 경제활동 규모가 확대되는 것을 말하며 자본축적, 인구증가, 기술진보 등에 의하여 생산능력이 확대되면서 이루어진다. 흔히들 무역은 성장의 엔진이라고 말한다. 그만큼 무역은 경제성장을 촉진시키는데 큰 역할을 할 수 있는 것이다. 무역정책으로 수출을 증대시키고 수입을 억제하면 국내생산은 증가하게 된다. 또 국가는 국내산업생산에 사용될 부품 및 원자재의 원활한 공급을 위하여 이들의 수입을 촉진하기도 하며, 생산설비의 수입을 장려하고, 기술도입을 지원하기도 한다. 특히 개발도상국이 경제적 성장과 발전을 위한 전략으로서 수출주도형 경제개발전략으로 수출산업을 중심으로 산업을 육성하거나 수입대체형 경제개발전략으로 수입대체산업을 중심으로 산업을 육성하는 것도 무역정책을 통해서 이루어진다.

8 국민복지 향상

다른 경제정책과 마찬가지로 무역정책의 궁극적 목표도 국민이 잘 살도록 하는데 있다. 무역은 국내의 재화뿐만 아니라 국내에 없는 재화도 소비할 수 있게 한다. 국내의 소비자가 국내의 상품뿐만 아니라 전 세계 상품중에 원하는 상품을 선택할 수 있게 함으로써 후생수준은 증가된다. 그러나 해외상품이 과도하게 유입되어 국내 경제활동이 위축된다든지, 외국의 유해한 상품유입이나 문화재의 유출과 같이 무역으로 인하여 국민의 후생이 감소되는 경우도 있을 수 있다. 따라서 무역정책은 각 분야에서의 여건과 상황을 고려하여 무역을 적정하게 조정함으로써 국민복지를 향상시키게 된다.

9 안정적인 국제관계의 유지 및 발전

무역정책은 자국의 경제적인 목적뿐만 아니라 대외적인 경제관계도 고려하여야 한다. 무역에 따른 자국의 이해관계의 이면에는 외국의 이해관계도 있으므로 자국 이익의 극대화만 추구하게 되면 외국과의 마찰이 따를 수밖에 없다. 또 국가간의 경제관계는 정치나 안보와 같은 다른 국제관계에도 심대한 영향을 주기 때문에 이러한 측면도 고려하여야 한다. 전 세계 국가들에 의하여 유기적으로 형성되는 국제관계속에서 적정하고 균형적인 통상관계를 설정하여야 하고, 이러한 가운데 국가의 대외관계를 안정적으로 유지·발전시켜 나아가야 하는 것이다.

제4절 무역정책의 성격

무역정책은 다음 몇 가지의 성격을 갖고 있다.

첫째, 무역정책은 경제정책의 일종이다. 무역정책은 다른 경제정책과 마찬가지로 국민의 경제생활과 국가경제에 미치는 영향이 매우 크다. 무역정책은 그 효과가 고용, 물가, 경제성장, 후생, 국제수지 등 경제 전반에 미치기 때문에 정책적 연관성을 고려하여 다른 경제정책들과 보조를 맞추어서 실행하게 된다.

둘째, 무역정책은 산업정책과 밀접하게 연관되어 있다. 무역이 국내의 산업을 기반으로 하고, 무역으로 산업활동은 크게 영향을 받기 때문이다. 따라서 오늘날 대부분의 국가들에서 무역정책과 산업정책은 거의 구분할 수 없을 정도로 밀접한 연관속에서 수행되어지고 있다.

셋째, 무역정책은 많은 이해조정을 수반한다. 무역정책은 대내적으로는 그 정책시행에 따라 득과 실을 보게 되는 많은 국내 이해당사자의 이해조정을 수반하며, 또 대외적으로는 무역상대국가와의 이해조정을 필요로 한다.

넷째, 무역정책은 해외환경에 많은 영향을 받는다. 세계적인 경기변동, 국제금융상황, 국제 원자재의 수급변동, 주요 교역품의 국제수급상황, 주요 교역국의 경제사정의 변화 등 대외적인 상황에 따라 무역여건이 크게 변하게 되고 이에 따라 무역정책도 달라지게 되는 것이다.

다섯째, 무역정책은 국제적인 성격을 갖고 있다. 한 국가가 임의로 관세율을 책정하거나 무역장벽을 설치할 수 있는 것이 아니다. WTO 회원국은 WTO 다자간 규범을 따라야 하고, 무역상대국과의 통상조약을 준수하면서 무역정책을 수행해야 한다.

여섯째, 규범적인 성격을 갖고 있다. 무역정책은 무역에 있어서 어떤 상태가 바람직하며, 그 바람직한 상태를 효율적으로 달성하기 위하여 어떤 수단을 사용해야 하는가를 다루게 된다. 바람직한 상태에 대한 객관적인 정답은 없기 때문에 정책의 선택에는 항상 가치판단의 문제가 개입하게 된다.

제5절　무역정책의 수립과 관리

1　무역정책의 수립

국가는 무역을 진흥시켜야 하고 필요에 따라서는 무역에 대한 제한도 하는 가운데 국가의 산업과 경제발전에 도움이 되는 방향으로 무역이 이루어지도록 하여야 한다. 무역정책은 정책의 향배에 따라 어떤 사람은 이익을 보고 어떤 사람은 손해를 보게 되는 특성이 있기 때문에 이러한 이해당사자들의 이해관계를 조정해야 하고 정책의 이익이 골고루 배분될 수 있도록 해야 한다.

그래서 국가는 자국의 경제상황과 국제적인 상황에 대한 제반요소를 고려하여 정책을 수립하고 집행하게 된다. 또한 무역정책은 다른 경제정책과 유기적인 관계속에서 수립된다. 자원배분의 효율성을 생각한다면 국가의 개입 없이 자유롭게 무역이 이루어지도록 하는 것이 최선일 것이다. 그러나 국가는 다른 경제적인 목표도 추구해야 한다는 면에서 무역정책의 복잡성이 있다. 예를 들어, 국제수지의 개선이나 특정 산업의 육성이 필요하다면 수입제한정책이 필요하고, 국내물자수급의 안정, 국제수지 흑자 시정 등이 필요하다면 수입확대정책이 필요할 수도 있다. 이와 같이 무역정책은 여러 경제정책들중의 하나이고 그 효과는 경제 전반에 미치므로 다른 경제정책들과의 유기적인 관계속에서 종합적으로 국가가 추구하는 경제적 목표를 달성할 수 있도록 정책을 수립하게 된다.

2 국가의 무역관리

2.1 대내적 무역관리

국가는 무역정책의 목표에 맞게 무역이 이루어지도록 국가행정상의 관리를 하게 된다. 국가는 수출진흥을 위한 지원, 관세의 설정, 수출입허가절차, 수출입 통관절차, 무역업자에 대한 관리, 무역방식에 대한 관리 등과 같이 무역에 관련 되는 제반사항을 관리하게 된다. 즉, 국가의 무역정책에 부합하는 무역이 이루 어지도록 하기 위하여 인적 관리, 물적 관리, 행위적인 관리 등과 같이 다각적 인 차원에서 무역에 대한 관리가 이루어지게 되는 것이다. 여기서 인적 관리는 무역업자, 무역대리업자, 종합무역상사, 통관법인, 관세사, 선적업, 해운업 등과 같은 무역관련업자들의 자격이나 활동과 같은 무역에 관계하는 사람에 대한 측 면에서의 관리이고, 물적 관리는 수출입상품공고, 관세의 설정 등과 같은 무역 의 대상에 대한 관리이며, 행위적 관리는 정상적 거래와 특수형태의 거래와 같 이 무역방식에 대한 관리를 말한다.

또한 외국의 상품이 국내에서 거래되는 데에 있어서도 국제적인 무역규칙과 상대국과의 통상조약에 부합되도록 관리가 이루어지게 된다. 외국상품에 대한 차별이나, 외국상품에 대한 지적재산권의 침해와 같은 권리침해가 발생하지 않 도록 해야 하는 한편, 덤핑이나 보조금 지급과 같은 불공정한 행위가 있는 수입 이나 수입폭주로 인하여 국내산업이 피해를 입지 않도록 관리하게 된다.

2.2 대외적 무역관리

국가는 대외적인 차원에서도 정부가 수립한 무역정책에 따라 무역이 이루어 지도록 관리를 하게 된다. 무역협정을 체결하여 국가간의 무역관계를 수립하고 국제기구의 규범이나 외국과의 통상조약에 일치하게 무역이 이루어지도록 해야 한다. 국가간에 무역상의 이해조정이 필요한 경우나 무역마찰이 발생하는 경우 에 당사국간에 협의나 협상을 통하여 해결해 나가는 한편, 국제적인 무역질서의 구축에 있어서 국제무역규범의 제정이나 다자간 무역협정에 참여하여 자국의 이해를 반영하고 자국의 이익을 확보하기 위한 활동을 하게 된다.

그리고 국가는 국제적 경제상황이나 교역상대국의 경제상황의 변화에 대하여 국내의 경제주체들이 적절히 대응해 나갈 수 있도록 하고, 자국민의 무역관련 경제활동을 돕기 위하여 필요한 정보를 수집하고 분석하여 제공한다. 또한 자국의 상품과 기업, 그리고 자국민이 외국에서 차별받거나 불이익을 당하지 아니 하고 유리한 입장에서 활동할 수 있도록 해외에서 자국의 이익을 보호하는 제반활동을 하게 된다.

📝 주요용어

무역	정책	국제무역	국제통상
국제수지	교역조건	산업정책	무역협정

📋 연습문제

01 무역정책을 정의하시오.

02 무역정책의 주요 목표를 설명하시오.

03 무역정책의 성격에 대하여 설명하시오.

04 대내적 무역관리에는 어떤 것들이 포함되는가?

05 대외적 무역관리에는 어떤 것들이 포함되는가?

CHAPTER 02
무역정책의 양대 기조

조직행위의 이해 기초

무역정책의 양대 기조

무역에 대하여 국가가 어떠한 역할을 해야 하는가에 대하여 상반되는 두 가지의 이념이 있다. 하나는 자유무역주의이고 다른 하나는 보호무역주의이다. 자유무역주의와 보호무역주의는 오랜 옛날부터 오늘날에 이르기까지 국가의 국제무역에 대한 입장과 무역정책의 방향을 이끌어온 두 가닥의 이념적인 큰 줄기이다.

자유무역주의는 국가의 간섭을 받지 않고 개개인이 자유롭게 무역을 행하는 것을 원칙으로 하는 이념이다. 반면에 보호무역주의는 국내산업보호 등을 목적으로 국가가 무역에 관여함으로써 개개인의 자유가 어느 정도 제한되는 가운데 무역을 행하는 것을 원칙으로 하는 이념이다.

자유무역주의라고 해서 국가의 간섭으로부터 완전히 벗어나서 무역을 할 수 있다는 것은 아니다. 아무리 순수 자유무역주의라 할지라도 국가의 관여를 완전히 배제할 수는 없다. 무역의 문제에 대한 국가의 관여를 완전히 배제한다는 것은 경제상으로 국가가 존재하지 않는 것이나 마찬가지로서 이것은 현실적으로 불가능하다. 국가는 경제주권을 가지고 있고 무역은 경제주권의 중요한 한 부분이기 때문이다. 반대로 보호무역을 한다고 해서 국가가 무역을 완전히 통제하거나 국가가 무역을 대신할 수 있는 것은 아니다. 이렇게 되면 이것은 이미 보호무역이 아니다.

이와 같이 아무리 자유무역을 한다고 하더라도 국가는 자국의 무역에 대하여 어느 정도는 관여할 수밖에 없고, 보호무역을 한다고 하더라도 국가가 무역에 대하여 전적으로 다 개입할 수는 없다. 이러한 점에서 자유무역과 보호무역은 서로 상반되는 위치에 있지만 어떤 절대적인 기준에 의하여 구분되어지는 것이 아니라 국가개입수준의 정도의 차이에 따라 상대적으로 구분되어지는 것이다.

제2절 자유무역주의

1 자유무역주의의 시원

1.1 중농주의

17~18세기에 들어오면서 근대 자유주의 사상의 발전과 함께 경제활동에 있어서도 자유주의적인 사조가 대두하게 되었다. 이러한 사조는 18세기 프랑스를 중심으로 한 중농주의에서 먼저 나타나게 된다. 중농주의는 그 이전에 성행한 중상주의에서의 경제활동에 대한 국가의 인위적인 개입을 비판하고 개인의 자유로운 경제활동을 보장할 것을 주장하였다.

프랑스의 케네(F. Quesnay)에 의하여 대표되는 중농주의는 국부의 증가는 금·은의 화폐자산의 축적에 있지 아니하고 국가내의 재화량의 증가에 있다고 하였다. 그리고 이러한 재화량을 증가시키는 근원은 토지이며, 생산물을 산출하는 유일한 원천은 농업이라고 주장하였다. 중농주의는 수출과 수입으로 농산물에 대한 가격의 등락을 줄일 수 있으므로 농산물의 안정적인 생산을 위해서 자유무역이 필요함을 주장하였다.[1] 중농주의는 자유무역 자체를 적극 주장하였다 기보다는 무역에 대하여 국가가 인위적으로 개입하는 것을 비판하고 개인의 경제활동에 대한 자유를 주장하였다는 점에서 부분적으로 자유무역주의를 함축하고 있는 것이다.

1.2 고전파경제학과 영국의 자유무역주의

한편 영국은 16세기 이래 강력한 해양국가로 부상하여 중상주의 정책으로 국가경제의 발전을 추구하여 왔지만 영국의 중상주의는 다른 국가에 비하여 자유무역적인 성격이 강하였다. 그런데다가 먼저 산업혁명을 거치면서 공업생산에서 경쟁력 우위를 갖게 된 영국의 입장으로서는 자국산업을 외국상품의 수입으로부터 보호해야 하는 부담이 없었고 산업의 지속적인 발전을 위하여 해외시장이 필요하였다. 또한 공업화로 인하여 원료품 및 식료품을 저렴하고 안정적으로 공급할 필요가 있었다. 그래서 상공업자들을 중심으로 자유무역에 대한 요구가 강하게 일어났다.

이러한 상황에서 1776년 아담 스미스(Adam Smith)는 「국부론」에서 중상주의적인 정책을 비판하고 자유무역의 우위성을 주장하였다.[2] 아담 스미스는 자유주의 경제사상을 크게 발전시켰고 자유무역에 대한 이론적 기초를 확립하였다. 아담 스미스는 자유경쟁에 기초한 분업의 이익이 국가내에서 발생하는 것과 마찬가지로 국가간에도 동일하게 발생한다고 하였다. 국가간에 자유로운 경쟁이 이루어지고 노동의 분화가 이루어지면 각국이 성장하는 산업에 자본과 노동을 집중시키고 다른 산업의 생산물은 외국으로부터 싼 가격으로 수입하게 되어 국가의 부는 증가하게 된다는 것이다. 그리고 무역은 자연적 현상이므로 외국과의 무역에 대한 국가의 제한이나 간섭을 폐지해야 한다고 주장하였다.

이후 고전파경제학의 여러 학자들은 아담 스미스의 사상을 계승하여 자유무

---

1 그러나 공업이나 유통 및 무역 자체에 대해서는 부정적인 생각이 더 많았다. 농업과 달리 공업과 상업은 원천적인 부를 창출하는데 있어서 생산적일 수 없다고 보았기 때문이다.

2 A. Smith, *An Inquiry into the Nature and Causes of the Wealth of Nations* (Chicago: University of Chicago Press, 1977).

역에 대한 타당성을 이론적으로 발전시켜 나가게 되었다. 리카르도(D. Ricardo)는 아담 스미스의 절대우위론에서 크게 더 나아가서 비교우위론으로 무역이론을 정치화시켰다. 리카르도는 19세기 전반 영국의 곡물법에 대한 논쟁에서 곡물법의 폐지와 자유무역의 필요성을 주장하였다. 자유무역은 곡가의 하락을 가져오고 곡가의 하락은 임금의 하락과 이윤의 증대를 가져와 자본축적이 이루어지고, 이에 따라 고용의 기회가 확대되고 노동자의 생활수준도 향상되어 산업의 발전을 가져올 수 있다고 하였다.[3]

그리고 밀(J. S. Mill)은 상호수요이론으로 자유무역에 대한 이론을 발전시켜 나갔고, 세이(J. B. Say)는 보호무역조치가 이윤추구 정신의 약화를 가져와 국민경제를 침체시키는 반면, 자유무역은 자유경쟁을 강화시킴으로써 산업을 발전시킨다고 주장하였다.[4]

이러한 자유무역주의 사상은 자본주의의 발달과 함께 영국뿐만 아니라 전 세계에 확산되어 국제무역의 발전에 큰 영향을 주게 되었다.

2 자유무역의 경제적 효과

2.1 자유무역의 효익

1) 사회후생의 증대

무역을 하게 되면 후생증대의 효과가 발생하게 된다. 생산의 변화가 없는 상태에서 국가간에 재화를 교환하여 소비하는 것만으로도 후생이 증대되며, 수출상품에 특화생산하여 교환하여 소비하게 되면 후생증대효과는 더욱 커지게 된다. 국내생산의 변화 없이 단순한 교환에 의한 후생수준의 증대를 자유무역의 교환효과 혹은 소비효과라 하고, 생산을 특화함으로써 발생하는 후생수준의 증대를 자유무역의 생산특화효과 혹은 생산효과라고 한다.

---

3 D. Ricardo, *Principles of Political Economy and Taxation* (London: J. Marry, 1817).

4 J. S. Mill, *Principles of Political Economy*, ed., W. J. Ashley (London: Longmans, Green, 1917), Book 3, chapter 17~18.

① 자유무역의 교환효과   무역은 국내시장과 국제시장의 상품가격을 비교하여 국내시장에서 상대적으로 값이 싼 재화를 수출하고 국제시장에서 상대적으로 값이 싼 재화를 수입함으로써 국내소비자들의 후생을 증대시키게 된다. [그림 2-1]에서 폐쇄경제하의 생산가능곡선이 PP이고 사회후생수준을 나타내는 무차별곡선이 I_0라고 하면 E가 생산과 소비의 균형점이 된다. 이때 재화간 상대가격으로 보면 국내가격은 P_d로 되는데 만약 국제가격이 P_w라고 한다면, 상대가격을 비교해 볼 때 X재는 국제가격이 국내가격보다 싸고, Y재는 국내가격이 국제가격보다 싼 것을 알 수 있다. 따라서 Y재를 수출하고 X재를 수입하게 된다.

이와 같이 국내생산은 변화 없이 소비만 국제가격에 맞추어 하게 된다면, 그림에서 ED만큼 Y재를 수출하여 DC_1만큼 X재를 수입함으로써 소비점은 E에서 C_1으로 이동하게 된다. 재화의 국내 생산과 소비의 변화는 교환이 이루어지기 이전에는 X_0, Y_0를 생산하고 소비하게 되지만, 교환후에는 생산은 X_0, Y_0로 전과 동일하나 소비는 X_{C1}, Y_{C1}으로 된다. 교환으로 국제가격이 국내가

그림 2-1 **무역의 교환효과**

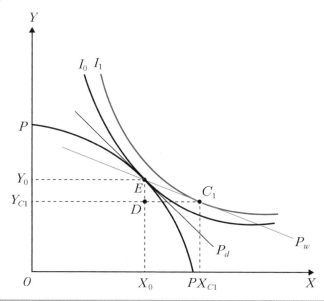

격에 비하여 상대적으로 싼 X재를 더 많이 소비하고, 비싼 Y재는 반대로 더 적게 소비하게 되는 것이다. 이에 따라 후생수준은 I_0에서 보다 높은 수준인 I_1로 된다. 이와 같이 국내생산의 변화가 없는 상태에서 무역만으로 후생수준이 더 높아지게 되는 것을 자유무역의 교환효과 혹은 소비효과라고 한다.

② **자유무역의 생산특화효과**   무역이 자유화되면 세계시장을 고려하여 재화를 생산하게 된다. 국내시장에서 더 싼 Y재는 수출을 위하여 더 생산하고, 세계시장에서 더 싼 X재는 수입을 위하여 덜 생산하면서 자국에 비교우위가 있는 재화에 특화생산이 이루어지게 되는 것이다.

이를 [그림 2-2]에서 보면 생산가능곡선과 국제가격곡선이 접하는 A점에 해당하는 X_a, Y_a의 생산이 이루어지면서 생산이 X재는 $X_0 - X_a$만큼 감소하고, Y재는 $Y_a - Y_0$만큼 증가하는 생산특화가 발생하게 된다. 이와 같이 특화생산으로 보다 많은 무역을 하게 되면 재화의 국내생산은 X_a, Y_a로 되고, AD만큼 Y재를 수출하여 DC_2만큼 X재를 수입함으로써 소비는 X_{C2}, Y_{C2}로 된

그림 2-2 **무역의 생산특화효과**

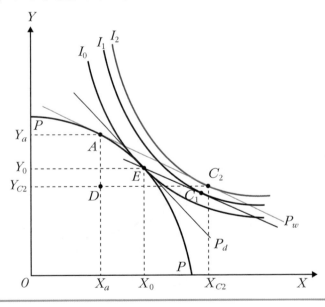

다. 이때 이전의 생산특화 없이 교환만 하는 경우보다 소비점은 C_1에서 C_2로 이동하게 되고, 후생수준은 I_1에서 I_2로 되어 더 높은 수준이 된다. 이와 같이 특화생산으로 후생수준이 더 높아지는 것을 자유무역의 생산특화효과 혹은 생산효과라고 한다.

2) 규모의 경제실현

자유무역이 이루어지면 생산자가 대상으로 하는 시장이 국내시장에 한정되지 않고 해외시장까지 넓어지기 때문에 생산의 규모를 확대할 수 있고 이에 따른 규모의 경제효과를 가져올 수 있다.

[그림 2-3]은 규모의 경제가 발생하여 생산가능곡선이 원점을 향하여 볼록한 경우의 국가간 무역을 나타내고 있다. 두 개의 국가를 상정하여 두 국가의 국가규모나 경제적 요소가 모두 동일하다고 가정하자. 폐쇄경제하에 각국이 두 재화를 모두 생산하여 소비한다고 하면 생산과 소비의 균형점은 E_0로 되고 사회적 후생수준은 I_0이 될 것이다. 그러나 양국이 각각 어느 한 재화만 완전 특

그림 2-3 **규모의 경제효과**

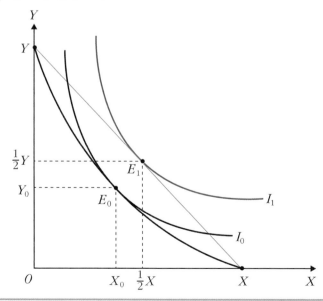

화생산하여 교환한다면 이보다 높은 수준의 후생수준을 실현할 수 있다. 즉, 그림에서 한 나라는 X 재만 생산하고, 다른 한 나라는 Y 재만 생산하여, 각각 자국 생산량의 절반을 상대국 생산량의 절반과 교환한다면, 소비의 균형점은 E_1 로 되고 후생수준은 I_1 로 되어 증가하게 됨을 알 수 있다.

현대에는 규모의 경제가 발생하는 산업이 많아 규모의 경제 요인의 중요성이 매우 크다. 현대산업은 생산설비가 거대화되고 초기에 대규모의 투자를 필요로 하는 경우가 많기 때문이다. 이러한 측면에서 규모의 경제 실현을 가능하게하는 자유무역은 이에 의한 경제적 이익을 발생시키게 되는 것이다.

3) 경쟁의 강화

자유무역은 기업들간 경쟁의 범위를 국내시장에서 국제시장으로 확대시킨다. 폐쇄경제하에서는 국내기업들간에만 경쟁하기 때문에 경쟁이 심하지 않고, 산업에 따라 독과점이 발생할 수 있다. 이러한 상황에서 기업들은 경쟁에 대한 부담 없이 안주할 수 있다. 그러나 자유무역이 되면 세계의 수많은 기업들과 경쟁하지 않으면 안 된다. 여기서 기업은 경쟁력 제고를 위하여 기술혁신과 효율적인 경영에 전력을 다하게 된다. 이러한 가운데 국내산업이 더욱 발전하고 소비자도 더 값싸고 좋은 제품을 사용할 수 있게 되는 것이다. 실제로 19세기 영국과 같이 자유무역정책을 시행하였던 국가들보다 독일과 같이 보호무역정책을 시행한 국가들에서 독과점이 많았고[5] 이로 인한 피해도 많았던 것이 역사적인 경험이다.

4) 자원배분의 효율성

자유무역이 이루어지면 개별국가는 자국에 풍부한 자원을 더 많이 사용하고 자국에 희소한 자원을 더 적게 사용하게 되어 세계적인 차원에서 보다 효율적으로 자원을 사용하게 된다. 예를 들어 보기로 하자. 선진국은 상대적으로 자본이 풍부하고 노동이 부족하며, 개발도상국은 상대적으로 노동이 풍부하고 자본이 부족한 것이 일반적이다. 그래서 개발도상국은 자본부족으로 자본집약재를

---

5 카르텔, 콘체른 등과 같은 독과점 용어가 독일어인 것은 이들이 독일에서 시작되었기 때문이다.

많이 소비할 수 없고, 선진국은 노동부족으로 노동집약재를 많이 소비할 수 없다. 이때 노동이 풍부한 개발도상국은 노동집약재의 생산에 특화를 하고, 자본이 풍부한 선진국은 자본집약재의 생산에 특화를 하게 되면 세계적인 차원에서 더 많은 재화를 생산할 수 있게 되어 자원의 배분이 효율적으로 이루어지게 되는 것이다. 이러한 결과로 개별국가의 입장에서도 개발도상국은 같은 자본량으로 더 많은 재화를 소비할 수 있고, 선진국은 같은 노동량으로 더 많은 재화를 소비할 수 있게 된다.

5) 분업에 의한 이익

국내에 있어서와 마찬가지로 국가간에 있어서도 분업은 경제적인 이익을 가져다준다. 일찍이 아담 스미스(Adam Smith)는 교환은 인간의 본능적 욕구이며 분업은 이러한 교환을 가능하게 한다는 점에서 교환과 분업의 중요성을 강조하였다.

스미스의 국부론은 분업이야기로부터 시작된다. 핀을 만드는데 만약 분업을 하지 않고 한 사람이 모든 공정을 혼자서 한다고 했을 때 하루에 핀 한 개 만들기도 어렵고 많이 만든다고 가정해도 하루에 20개 만들기가 어렵다. 그런데 어느 핀공장에서는 10명의 작업자가 18개의 공정으로 나누어서 분업에 의한 작업을 하여 하루에 48,000개의 핀을 생산하고 있었다. 즉, 핀공장에서 1인당 하루 평균 4,800개를 만드는 셈이니, 분업으로 인해서 240배 내지 4,800배나 더 높은 생산성을 올리고 있었던 것이다.[6]

스미스는 분업이 생산량을 증대시키는 이유로서, 첫째, 분업으로 작업자들이 전문화함으로써 일에 더욱 숙달될 수 있고, 둘째, 분업함으로써 작업자가 작업전환으로 발생되는 소요시간을 절약할 수 있으며, 셋째, 작업자들이 같은 작업을 하게 되면 작업능률을 향상시킬 수 있는 기계나 공구를 고안해 내기 쉽다는 점 등을 들었다. 국가간에 있어서는 자연환경을 비롯한 생산여건의 차이가 많기 때문에 이러한 여건의 상이성을 기초로 하는 분업은 더 큰 경제적 이익을 발생시킬 수 있는 것이다.

---

6 A. Smith, *An Inquiry into the Nature and Causes of the Wealth of Nations* (Chicago: University of Chicago Press, 1776/1977). Ch. 1.

6) 무역을 통한 자본축적

자유무역은 자본의 축적을 용이하게 할 수 있다. 개발도상국들은 대개 상대적으로 노동이 풍부하므로 노동집약재에 특화생산하여 수출하거나 고유의 특산물을 수출함으로써 자본재의 수입이 가능하게 된다. 이것은 국내에서 자본재를 직접 생산하는 것보다 자본축적에 더 용이한 방법이 될 수 있다. 수출은 고용의 증대를 가져오고 산업연관효과에 의하여 주변산업의 생산능력을 증대시키며, 외화를 획득하게 함으로써 이 재원으로 국내에서 필요로 하는 수입재, 기술, 숙련노동 등을 확보하고 사회간접자본을 확충할 수 있는 것이다.

7) 기술전파와 자본이동효과

자유무역은 상품에 대한 지식, 기술, 노하우(know-how), 그리고 경영방식 등을 국제적으로 이전시킬 뿐만 아니라 자본의 국제적인 이동을 촉진시킨다. 또한 국제적인 재화의 교류는 생활관습, 사고방식, 생산방식 등의 사회 전반에 걸쳐 변화를 가져다주고 사회를 근대화시키는 역할을 한다. 이러한 점은 특히 개발도상국의 사회적 근대화와 관련된 경제발전의 문제에 있어서 중요성을 갖는다.

2.2 자유무역의 비용

1) 국가간 분업의 어려움

국제적 분업관계의 조화로운 배치가 어렵다. 산업에 따라서는 부가가치가 큰 산업도 있고 작은 산업도 있으며, 국가경제발전에 중요성이 큰 산업도 있고 작은 산업도 있다. 그런데 모든 국가는 자국에 유리한 산업에 특화하려 한다. 또한 자유무역에 의한 국가간의 분업이 당사국 모두에 이익을 가져다준다고 할지라도 그 이익의 배분에 있어서 균등성이 보장되는 것이 아니다. 이는 특화를 통한 분업을 하느냐의 문제도 중요하지만 어떤 나라가 어떤 산업에 특화하느냐도 이에 못지않게 중요하다는 것을 의미한다. 그래서 특화에 의한 분업을 두고 국가간에 이해관계가 상충될 가능성은 항상 존재하게 되는 것이다.

2) 국제수지의 불균형

국제수지 불균형의 발생은 자유무역의 지속을 어렵게 한다. 리카르도의 비교 우위이론에서는 국가 전체의 경쟁력과 관계없이 비교열위산업만큼 비교우위산업이 있게 되고 이에 따라 분업하면 국제수지도 균형되는 것을 가정하지만, 현실에 있어서는 이러한 이론적인 틀에 따라 무역이 이루어지는 것이 아니다. 어떤 나라는 산업 전반에 걸쳐 경쟁력을 갖는 반면에 어떤 나라는 산업 전반에 걸쳐 경쟁력이 없는 경우가 태반이다. 경쟁력을 갖는 나라는 국제수지 흑자가 누적되는 반면, 경쟁력이 없는 나라는 적자가 누적된다. 만성적인 무역불균형의 상태에서는 국가가 무역에 대한 개입을 할 수밖에 없게 되는 것이다.

3) 무역에 따른 조정비용의 발생

무역을 하게 되면 수출하는 산업은 확대되고 수입하는 산업은 축소되는 가운데 산업간 구조조정이 일어나게 된다. 자유무역에서는 비교우위가 정태적이라는 가정하에서 무역에 따른 조정비용을 감안하지 않고 있지만 조정비용은 경우에 따라 매우 클 수도 있다. 자유무역의 효율성은 생산요소의 산업간 이동이 용이하다는 가정에 기초하고 있다. 그러나 현실적으로 생산요소의 이동은 단기적으로는 말할 것도 없고 장기적으로도 어려운 경우가 많다. 예를 들어, 농업이 비교열위에 있다고 해서 평생을 논밭에서 살아온 농부가 전자산업으로 바로 이직할 수 없으며, 섬유산업의 경쟁력이 상실되었다고 해서 섬유생산설비를 자동차생산에 전용하기는 어려운 것이다.

4) 국가간 경쟁력의 차이

세계의 국가들간에는 그 경제발전수준에서 차이가 매우 크다. 선진국들의 경우에는 거의 산업 전 범위에서 경쟁력을 갖고 있는 반면에 개발도상국들의 경우에는 산업 전 범위에서 경쟁력을 갖지 못하는 경우가 많다. 이러한 상황에서 개발도상국은 자유무역으로는 안정적인 산업형성이 어렵다. 선진국들보다 더 값싸고 품질 좋은 상품을 만들기 어렵기 때문이다. 이 같은 국가간의 경쟁력 차이는 단기간에 해소될 수 있는 문제가 아니다.

5) 개발도상국의 공업화 문제

개발도상국에 있어서는 무역에 의한 이익도 중요하지만 공업화가 더 시급한 문제이다. 따라서 개발도상국에서는 경제적인 손실을 감수하고서라도 공업화를 이루려고 하기 때문에 자유무역에 의한 무역이익의 창출보다는 보호정책에 의한 공업육성이 더욱 중요한 의미를 가지게 된다. 또한 개발도상국이 국제무역에서 우려하는 점은 국제적 분업관계의 고착화이다. 자국이 1차산업이나 저부가가치산업에 특화하는 무역구조로 고착화되면 경제발전이 더욱 어려워질 수 있는 것이다.

6) 해외의존에 대한 우려

독립성은 국가가 추구하는 중요 목표중의 하나이다. 국가가 독립성을 갖기 위해서는 경제적 측면에서도 자립능력을 유지할 필요가 있다. 세계가 상호의존되어 있지만 이러한 가운데에서도 국가로서의 독립적인 경제적 능력을 필요로 한다. 산업에 따라서 국가의 안전과 독립성의 확보를 위하여 필수적으로 국내에서 유지해야만 하는 산업이 있으므로 이러한 산업의 유지와 육성이 필요한 경우에는 자유무역에서 벗어날 수밖에 없는 것이다.

제3절 보호무역주의

1 보호무역주의의 시원

1.1 중상주의

15세기 근대 절대주의 국가의 성립기로부터 18세기 중반까지 유럽은 중상주의(mercantilism)하에 있었다. 따라서 19세기 이전의 국제무역의 지배적인 경향은 중상주의에 의하여 대표되는 보호무역주의였다고 할 수 있다. 국가와 시대에 따라 다소 차이가 있기는 하나 중상주의의 공통적인 특징은 국가개입에 의한 무역수지 흑자에 중점이 두어졌다는 점이다. 즉, 국가가 개입하여 국내산업을 장려하고 대외무역에 있어서는 수출증대와 수입억제를 통하여 당시 모든 나라들의 공통 화폐였던 금과 은을 축적하는 것이 국부를 증가시키는 것으로 여겼다. 이때는 국가 상호간의 이익이나 이해의 조정이라는 협력의 개념은 희박하였으며, 한 국가의 이익은 다른 국가의 손해로 여기는 가운데 국가들간에 경쟁적이었고 서로 배타적인 입장이 강하였다. 오늘날 자국의 이익만을 중시하는 보호주의를 중상주의라 부르는 것도 여기서 유래하는 것이다.

1.2 해밀턴의 공업보호론

미국은 1776년 독립할 당시까지 본국인 영국의 통제하에 무역을 하였고, 독립 이후에도 농업중심 국가로서 면화, 담배, 곡물 등을 수출하고, 공업제품은 영국을 비롯한 유럽 국가들로부터의 수입에 의존하고 있었다. 이러한 가운데 공업을 육성하여 경제적인 유럽의존으로부터 벗어나려는 욕구가 강하게 작용하고 있었다.

이 같은 상황에서 1791년 해밀턴(Alexander Hamilton)은 「제조업 보고서」에서 당시 유럽에 비하여 뒤처져 있는 제조업의 육성과 이를 위한 공산품 수입에 대한 보호무역의 필요성을 주장하였다.[7] 당시 농업국이었던 미국의 입장에서는 공업을 발전시켜야만 제조업과 농업에서의 산업분화를 통하여 자립경제를 달성할 수 있다는 것이었다. 그리고 안정적인 농업의 발전을 위해서도 비농업 소비자계층이 필요하고 이를 위해서는 제조업을 육성해야만 한다는 것이다. 미국의 제조업은 유럽에 비하여 낙후된 상태에 있어 현 상태로는 유럽의 수입상품에 밀려서 성장할 수 없기 때문에 국가의 보호조치로써 육성하지 않으면 안되며, 이러한 제조업의 보호수단으로서 보호관세의 부과, 보조금 및 장려금 지급, 수출입통제, 세금면제 등을 제시하였다. 이와 같은 조치로써 보호하게 되면 국내의 제조업은 외국상품과의 경쟁에서 벗어나 생산규모를 확대시킬 수 있고 그럼으로써 산업이 성장하게 되고, 더 나아가 외국기업과 경쟁할 수 있는 수준

---

7 A. Hamilton, *Report on Manufactures* (Washington: US Congress, 1791).

으로 발전할 수 있게 된다는 것이다.

이러한 해밀턴의 주장에 대한 타당성은 현실에서 입증되었다. 이후 미국은 나폴레옹전쟁으로 유럽으로부터 공산품 수입을 못하게 되자 국내생산의 증가와 함께 산업이 발전되는 계기를 맞게 되고, 전쟁 이후에는 관세인상 등의 보호조치속에서 산업은 계속적으로 발전하여 선진국 대열에 들어설 수 있게 되었다.

1.3 리스트의 유치산업보호론

19세기 유럽의 많은 국가들에서는 무역에 대한 규제와 통제가 존속되고 있었다. 당시 영국이나 프랑스에 비하여 공업화가 늦은 국가들에 있어서, 자유무역은 영국과 같은 선진국의 시장석권으로 인하여 오히려 불리할 것이라는 인식이 강하게 남아 있었다. 이러한 가운데 당시 후진국의 입장에서 보호무역의 필요성을 주장한 사람이 리스트(Friedrich List)이다.

독일의 리스트는 1841년 「정치경제의 국민적 체계」에서 독일의 공업발전을 위한 유치산업보호론을 주장하였다.[8] 영국에 비하여 산업이 낙후되어 있는 독일의 입장에서는 산업과 경제 발전을 시키려면 보호무역을 통한 유치산업의 보호가 필요하다는 것이었다.

자유무역론에 의하면 자유로운 무역속에서 한 국가에 가장 적합한 산업이 형성되고 발전된다고 하지만, 이것은 국가의 경제발전수준이 비슷한 경우에 가능하고 차이가 있을 경우에는 현실적으로 그렇게 되기 어렵다는 것이다. 후진국은 자본이 부족하고 기술수준이 낮기 때문에 선진국의 상품유입으로 새로운 산업의 생성과 발전이 어렵다. 따라서 외국상품의 수입을 억제하여 국내의 유치산업을 보호하여야 한다는 것이다. 리스트는 보호관세를 부과하게 되면 초기에는 공업제품의 가격이 등귀하게 되지만, 일정 기간후 국내산업이 완전한 생산력을 발휘하게 되면 외국에서 수입하는 것보다 저렴하게 국내생산을 할 수 있기 때문에, 장래의 이익을 확보하기 위하여 현재의 이익을 희생할 필요가 있다고 하였다.

---

8 F. List, *The National System of Political Economy* (1841).

리스트는 경제발전에 대한 국가의 역할을 중시하는 가운데 아담 스미스의 자유무역론을 비판하였다. 자유무역이 모든 경우에 타당한 것은 아니며 국가는 자국의 경제발전단계에 맞는 정책을 채택하여야 한다는 것이다. 그 당시 국가의 산업발전단계에서 후기단계에 있는 영국의 경우에는 자유무역을 채택하는 것이 유리하지만, 중간단계에 있는 독일은 보호무역을 채택해야만 한다고 하였다.[9] 그리고 독일도 공업이 발전하여 후기단계에 이르게 되었을 때 자유무역의 이익을 누릴 수 있다고 하였다.

2 보호무역의 경제적 효과

많은 부분에서 자유무역에 대한 주장근거는 보호무역에 대한 비판근거가 되고, 보호무역에 대한 주장근거는 자유무역에 대한 비판근거가 된다. 그렇지만 자유무역의 효익과 비용이 바로 보호무역의 비용과 효익으로 되는 것은 아니기 때문에 다시 보호무역의 효익과 비용을 살펴보기로 한다.

2.1 보호무역의 효익

1) 유치산업의 보호

유치산업(infant industry)이란 어린아이와 같이 현재는 미성숙하여 경쟁력이 약한 상태에 있지만 성숙하게 되면 강한 경쟁력을 가질 수 있는 산업을 말한다.

산업의 생산성은 변하는 것이며 이에 따라 국가간의 비교우위도 시간에 따라 변한다. 현재에 있어서는 어떤 산업이 비교열위에 있다고 하더라도 성장잠재력이 있다면 일정한 성장기간 이후에는 비교우위를 가질 수도 있다. 또한 국가의 어떤 산업이 잠재적인 경쟁력을 갖고 있는데도 불구하고 작은 부분의 장애요인에 의하여 경쟁력이 발휘되지 못하고 있는 경우에 그 장애요인만 제거해주

---

9 리스트는 자신의 경제발전단계설에서 국가경제의 발전단계를 ① 수렵상태, ② 목축상태, ③ 농업상태, ④ 농공상태, ⑤ 농공상상태의 5단계로 구분하고, 이러한 경제발전단계의 초기 및 후기단계에서는 자유무역이 유리하나 중간단계에서는 보호무역이 필요하다고 하였다. 왜냐하면 중간단계인 농업사회에서 공업사회로의 이행은 보호무역에 의해서만 달성될 수 있기 때문이라고 하였다.

면 경쟁력을 발휘할 수도 있다. 반대로 현재는 비교우위를 보이고 있으나 생산이 증가하게 되거나 시간이 지나면 경쟁력을 갖기 어려운 산업도 있을 수 있다. 그렇기 때문에 현재 드러나고 있는 면만을 기준으로 하여 국가간 특화를 한다면 장기적으로 볼 때 전혀 바람직하지 못한 결과가 나올 수도 있는 것이다. 예로서 1960년대에 한국의 전자산업이나 자동차산업은 국제경쟁력이 전혀 없었다. 그러나 2000년대에는 강한 국제경쟁력을 갖게 되었다. 외국상품의 수입으로부터 국내시장을 보호하고 국가적인 지원으로 보호 육성한 결과 경쟁력 수준이 크게 달라지게 된 것이다.

이와 같이 산업이 초기단계일 때에는 상품생산이 효율적이지 못하여 경쟁력이 없지만 시간이 지나고 생산이 늘어날수록 생산성이 향상되는 것이 일반적이다. 국내생산의 증가는 규모의 경제로 단위당 생산비를 낮추게 되고 생산의 과정에서 기술습득효과로 기술의 축적이 이루어질 수 있기 때문이다. 그렇기 때문에 산업에 따라서는 외국상품의 수입을 제한하면 국내생산이 증가하게 되고, 이에 따라 생산성이 향상되어 외국상품보다 경쟁력 열위에 있던 국내상품이 우위에 설 수 있게 되는 것이다. 이와 같은 생산성의 향상효과는 1차산업보다 공업의 경우에 많이 발생하기 때문에 유치산업의 보호대상은 주로 공업부문이 된다.

유치산업보호의 효과를 [그림 2-4]를 통하여 분석해 보자. X축은 농산품의 생산량을, Y축은 공산품의 생산량을 표시하고 있다. 원래 폐쇄경제하에서 생산가능곡선을 PP라고 하고, 사회무차별곡선을 I_0이라고 하면, 이때 국내가격은 P_d로 되고 생산과 소비의 균형점은 P_0으로 된다. 여기서 국제가격이 P_w라고 가정하자. 만약 이 상태에서 자유무역을 하게 된다면 비교우위에 있는 농산품을 수출하고 비교열위에 있는 공산품을 수입하게 되어 생산점은 P_1이고 소비점은 C_1로 될 것이다. 이때 사회적 후생수준은 I_1로 되어 단기적으로 보면 자유무역으로 인하여 후생수준이 증가하게 됨을 알 수 있다.

그런데 자유무역을 하지 않고 일정 기간 보호조치한 결과 공산품 산업이 성장하여 생산가능곡선이 PP에서 PP'로 변하게 되었다고 하자. 이렇게 유치산업이 성장한 이후에 자유무역을 실시하게 되면 생산점은 P_2, 소비점은 C_2로 되어 공산품을 수출하고 농산품을 수입하게 된다. 따라서 성장전에는 비교열위에

그림 2-4 유치산업 보호효과

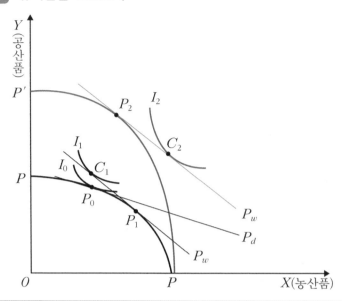

있던 공산품산업이 성장한 이후에는 비교우위의 산업으로 바뀌게 된 것이다. 이 때 사회무차별곡선은 I_2이다. I_2는 유치산업 보호 없이 자유무역을 했을 때 누릴 수 있었던 후생수준 I_1보다 높은 수준에 있기 때문에, 처음부터 자유무역을 했던 것보다 유치산업을 보호하여 육성함으로 해서 더 높은 사회후생수준을 달성할 수 있게 되었음을 알 수 있다.

그러나 유치산업보호론이 이와 같은 이론적인 타당성을 가지고 있음에도 불구하고 이것을 정책적으로 적용하는 데에는 여러 가지 어려움이 있다. 그중에서도 가장 어려운 문제는 어떤 산업이 잠재적인 성장가능성이 있고 미래에 비교우위산업이 될 수 있을지를 사전에 판단하기가 쉽지 않다는 점이다. 보호대상이 되는 유치산업은 무한정 보호를 필요로 하는 산업이 아니라, 일정 기간 보호후에는 보호 없이도 경쟁력을 가져야 한다. 여기에 더 나아가서 보호에는 사회적 비용이 발생하므로 보호기간 이후에 이 비용을 회수할 만큼 수익을 거둘 수 있어야 한다. 그러므로 만약 육성할 산업을 잘못 선정할 경우 막대한 사회적 손실이 발생할 수 있는 것이다.

이 문제와 관련하여 유치산업의 선정기준에 대한 몇 가지의 견해가 있다.

첫째는, 밀의 검증(Mill's test) 기준이다.[10] 이 기준은 한 산업이 유치산업으로 선정되기 위해서는 일정한 보호기간이 지난 후에는 비교우위산업이 될 수 있어야 한다는 것으로 밀(J. S. Mill)이 주장한 기준이다.

둘째는, 밀-바스터블의 검증(Mill-Bastable's test)이다.[11] 이 기준은 밀의 기준만으로는 충분하지 못하고, 그 위에 해당 산업이 성장한 후에 얻을 수 있는 수익이 산업의 육성에 소요된 비용을 보상할 수 있어야 한다는 것으로 바스터블(C. F. Bastable)이 주장한 기준이다.

셋째는, 밀-바스터블-켐프의 검증(Mill-Bastable-Kemp's test)이다.[12] 이 기준은 밀-바스터블의 검증 기준만으로는 충분하지 못하고, 그 위에 해당 산업에 외부경제효과가 발생하여야 한다는 것으로 켐프(M. C. Kemp)가 주장한 기준이다. 외부경제가 발생하는 경우는 투자이익이 사회적으로 발생하지만 투자자 자신에게 돌아오지 않아 투자가 이루어지지 않을 수 있기 때문에 이런 경우에만 국가의 보호가 필요하다는 것이다.

2) 사양산업의 보호

자유로운 무역속에서는 국내산업과 외국산업이 경쟁하지 않으면 안 되고 이러한 경쟁에서 뒤지는 국가의 산업은 사양화된다. 또 어떤 국가의 산업이 지금까지는 국제경쟁력을 갖고 있었다 하더라도 해당 산업에서 더 강한 경쟁력을 가진 국가가 출현하게 되면 그 국가의 산업은 경쟁력을 상실하고 사양화하게 된다.

경쟁력을 상실한 국가는 해당 산업에서의 생산량의 감축과 이에 따른 불황과 실업을 맞을 수밖에 없다. 사양산업의 보호문제는 기존의 산업기반이 있던 국가의 경우이기 때문에 이 같은 문제가 대두되는 국가는 주로 선진국들이다. 국가간 분업을 위해서는 노동집약적 산업이나 재래산업은 후진국에 맡기고 선

---

10 J. S. Mill, *Principles of Political Economy*, ed., W. J. Ashley (London: Longmans, Green, 1917).

11 C. F. Bastable, *The Commerce of Nations*, 9th ed. (London: Methuen & Co., 1923), pp. 140~143.

12 M. C. Kemp, "The Mill-Bastable Infant Industry Dogma," *Journal of Political Economy*, Vol. 68 (1960), pp. 65~67.

진국은 자본 및 기술집약적 산업이나 새로운 산업에 특화하는 것이 세계 전체 뿐만 아니라 선진국의 입장에서도 이익이 되는 일이다.

그러나 현실적으로 새로운 산업의 창출은 매우 어려운 일이며, 새로운 산업이 창출된다고 해도 기존 사양산업에서의 인력이 그대로 흡수되기가 어렵기 때문에 구조조정에 따른 실업의 문제가 수반된다. 또 선진국이 새로운 산업들을 창출하면서 이 분야에 특화를 해나간다고 할지라도, 새 산업이 성장하기까지는 시간이 걸리므로 단기적으로 이러한 새 산업이 고용량을 흡수할 때까지 기존산업의 사양화를 늦출 필요가 있다. 이러한 경우에 경쟁력을 상실한 국가에서 경쟁력 있는 외국상품의 국내유입을 제한함으로써 자국산업의 피해를 줄이고 급속한 사양화를 방지할 수 있게 된다.

사양산업의 보호는 자유무역옹호의 입장에서 보면 비교우위의 원리에 배치되는 것이지만 무역정책에는 자원의 효율적인 배분만이 아니라 국가 전반에 걸친 넓은 범위의 이해관계가 고려되어야 하기 때문에, 이러한 사양산업의 보호도 무역정책의 선택과정에서 당연히 중요한 문제일 수밖에 없는 것이다.

3) 국민소득 및 고용증대효과

보호주의적인 조치는 수입재에 대한 수요를 감소시키는 반면, 국내의 수입대체재에 대한 수요를 증대시킨다. 그래서 보호주의적인 조치는 국민소득수준을 증대시키고 고용을 증대시키는 효과를 가져올 수 있다. 경제가 불완전고용상태에 있다고 가정하고 이에 대한 효과를 케인즈의 국민소득 결정모형으로 살펴보기로 하자.

[그림 2-5]에서와 같이 한 나라의 수입함수는 실질국민소득의 증가함수이며, 수출함수는 실질국민소득과 독립적이다. 따라서 수입곡선 M은 우상향하고 수출곡선 X는 수평으로 된다. 이제 수입제한조치로 수입량이 M_1수준으로 줄어들면 실질국민소득은 Y_0에서 Y_1으로 늘어나게 된다. 또한 국가가 적극 개입하여 수출을 촉진시켜 수출이 증가될 때도 수출곡선 X가 상향이동되어 마찬가지로 국민소득은 늘어나게 된다. 그리고 국민소득의 증가와 함께 고용도 증가된다.

이러한 보호주의 조치에 대한 국민소득증대 및 고용증대효과가 나타나기 위해서는 자국의 조치에 대하여 상대국은 반응하지 않는다는 가정하에서이다.[13] 만약 상대국도 자국과 동일한 보호주의적인 보복조치를 취하게 된다면 자국의 수출이 감소하고 이에 따라 국민소득 및 고용의 증대효과는 사라지게 되는 것이다.

그림 2-5 **국민소득 증대효과**

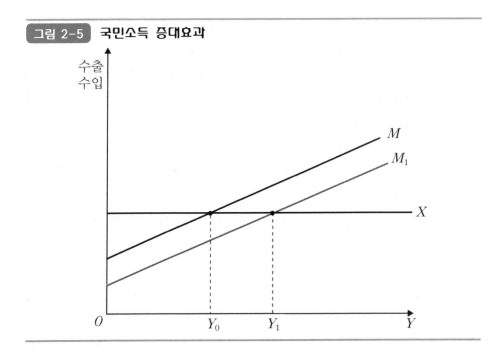

---

4) 국제수지의 개선

국제무역에서 수출량과 수입량이 저절로 균형되어지는 것이 아니다. 국내산업의 경쟁력이 약하여 수입량이 수출량보다 훨씬 많을 수도 있고, 국내산업의 경쟁력이 강하여 수출량이 수입량보다 훨씬 많을 수도 있다. 이에 따라 국가간의 수지가 항상 균형되기는 매우 어려우며, 국가간에 수지관계가 자동으로 조절

---

13 자국의 국민소득증대와 실업의 감소를 위하여 보호주의적인 정책을 취한다는 것은 자국의 실업을 타국에 수출하는 근린궁핍화정책(beggar-my-neighbor policy)의 일종이다. 이러한 경우에 한 국가의 보호주의적인 정책으로 수출이 감소하게 된 상대국도 자국의 국민소득과 고용증대를 위하여 같은 형태의 대응조치를 하는 것이 일반적이다.

되는 장치가 없다. 환율이 변동되지만 이것만으로는 국제수지관계가 자동조절
되기에는 완전하지 못하다. 따라서 자유무역하에서 계속적으로 적자가 누적된다
면 국가경제가 심각한 어려움에 직면할 수도 있다. 현실적으로 선진국 상호간에
있어서도 국제수지의 불균형문제가 심각하고 개발도상국의 경우에 만성적인 국
제수지 적자문제를 겪는 경우가 많다. 특히 개발도상국의 경우에는 만성적인 국
제수지 적자를 막기 위하여 수입규제와 수출촉진을 하는 것 외에는 다른 정책
적인 여유가 거의 없는 경우가 대부분이다. 그래서 WTO에서도 국제수지를 이
유로 하는 일시적인 무역제한조치를 허용하고 있는 것이다.

5) 국내시장의 왜곡시정

자유무역이 효율적인 자원배분을 한다는 것은 국내생산, 국내소비, 국내요
소시장, 국제시장이 완전경쟁적이라는 전제하에서이다. 그런데 현실의 많은 경
우에 시장은 완전경쟁적인 것만은 아니며 부분적으로 왜곡되어 있는 경우가 많
다. 시장왜곡은 경제내에 외부경제나 외부불경제가 있을 때, 독점적인 요인이
있을 때, 정보가 불완전할 때, 제도적인 장애가 있을 때 등 여러 가지의 원인에
의하여 존재한다. 이러한 시장왜곡이 있는 경우에는 이를 시정하기 위한 정부
개입이 필요하게 되는데, 이는 결국 자유무역으로부터의 이탈을 의미하게 된다.
이러한 문제를 여기서는 외부경제효과가 발생하는 경우의 예를 들어 살펴보기
로 하자.

[그림 2–6]에서 D는 국내수요곡선이며, S_p는 사적기업의 국내공급곡선이
고, P_i는 국제공급곡선이다. 국제공급곡선은 공급자가 많아 완전탄력적인 형태
를 보이고 있다. 이때 자유무역하에서 국내생산은 Q_1, 국내수요는 Q_4가 되고
국내생산과 국내소비의 차이인 $Q_1 Q_4$는 수입량이 된다. 그런데 사회적인 국내
공급곡선은 재화공급생산에 있어서 외부경제가 발생하기 때문에 사적기업의 국
내공급곡선 아래의 S_s로 된다고 하자. 즉, 사회적 공급곡선에 의하면 공급량이
Q_2가 되어야 하지만 사적기업은 Q_1만 생산하고 있어 사적기업에 의해 공급되
는 양은 사회적으로 필요한 공급량에 미치지 못하고 있는 것이다. 따라서 이러
한 경우에 시장왜곡에 의하여 적정하게 이루어지지 못하고 있는 국내공급량을
국가가 개입하여 조정해 줄 필요가 있다.

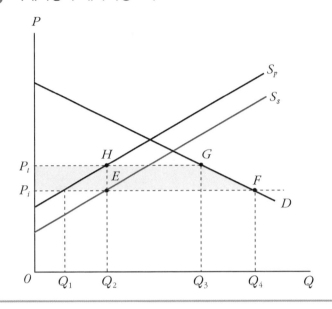

그림 2-6 국내시장의 왜곡시정효과

 시장왜곡을 시정하기 위한 방법으로 두 가지의 다른 방법을 생각해 보기로 한다. 먼저 관세의 부과이다. 관세를 부과하여 수입상품의 수입후 국내가격이 P_t로 되게 한다면 국내생산이 Q_2로 늘어나게 된다. 이때 관세부과로 국내의 가격수준이 P_t로 상승하게 되면 소비가 Q_4에서 Q_3으로 감소되면서 소비에서의 왜곡이 발생하게 되어 □$P_i FG P_t$만큼의 소비자후생의 감소를 가져오게 된다.

 또 다른 방법으로 보조금의 지급이다. EH만큼의 보조금을 지급하게 되면 공급곡선은 S_s로 되어 생산은 Q_1에서 Q_2로 확대된다. 이때에는 국내의 가격수준이 P_i로 유지되므로 소비수준은 영향을 받지 않게 되어 소비자후생의 감소가 발생하지 않는다. 즉, 이 경우 보조금의 지급이 관세의 부과보다 시장의 왜곡을 시정하는데 있어서 더 효과적인 방법이라는 것을 알 수 있다.

 그런데 시장왜곡을 시정하는데 있어서 정부가 어떤 정책을 사용하는 것이 최적정책수단인가는 왜곡의 성격에 따라 달라지게 된다. 즉, ① 국제시장의 왜곡이 발생하는 경우에는 관세의 부과가 최적수단이 된다. ② 국내시장에서 생산의 왜곡이 발생하는 경우는 생산에 직접 개입하는 보조금 및 조세정책이 최적정책이다. ③ 국내시장에서 소비의 왜곡이 있는 경우에는 소비에 대한 보조금 및 조세정책이 최적정책수단이 된다. ④ 요소시장의 왜곡이 발생하는 경우는 요소사용에 대한 보조금 및 조세정책이 최적수단이 된다.

이와 같이 최적의 정책수단은 왜곡이 발생하는 그 부분만을 시정하는 것이다. 왜곡이 없는 부분에까지 효과가 작용하는 정책을 사용하게 되면 이로 인하여 또 다른 왜곡을 불러오기 때문에 최적정책수단이 될 수 없는 것이다. 이렇게 볼 때, 국제시장의 왜곡을 시정하기 위해서는 관세의 부과가 최적수단이 되는 반면, 국내시장의 왜곡을 시정하기 위해서는 보조금 및 조세 같은 국내정책이 최적정책으로 되는 것이다.

6) 교역조건의 개선

보호주의적인 조치는 그 국가의 교역조건을 개선시킬 수 있다.[14] 상대국이 무역에 관한 제반여건을 동일하게 유지한다고 가정하면 자국의 보호주의적인 조치는 자국상품의 교역조건을 개선시킨다. 즉, 상대국의 수출공급량은 변화가 없는 상태에서 자국의 보호주의적인 조치로 국내의 수입수요가 감소하게 되면 상품의 수입가격은 하락하게 될 것이다.

이를 예를 들어 생각해보기로 하자. 컴퓨터를 가정하여 국산과 외제가 성능과 품질 면에서 동등하고 가격도 같아서 모두 100만 원에 팔리고 있다고 하자. 이때 컴퓨터 수입에 대하여 관세를 10% 부과하게 되면 국산 컴퓨터 가격은 그대로인데 외제 컴퓨터는 110만 원으로 상승하게 된다. 이렇게 되면 지금까지 외제 컴퓨터를 사던 사람이 가격이 비싸다고 안 사게 된다. 이때 컴퓨터가 팔리도록 하기 위하여 외국 컴퓨터 기업이 선택할 수 있는 방법은 가격을 낮추는 것이다. 이와 같이 수입관세와 같은 보호주의적인 조치는 일반적으로 수입품의 수입가격을 낮추도록 한다.

상대국의 대응조치가 없다면 자국상품의 수출가격은 변동하지 않으므로 수출가격은 불변인데 수입가격이 하락하게 되어 교역조건이 자국에 더 유리하게 변하게 되는 것이다.

---

14 교역조건은 그 나라의 수입상품에 대한 수출상품의 가격비를 말한다. 한 나라의 교역조건이 개선되었다 함은 자국의 수입상품 가격에 비하여 수출상품 가격이 상승하였음을 의미한다.

이와 같이 보호무역조치가 교역조건에 변화를 가져오게 되는 경우를 관세를 중심으로 살펴보기로 한다. [그림 2-7]에서와 같이 A국과 B국이 각각 X재와 Y재를 수출하는데 그 오퍼곡선이 곡선 A와 곡선 B와 같다고 가정한다.[15] 자유무역의 경우에는 양국의 오퍼곡선이 교차하는 점인 E_0점이 교역의 균형점이 되어, A국은 X_0만큼의 X재를 수출하고 Y_0만큼의 Y재를 수입하게 되어 교역조건은 P_0로 된다. 그런데 만일 A국이 수입관세를 부과하게 되면 A국의 오퍼곡선은 A_1로 변동된다.[16] 그 이유는 국내무역업자는 관세부과 이전에는 OX_0만큼의 X재 수출과 OY_0만큼의 Y재 수입으로 교환하고자 하였으나 관세부과 이후에는 관세까지 감안하여야 하므로 더 많은 양의 Y재를 받고 교환하지 않으면 안 되기 때문이다. 이때 B국의 대응조치가 없다고 하면 B국의 오퍼곡선은 변동이 없으므로, 새로운 균형점은 E_1으로 되어 A국은 OX_1만큼의 X재를 수출하고 OY_1만큼의 Y재를 수입하게 된다. 이때 교역조건은 Y축 방향으로 더 기울어진 P_1로 되어 관세부과국인 A국의 교역조건이 개선됨을 알 수 있다.

그림 2-7 교역조건 개선효과

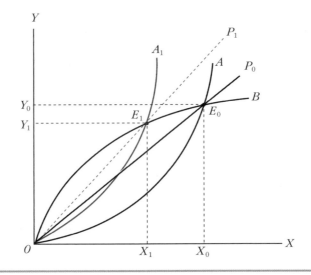

15 오퍼곡선에 대한 자세한 설명은 pp. 117~119 참고.
16 관세에 의한 오퍼곡선 및 교역조건 변화에 대해서는 pp. 119~121 참고.

7) 소득분배효과

수출과 수입의 변동은 국내의 소득분배에 영향을 미치게 된다. 보호무역은 수입재의 가격을 상승시켜 수입경쟁산업의 국내생산을 증가시키고 수출재의 국내생산을 감소시키게 된다. 이에 따라 수입대체재에 집약적으로 사용되는 생산요소는 그 수요가 증가하여 요소가격이 상승하는 반면, 수출재에 집약적으로 사용되는 생산요소는 그 수요가 감소하여 요소가격이 하락하게 된다.[17] 즉, 보호무역은 자유무역에 비하여 해당 국가에 희소한 생산요소의 가격을 상승시키는 반면 풍부한 생산요소의 가격을 하락시키게 된다. 이는 노동풍부국에서는 자본가에 유리하게 소득을 배분하고, 자본풍부국의 경우는 노동자에 유리하게 소득을 배분하게 하는 것이다. 이와 같이 무역에 대한 국가의 정책적인 조치로서 생산요소 집단간의 소득배분이 더 바람직하게 되도록 영향을 줄 수 있는 것이다.

8) 무역패턴의 고착화로부터 탈피

선진국과 개발도상국간 산업발전수준의 격차는 매우 크다. 이러한 가운데서 자유무역을 하게 되면 선진국은 첨단산업을 비롯한 발전된 산업에 특화를 하게 될 것이고, 개발도상국은 1차산업을 비롯한 재래산업에 특화를 하게 될 것이다. 이렇게 각국이 특화생산하게 되면 특화산업은 발달하고 비특화산업은 생산을 않게 되어 비교우위관계는 더욱 확실해지고 무역패턴은 고착화 된다.

산업마다 부가가치가 다르고 국가경제발전에 더 많이 기여하는 산업과 덜 기여하는 산업이 있다. 그래서 모든 국가는 고부가가치산업, 산업연관효과가 큰 산업, 미래산업 등 국가경제발전에 더 중요한 산업에 특화하고자 할 것이다. 자유무역하에서는 이러한 특화산업결정에서 우선선택권은 산업 전 범위에서 생산능력을 갖고 있는 선진국들에게 주어지게 된다. 이렇게 됨으로써 개발도상국은 저부가가치산업, 재래산업 등에 특화하게 되어 선진국보다 불리한 위치에 서고 선진국과의 경제발전 격차는 더욱 커지게 된다. 개발도상국의 입장에서 이런 결과를 피하기 위해서는 가급적 국가경제에 중요한 산업이 특화산업으로 육성되

---

[17] 반대로 자유무역은 그 국가에 풍부한 생산요소의 가격을 상승시키는 반면 희소한 생산요소의 가격을 하락시키게 된다.

도록, 또는 이런 산업이 전적으로 수입에 의존하게 되지 않도록 국가가 무역패턴을 조정하고 개선해 나아갈 필요가 있는 것이다.

9) 관세의 세입효과

관세수입은 정부재원의 주요한 원천중의 하나이다. 오래전부터 국가는 재원을 확보하기 위한 하나의 수단으로서 관세를 부과해왔다. 현대에 들어오면서 이런 목적의 중요성은 줄어들었지만 아직도 상당수 국가들에 있어서 관세가 정부재원 마련에 중요한 부분을 차지하고 있다. 특히 개발도상국에 있어서는 정부재원 마련을 위한 원천이 적기 때문에 관세는 정부재원 확보의 수단으로서 중요성을 갖는다. 관세는 행정적으로 부과하기에 편리하고, 과세표적의 포착이 용이하며, 조세저항도 적은 편이어서 재정수입 원천으로서의 장점을 갖고 있다.

10) 경제 외적인 이유에 의한 보호무역론

무역은 경제적 요인뿐만 아니라 수많은 경제 외적인 요인들과도 밀접하게 관련되기 때문에 무역에서 이러한 요인을 무시할 수 없다. 경제 외적인 이유에 의하여 무역에 규제를 가하게 되는 대표적인 경우로서 국방 및 안보, 보건 및 환경, 사회문화적 가치보전 등을 들 수 있다.

아담 스미스(Adam Smith)조차도 국방의 목적을 위해서 무역을 제한할 수 있다고 하였다. 무역과 관련하여 고려되어야 할 국방의 문제는 자국의 군사력의 유지에 필요한 특정 물품들을 자체적으로 생산하고 개발하는 능력을 계속적으로 유지하는 것과 전략물자에 대한 수출과 수입을 통제하는 것이다. 현대에는 상업용 기술이 군사적으로 응용되는 이중기술(dual technology)이 많기 때문에 많은 산업에서 이 같은 문제와 연관될 수 있다.

그리고 국가내에 국민의 생명, 건강, 안전을 위한 것은 물론이고, 동식물의 생명, 환경의 보전 등의 목적을 위하여 필요한 경우 무역이 규제될 수밖에 없음은 당연한 것이다. 또한 그 사회의 가치체계와 문화를 유지·발전시키는 것도 국가의 중요한 목표이다. 문화재에 대한 수출입 규제도 이에 속한다. 그리고 대부분의 사람들에 있어서 상품의 효용은 공통적이지만, 문화나 가치관은 세계공통이 아니다. 따라서 영화, 공연, 출판물 등과 같은 상품 및 서비스의 수입이 사회문화적으로 부정적인 영향을 미치게 될 때 국가는 일정한 제한을 가할 필요가 있는 것이다.

2.2 보호무역의 비용

1) 국내산업의 경쟁력 약화

보호무역조치는 외국산업과의 자유경쟁을 억제함으로써 국내산업의 경쟁력 약화를 가져올 수 있다. 보호무역으로 국내산업이 외국산업과의 경쟁을 피할 수 있어서 일정한 시점까지는 산업이 육성되지만, 이러한 상황이 지속되면 자국의 산업이 비경쟁적 환경에 안주하게 되어 경쟁에 따른 발전의 효과를 갖지 못하게 된다. 보호무역에서는 국내기업이 해외기업들과의 경쟁이 차단된 상태에서 국내의 좁은 범위에서만 경쟁하게 됨으로써 기술개발, 경영혁신에 등한시하게 되며, 폐쇄적인 경영방식속에서 생산의 확대나 시설투자가 활발하게 이루어지지 못하게 되어 산업의 효율성은 떨어지고 국제경쟁력이 약화될 가능성이 커지게 된다.

2) 소비자후생의 감소

보호무역은 소비자의 외국상품에 대한 접근을 제한함으로써 소비자의 후생수준을 감소시키게 된다. 소비자는 국내외의 어느 상품이든 싸고 품질 좋은 상품을 소비할 수 있는 가운데 상품에 대한 폭넓은 선택기회를 가질 때 효용수준이 향상된다. 그러나 보호주의적인 조치로 외국상품의 사용이 제한되면 상품에 대한 선택의 기회가 줄게 되며, 외국상품의 국내소비가격이 상승하고 동종 국내상품의 가격도 상승하게 되어 소비자의 후생수준이 감소하게 되는 것이다.

3) 자원배분의 비효율성

보호무역은 자원의 효율적인 배분을 저해한다. 보호에 의하여 생산요소를 비효율적인 부문에 사용하게 됨으로써 전체 산업의 생산효율이 감소하여 국민총생산을 감소시키게 된다. 따라서 보호무역은 특화생산에 의한 효율적인 생산을 억제하여 생산자원의 낭비를 발생시키는 것이다. 이러한 자원의 낭비는 개별국가의 차원에서 뿐만 아니라 세계 전체의 차원에서도 자원배분의 효율성을 감소시키고 경제적 손실을 가져오게 한다.

4) 타국의 보호적 대응조치

자국의 보호주의적인 조치는 상대국의 보호주의적인 조치를 불러오기 쉽다. 자국의 수입억제는 상대국의 수출을 감소시키므로 상대국의 국제수지나 국내경제에 부정적인 영향을 주게 된다. 그런데 상대국의 수출감소로 인한 경제침체는 상대국의 수입수요를 감소시키고, 이는 다시 자국의 수출감소로 연결되어 궁극적으로 자국에도 나쁜 영향을 미치게 된다. 또한 상대국도 자국의 경제적인 어려움을 타개하기 위하여 수입을 제한할 가능성이 있다. 이러한 결과로 양국간 교역의 감소는 양국 모두에 경제적인 이익을 감소시키며 세계적인 차원에서도 후생수준을 감소시키는 결과를 낳게 되는 것이다.

5) 국제적인 마찰과 갈등의 발생

보호주의는 자국의 산업육성을 위하여 상대국에 특화생산을 못하게 하거나, 자국의 실업 해소를 위하여 상대국에 실업을 전가시키는 것이 된다. 결국 자국의 경제적 이익을 위하여 다른 국가에 경제적인 손실을 주는 결과가 된다. 따라서 상대국도 자국의 이익을 위하여 보복적인 보호주의로 대응하게 되는 경우가 많다. 이러한 상황의 발전은 국가간의 호혜적인 선린관계를 손상시키고 경제적인 마찰과 갈등을 유발할 수 있으며 나아가 국제사회의 평화적인 관계발전을 저해할 수도 있는 것이다.

3 전략적 무역정책

3.1 전략적 무역정책

전략적 무역정책은 국가의 보호무역주의적 정책개입의 필요성을 주장하는 이론으로서 비교적 최근에 대두된 이론이다. 특정 산업에 대하여 국가가 전략적으로 지원함으로써 국제시장에서 경쟁력을 확보하고 이로써 국가의 산업과 경제를 발전시킬 수 있다는 것이다. 전략적 산업정책은 유치산업보호론과 상당히 유사하나 다른 점은 유치산업보호가 주로 후진국에서 자국내 산업형성을 위하여 시행되는 반면에 전략적 무역정책은 선진국들이 첨단산업에서 자국 산업의 국제경쟁우위를 확보하기 위해서 주로 사용한다는 점이다.

1950년대 일본의 제철산업, 1970~80년대 일본의 반도체산업, 1970년대 유럽의 에어버스 항공기산업, 1990년대 한국의 반도체산업 등은 전략적 무역정책의 예이다. 이들은 모두 국가의 적극적인 지원속에서 성공적으로 발전할 수 있었다.

오늘날에 있어서 항공기, 반도체, 컴퓨터, IT, 생명공학산업 등은 대부분의 국가들이 자국 산업으로 육성·발전시키고자 한다. 이들 산업은 고부가가치산업, 미래산업, 고기술의 산업, 규모의 경제를 실현하는 산업, 그리고 성공하였을 때 매우 큰 외부경제를 발생시킨다. 이러한 산업들에서는 규모의 경제 발생으로 최적단위 규모가 워낙 커서 세계시장도 독과점적 또는 불완전경쟁적인 성격을 갖는 경우가 많고, 따라서 대부분의 선진국들은 이들 산업에서 서로 우위를 점하기 위하여 치열한 경쟁을 하고 있다.[18] 이러한 국가의 전략적인 무역정책에 대하여 1980년대 초, 브랜더(J. Brander), 스펜서(B. Spencer), 크루그만(P. R. Krugman) 등은 불완전경쟁 시장구조를 상정하여 국가의 지원이 어떻게 국가이익을 가져오는 전략이 될 수 있는지를 이론적으로 설명하였다.[19] 그 내용을 브랜더와 스펜서의 분석을 중심으로 살펴보기로 하자.

3.2 독과점적 시장구조에서의 전략적 무역정책

과점적 시장구조하에서 각국의 기업은 서로 경쟁자로서 대치하는 가운데 국제시장에서 시장점유 확대를 추구하게 된다. 이때는 초과이윤이 없는 균형상태에 있기 때문에 상대기업의 생산확대나 신규기업의 진입은 모든 기업의 이윤이 0 이하로 될 수 있는 상황이다. 이러한 상태에서 기업은 상대기업의 생산확대와

---

18 전략적 산업정책은 유치산업보호론과 상당히 유사하나 다른 점은 선진국들이 최첨단산업에서의 국제경쟁우위를 확보하기 위한 정책이라는 점이다.

19 J. A. Brander and B. J. Spencer, "Export Subsidies and International Market Share Rivalry," *Journal of International Economics*, Vol. 16 (1985), pp. 83~100.

신규기업의 진출을 억제하려고 하는 가운데 서로의 행동에 민감하게 반응하면서 전략적으로 행동하게 된다. 이때 개별기업의 목표는 상대기업의 시장점유 증가를 막고 자신의 시장점유를 늘리는 것이다. 이와 같이 국가를 달리하는 기업간에 호각지세로 서로 대치되어 있는 상황에서는 국가의 정책은 자국기업의 경쟁력에 결정적인 영향을 미치게 된다.[20]

이 같은 국가정책과 기업경쟁력의 관계를 예를 들어 설명하면 다음과 같다. 미국의 보잉사와 EU의 에어버스사를 가정하여 양사가 기업능력은 비슷하고 모두 신형여객기 생산에 관심을 갖고 있다고 하자. 양사가 신형여객기를 생산하였을 때 상대회사의 생산여부에 따라 예상되는 각사의 손익관계는 [표 2-1]과 같다.

표에서 ( )속의 왼쪽 수치는 보잉사의 손익을, 오른쪽 수치는 에어버스사의 손익을 나타내고 있다. 세계시장이 한계가 있기 때문에 양사 모두 생산하면 양사 모두 10의 손실을 보게 되고, 단독으로 생산하게 되면 100의 이익을 보게 된다고 가정한다. 이러한 경우 각 회사에게는 상대회사의 생산여부가 중요하게 되는데, 먼저 한 회사가 생산을 한다면 상대회사는 생산할 수도 있고 하지 않을 수도 있다. 이미 한 회사가 생산하고 있는데 생산한다면 10의 손실만 보게 될 것을 알지만 상대회사만 이익보도록 내버려 둘 수도 없기 때문이다. 그래서 양사 모두에 어려운 상황인 것이다.

그런데 만약 한쪽 기업에 국가의 보조금이 지원된다고 한다면 상황은 달라진다. 만약 EU에서 신형여객기 생산에 20의 보조금을 지원한다고 하면 각사의 손익은 [표 2-2]와 같이 달라지게 된다.

표 2-1 양사의 손익관계 (보잉손익, 에어버스손익)

보잉 \ 에어버스		에어버스사	
		생산	생산않음
보잉사	생산	(−10, −10)	(100, 0)
	생산않음	(0, 100)	(0, 0)

---

20 J. A. Brander and B. J. Spencer, "International R&D Rivalry and Industrial Strategy," *Review of Economic Studies*, 50 (1983), pp. 707~722.

보잉	에어버스	에어버스사	
		생산	생산않음
보잉사	생산	(−10, 10)	(100, 0)
	생산않음	(0, 120)	(0, 0)

표 2-2 보조금 지급후 양사의 손익관계 (보잉손익, 에어버스손익)

이 경우 에어버스사는 양사 모두 생산한다고 하여도 10의 이익을 가지게 되며, 자사만 생산한다고 하면 120의 이익을 가지게 된다. 이때는 에어버스사는 자사가 생산에 나설 때 어떤 경우에도 이익만 보게 되므로 보잉사의 생산여부에 관계없이 무조건 생산하기로 결정하게 된다. 반대로 보잉사는 에어버스사가 생산하지 않는 상황에서만 이익을 볼 수 있으며, 먼저 생산에 나섰다고 하여도 에어버스사가 생산하게 되면 10의 손실을 보게 되기 때문에 생산에 나서기 어렵게 된다.

보조금을 지급한 EU의 입장에서 볼 때는 보조금의 지급으로 상대국 기업의 생산이 저지되어 자국기업만 생산하게 된다면, 20의 보조금의 지출이 있었지만 자국기업이 120의 이익을 획득함으로써 보조금 이상의 국가 전체로서의 이익을 가질 수 있는 것이다.

이와 같이 국가가 자국기업에 보조금을 지급하거나, 정책적인 공동연구사업 등에 직·간접적으로 지원하는 것은 자국기업이 외국기업보다 우위를 점하는데 결정적인 역할을 할 수 있다. 제품생산에 있어서 국가간에 동일한 생산여건을 갖고 있는 상태에서는 비교우위는 주어지는 것이 아니라 만들어지는 것이라고도 할 수 있으며, 그렇기 때문에 국가는 자국기업을 위해 적극적으로 나서지 않을 수 없게 되는 것이다.

3.3 전략적 무역정책의 한계

전략적 무역정책은 다음 몇 가지 점에서 한계를 갖고 있다.

첫째, 전략적 무역정책이 적용될 수 있는 상품 또는 산업이 많지 않다는 점이다.

둘째, 산업지원을 성공적으로 하기 위해서는 국내기업과 외국기업의 미래의 손익 매트릭스를 정확하게 알 수 있어야 하는데 현실에 있어서 이들을 사전적으로 안다는 것은 거의 불가능하다.

셋째, 한 나라의 전략적 무역정책은 상대국도 같은 정책을 사용하게 하고, 이렇게 되면 자국의 정책효과가 없어진다.

넷째, 특정 기업이나 산업에 대한 국가적 지원은 정치적 영향력 행사와 결부될 수 있고, 이는 곧 부정, 부패, 정경유착 등으로 이어져서 엄청난 폐해와 국익 손실이 발생할 수도 있다.

이상과 같이 전략적 무역정책은 여러 측면에서 한계를 갖고 있다. 경제활동에 대한 국가의 개입은 대개 이론에서보다 현실에서 더 많은 어려움과 문제점을 발생시키게 된다. 전략적 무역정책도 다른 보호무역주의 정책과 마찬가지로 효익적인 요인 함께 비용적인 요인을 갖고 있는 것이다.

제4절 무역정책 선택

1 국가의 무역정책

자유무역을 한다고 해서 국제거래가 국내거래처럼 되는 것이 아니며, 보호무역을 한다고 해서 무역을 안 한다는 것이 아니다. 무역에 대한 국가개입의 정도의 차이일 뿐이다. 무역정책은 국가의 입장에서 무역과 관련하여 자국에 필요한 정책을 수행하는 것이다. 경제이론적으로는 자유무역이 최상의 정책이지만 현재의 상황에 맞추어 국가는 무역을 위해서 무엇인가를 해야 한다. 따라서 세계적인 차원에서의 국제경제의 이상적인 상황과 개별국가가 직면하고 있는 상황을 구분해서 판단할 필요가 있다. 이는 모든 국가가 전쟁 없이 평화롭게 사는 것을 이상으로 하면서도 현실에서는 막대한 재원을 군사비로 지출하고 있는 것과 같다.

무역정책은 자국만이 일방적으로 설정하고 이에 따라 추구해 나아가는 것이 아니라 자국이 속해있는 세계경제관계속에서 자국의 이익을 극대화시킬 수 있는 방법을 택해 나가는 것이다. 여기서 자국의 이익을 극대화시키는 방법은 상황에 따라 달라지는 것이기 때문에 자유무역주의와 보호무역주의중 어떤 것이 타당하다거나 더 나은 정책이라는 절대적인 기준은 있을 수 없다. 국가가 처한 상황에 따라 자유주의적인 무역정책이 더 적합할 수도 있고 보호주의적인 정책이 더 적합할 수도 있는 것이다.

이러한 상황적인 면에서 볼 때 자유주의적인 무역정책이 적합한 경우와 보호주의적인 무역정책이 적합한 경우를 대개 다음과 같이 나누어 볼 수 있다. 먼저 자유무역정책이 적합한 경우는 다음과 같다.

① 자국상품의 국제경쟁력이 큰 경우
② 필요한 완제품이나 원자재 등을 해외에서 조달해야 하는 경우
③ 국내시장에 독과점을 해소하거나 경쟁을 도입할 필요가 있는 경우
④ 자국산업이 비교우위가 전혀 없는 경우
⑤ 사양산업, 공해산업 등에서 산업구조조정이나 환경문제해결을 목적으로 국내생산을 줄이고 해외수입을 늘리는 경우 등이다.

반면에 보호무역정책이 적합한 경우는 다음과 같다.

① 자국산업의 국제경쟁력이 약한 경우
② 육성해야 할 유치산업이 많은 경우
③ 국가경제발전을 위한 전략적인 산업이 많은 경우
④ 국내 사양산업의 보호가 필요한 경우
⑤ 국방목적상 특정 산업의 육성이 필요한 경우
⑥ 개방에 따른 사회·문화적 차원에서의 국가손실이 큰 경우 등이다.

한편 이러한 자유무역주의와 보호무역주의의 무역정책과 관련하여 지금까지 국가들이 취해온 역사적인 경험을 보면 대개 다음과 같은 사실을 발견할 수 있다.

첫째, 어떤 국가이든 국가경쟁력에서 우위에 있을 때 자유무역주의를 추구하고, 열위에 있을 때는 보호무역주의를 추구한다. 전자의 예는 19세기의 영국과 제2차 세계대전 이후의 미국이 이에 해당하고, 후자의 예는 19세기의 미국이나

독일, 제2차 세계대전 이후의 개발도상국들이 이에 해당한다.

둘째, 무역이념은 정치적인 영향을 많이 받아왔다. 정치적으로 국가간에 긴장이 고조되거나, 민족주의가 대두되거나, 신생국가의 독립이 많은 시기에는 보호주의적인 성향이 강하게 된다. 전쟁전후는 물론이고 1870년대 독일, 이탈리아의 통일 이후, 나치즘과 파시즘이 대두하였던 양차대전사이의 국제정치적인 대립기 등이 그 예이다.

셋째, 자유무역주의가 풍미했던 시절은 1860년대와 1960년대 전후, 약 10~20여년 동안의 짧은 기간에 불과하였고 보호무역주의는 그 추세의 강도가 달랐을 뿐 항상 존재하여 왔다.

넷째, 경기의 순환과정에서 경기상승기에는 자유무역주의가 강하였고 경기침체기에는 보호무역주의가 강하였다.

다섯째, 세계경제 주도국가의 힘이 강했던 시기에는 자유무역의 경향이 강하였고 주도국가의 힘이 약하거나 주도적인 힘의 변화기 또는 조정기에는 보호무역의 경향이 강하였다.

여섯째, 자유무역주의와 보호무역주의의 그 기조에 관계없이, 시간이 갈수록 무역을 제한하던 장애요인은 점차 줄어들고 무역의 자유화수준도 높아지고 있다. 반면에 보호주의적인 정책수단도 점점 복잡하고 다양해져가고 있다.

2 무역정책과 국내이해조정

2.1 국내이해관계의 발생과 조정

무역의 결과로 국가의 구성원 모두가 동일한 이익을 보거나 동일한 손해를 입는 것이 아니라 어떤 집단은 이익을 보는 반면에 어떤 집단을 손해를 입기도 한다. 따라서 무역은 대외적으로 국가간의 이해관계를 수반하지만 대내적으로도 당사자간의 이해관계를 수반한다.

무역을 하게 되면 수출산업은 생산이 증가하여 팽창하게 되고 수입경쟁산업은 생산이 감소하여 수축하게 된다. 이에 따라 팽창하는 산업관계자는 이익을 보게 되고 수축하는 산업관계자는 손해를 보게 된다. 또한 개방이 되면 생산자에게는 외국상품의 유입으로 손해가 되지만 소비자에게는 다양하고 싼 제품을 사용할 수 있어 이익이 된다.

그래서 무역을 사이에 두고 이와 같이 서로 상반되는 이해관계로 인하여 집단간에 대립과 갈등이 발생하게 되는 경우도 많다.

국가는 이와 같이 각기 다른 입장에 있는 관계자들의 이해관계를 조정하지 않으면 안 된다. 그런데 이러한 이해관계의 조정은 상당히 복잡한 면을 내포하고 있다. 먼저 앞의 무역에 의한 수출산업 팽창과 수입경쟁산업 수축의 예를 보기로 하자. 근로자의 입장에서 본다면 팽창하는 산업의 근로자는 승진이나 임금 상승의 기회를 맞게 되는 반면, 수축하는 산업의 근로자는 실직이나 임금하락의 위험에 직면하게 된다. 그런데 일반적으로 승진이나 임금의 상승보다 실직이나 임금의 하락이 훨씬 더 중대한 사안이다. 따라서 개방으로 이익을 보는 집단은 자유무역을 지지하게 될 것이고 손해를 보는 집단은 보호무역을 지지하게 될 것이지만, 손해를 보는 집단의 이해관계가 더 크기 때문에 보호주의 지지자들은 개방에 대하여 더 민감하고 적극적이고 강하게 대응한다. 무역을 두고 발생하는 각 집단의 이해관계가 양적인 면뿐만 아니라 질적인 면에서도 차이가 있는 것이다.

다음으로 무역에 따른 생산자 이익과 소비자 이익의 예를 보자. 먼저, 생산자 입장에서는 수입개방이 되면 외국상품 유입으로 생산감소나 이윤감소의 손해를 볼 수 있다. 특정 산업의 생산자는 수입개방으로 인하여 매우 직접적인 영향을 받기 때문에 강하게 개방을 반대하며, 또 소비자에 비하여 소수이기 때문에 단합하기 용이하여 적극적으로 개방을 저지하기 위하여 나서게 된다. 반대로, 소비자의 입장에서는 개방이 되면 다양하고 싼 제품을 사용할 수 있어 이익이 된다. 그런데 소비자는 자유무역에 따른 소비자 이익이 소비자 전체로는 크지만 개개인의 차원에서 보면 작기 때문에 개방을 위해 적극적으로 나서기 어렵다. 따라서 개방에 있어서는 개방에 따른 실제의 이익보다 표출되는 압력은 더 적게 나타나고, 보호주의에 있어서는 보호조치에 따른 실제의 이익보다 표출되는 보호압력은 더 크게 나타나는 경향이 있다. 이에 따라 국가의 무역정책은 집단의 여론만을 따른다면 보호주의로 흐르기 쉬운 것이다.

그래서 이러한 이해관계를 조정해야 하는 조정자의 역할은 쉽지 않다. 이해관계의 양적인 측면뿐만 아니라 질적인 측면도 고려해야 하고, 표출되는 이해관계뿐만 아니라 표출되지 않는 이해관계도 고려해야 하며, 또한 국가의 산업 및 경제의 운용과 발전방향에 대해서도 고려해야 한다. 여기에 더 나아가서 무역관련 당사국과의 이해관계 또한 고려하지 않으면 안 된다.

2.2 무역정책과 이해집단

무역정책과 관련된 이해관계의 문제가 어떤 집단간에 발생하는지에 대하여 살펴볼 필요가 있다. 이에 대해서는 다음과 같은 두 측면에서 논의가 되고 있다.

첫째, 집단간의 이해관계를 생산요소를 중심으로 생각해 볼 수 있다. 스톨퍼와 사무엘슨(Stolper & Samuelson)은 무역과 관련하여 노동자와 자본가의 이해가 대립될 수 있음을 설명하였다.[21] 자유무역의 채택은 그 국가의 상대적으로 풍부한 생산요소에는 이익을 주는 반면, 상대적으로 희소한 생산요소에는 불이익을 준다. 반대로 보호무역의 채택은 그 국가의 상대적으로 풍부한 생산요소에는 불이익을 주는 반면, 상대적으로 희소한 생산요소에는 이익을 주게 되는 것이다. 따라서 자본이 풍부한 국가에서는, 자본가는 자유무역을 지지하게 되고, 노동자는 보호무역을 지지하게 된다. 역으로 노동이 풍부한 국가에서는, 자본가는 보호무역을 지지하게 되고, 노동자는 자유무역을 지지하게 된다는 것이다.

둘째, 집단간의 이해관계를 산업을 중심으로 생각해 볼 수 있다. 케언즈(John Cairnes)는 수출산업 종사자와 수입경쟁산업 종사자를 무역정책에 대한 이해의 대립관계로 보았다.[22] 무역자유화는 수출산업 종사자에 이익을 주고 수입경쟁산업 종사자에 불이익을 주게 된다. 따라서 수출산업 종사자는 자유무역을 지지하게 되고 수입경쟁산업 종사자는 보호무역을 지지한다는 것이다. 수출산업 종사자가 자유무역을 선호하는 이유는, ① 자국의 보호주의 채택은 상대

---

21 W. F. Stolper and P. A. Samuelson, "Protection and Real Wages," *Review of Economic Studies*, Vol. 9 (November 1941), pp. 58~73.

22 John Cairnes, *Some Leading Principles of Political Economy* (London: MaCmillan, 1984).

국의 보복을 가져올 수 있지만 자유무역을 하게 되면 상대국도 이에 호응하게 되어 그만큼 수출여건이 좋아진다는 점이고, ② 보호무역은 수출용 원자재 수입가격을 상승시킴으로써 수출상품의 국제경쟁력을 하락시킨다는 점, ③ 국가 간 특화로 인하여 국내의 경제자원이 수출산업에 집중되어, 자본과 노동 등의 생산요소를 더 유리한 조건으로 사용할 수 있게 된다는 점이다. 즉, 수입경쟁산업이 수축되면 여기서 퇴출된 자본과 노동을 보다 유리하게 사용할 수 있는 것이다.

스톨퍼와 사무엘슨(Stolper & Samuelson)의 생산요소와 관련한 집단간의 이해대립은 장기적인 차원에서는 타당성을 갖지만 단기적으로는 의미가 작다. 왜냐하면 여기서는 생산요소의 산업간 이동의 유연성을 가정하고 있는데 현실적으로 단기에서는 생산요소의 산업간 유동성이 작기 때문이다. 따라서 단기적으로는 국내생산구조의 변화에 따른 산업간의 갈등이 현실적으로 더 심각할 수 있기 때문에 케언즈(John Cairnes)의 설명이 더 큰 의미를 갖는 것으로 평가되고 있다.

2.3 보호받는 산업들

국제무역과 관련하여 발생하는 이해관계에 있어서 누구나 이익을 보고자 하며 손해를 보고자 하는 당사자는 없다. 그렇지만 무역을 하든, 하지 않든 손해와 이익을 보는 당사자가 발생할 수밖에 없으므로 사회집단내 이익배분의 역학관계가 발생하게 된다. 이러한 점에 있어서 특히 국가가 개입하여 보호주의적인 조치를 취하게 될 때 실제 어떤 산업들에서 많은 보호를 받게 되는가는 오래전부터 관심의 대상이 되어 왔고, 그래서 이에 대한 많은 연구들이 있었다. 이러한 연구들의 결과는 대개 다음과 같은 사실들을 보여주고 있다.

첫째, 소비자보다 생산자의 이익이 더 많이 보호된다. 생산자는 자신들의 이익보호를 위한 단합이 용이하고, 경제력, 정치권력, 기타 영향력 등에서 국가내에서 행사할 수 있는 힘을 갖고 있는 경우가 많기 때문이다.

둘째, 이익집단 또는 압력단체로서의 강한 힘을 가진 산업이 더 많은 보호를 받는다.

셋째, 많은 사람들이 관련되어 있는 산업이 더 많이 보호받는다. 민주주의는 다수의 지지를 기반으로 하기 때문에 정책수행에서도 다수의 이익이 우선적으로 배려되기 때문이다.

넷째, 노동집약적인 산업에서 더 많이 보호된다. 노동집약적인 산업은 종사자가 많고, 셋째에서와 같은 맥락에서 많은 사람들의 의사를 무시할 수는 없기 때문이다.

다섯째, 저임금, 단순노동산업이 더 많이 보호된다. 이들 산업의 노동자는 새로 다른 직업을 찾기 어렵고, 이들의 직업상실은 사회적인 문제와 직결되기 때문이다.

여섯째, 지리적으로 널리 분포되어 있는 산업이 더 많이 보호된다. 지리적으로 널리 분포될수록 이들 산업의 이익을 지원해 줄 국회의원수가 많아져 정치력의 행사가 쉬워지기 때문이다.

일곱째, 중간재산업보다는 최종재산업이 더 많이 보호된다. 최종재산업은 다수 소비자의 편익문제와 직결되기 때문에 여론환기, 파업 등 자신들의 의사를 관철시키기 위한 행동이 큰 힘을 발휘할 수 있기 때문이다.

여덟째, 개발도상국 상품과 경쟁하는 산업이 더 많이 보호된다. 개발도상국은 국제무역에서 교섭력이 약하므로 선진국 상품에 비하여 개발도상국 상품은 상대적으로 수입규제가 쉽기 때문이다.

아홉째, 현재 이익을 누리고 있는 산업이 더 많이 보호된다. 왜냐하면 무역정책에서 이해관계자의 대립이 워낙 첨예하게 표출되는 경우가 많아 정책수행자는 변화보다는 현상유지를 하고자 하는 경향이 강하기 때문이다.

2.4 국내이해조정과 국가의 특성

무역에 따른 이해관계 당사자들간의 이해조정에 있어서 국가에 따라 차이가 날 수 있다. 국가마다 정치제도, 정치과정, 정책결정과정에서 제도적인 차이가 있고, 집단이해의 표출과 조정과정에서의 행태나 관습이 다르기 때문이다. 그래서 국가의 특성에 따라 이해관계의 조정이 쉬운 국가와 어려운 국가가 있을 수 있다. 이러한 무역정책에 대한 이해관계의 조정문제는 국가의 특성에 따라 다음과 같은 점들을 발견할 수 있다.

첫째, 민주주의 국가는 이해집단의 의사가 많이 반영되기 때문에 이해조정문제가 크게 대두된다. 반면에 비민주주의 국가는 이해집단이 자기주장을 하기 어려워 이해관계자 대립에 의한 문제노출이 작다.

둘째, 민주주의 국가라도 미국, 영국과 같이 이해집단의 영향력이 큰 국가의 경우는 이에 대한 문제가 큰 반면에, 일본과 같이 이해집단의 영향력이 작은 국가의 경우는 이에 대한 문제가 작다.

셋째, 합리적으로 잘 타협하며 이해관계의 조정을 잘하는 문화를 가진 국가는 이에 대한 문제가 작은 반면에, 이와 반대인 경우에는 문제가 클 수 있다.

마지막으로, 일본과 같이 전체의 이익을 높게 평가하는 집단주의 문화를 가진 국가는 이해관계의 조정이 쉬우며, 이와 반대인 경우에는 조정과정에서 많은 진통이 따르게 된다.

제5절 신보호무역주의와 공정무역

1 신보호무역주의

전후 세계경제의 주도국인 미국이 1960년대부터 국제수지 적자국으로 변모하게 되었고, 1970년대에 들어오면서 석유파동과 세계경제의 구조변동으로 선진국들의 경기침체현상이 나타나게 되었다. 또한 1980년대에는 선진국 상호간에도 무역불균형이 심화되고, 신흥개발도상국들의 급부상으로 세계 산업화지역의 구도가 변화하면서 기존의 산업화지역이던 서구 선진국들의 산업발전은 둔화되어 이들 지역의 경기침체와 실업문제가 심각하게 대두되었다. 이러한 가운데 선진국대 선진국, 신흥개발도상국대 선진국간에 국제무역상의 긴장이 조성되면서 세계는 보호무역주의가 대두하게 되었다. 이때 대두된 보호주의는 과거의 보호주의와 다른 특징들을 갖고 있기 때문에 이를 신보호무역주의(new protectionism)라고 한다. 신보호무역주의는 다음과 같은 몇 가지 특징을 갖고 있다.

표 2-3	전통적 보호무역주의와 신보호무역주의의 특성 차이	
구분	전통적 보호무역주의	신보호무역주의
사용국	후진국	선진국
보호대상산업	유치산업	사양산업
수단	관세, 비관세장벽	비관세장벽
상대국가	전체	선별적
기본원칙	무차별주의	상호주의

첫째, 선진국들을 중심으로 대두되었다는 점이다. 전통적인 보호무역주의는 주로 후진국 입장에 있는 국가들이 취하여 왔으나 신보호무역주의에서는 주로 선진국들이었다.

둘째, 사양산업의 보호를 위한 수단으로 많이 사용되었다는 점이다. 전통적인 보호무역주의는 후진국 입장에서 유치산업을 육성하기 위한 수단으로 주로 사용되어온 반면에, 신보호무역주의에서는 선진국들의 사양산업의 보호를 위한 수단으로 주로 사용되었다. 선진국들에서 국내 기존산업이 경쟁력을 상실하여 경기침체와 실업증가를 맞게 되자 무역장벽으로 이러한 산업의 사양화를 막으려고 하는 가운데 신보호무역주의의 경향이 발생하였던 것이다.

셋째, 보호의 수단으로서 비관세장벽을 많이 사용한다는 점이다. 전통적인 보호무역주의는 보호를 위한 수단으로서 관세장벽을 주로 사용해온 반면, GATT 체제하에서 다자협정으로 관세가 양허되어 있어서 관세로써 무역제한을 하기 어렵기 때문에 신보호주의에서는 관세보다는 비관세장벽을 주로 사용하게 되었다.

넷째, 국가별로 선별적으로 무역제한조치를 취한다는 점이다. 전통적인 보호무역주의는 수입제한조치를 국가에 관계없이 대외수입 전체에 대하여 무차별로 취하는 것이 일반적이었지만, 신보호무역주의에서는 자국과 상대국과의 무역관계를 고려하여 상호주의속에 선별적·차별적으로 보호조치를 취하는 경우가 많았다.

② 공정무역

2.1 공정무역의 개념

공정무역(fair trade)은 국가 상호간에 무역혜택이 동등한 가운데 이루어지는 무역이다. 즉, 상대국의 수출자가 자국에서 누리는 정도의 혜택을 자국의 수출자도 그 상대국에서 누릴 때 공정하다는 것이다. 신보호무역주의가 대두되면서 미국 등의 선진국들은 상호주의를 바탕으로 한 공정무역을 무역원칙으로 제기하였다. 이러한 가운데 공정무역은 외국의 불공정무역행위에 대한 개선요구와 보복조치에 대한 근거가 되거나 자국의 보호조치를 정당화하는 수단으로도 많이 사용되어 왔다.

공정무역은 그 말의 의미에 있어서는 타당성에 의심이 여지가 없지만, 실제에 있어서는 그 개념이 불분명하여 그 의미가 여러 가지로 다양하게 이해되면서 의미있는 역할을 하지 못하고 있다. 공정무역이라고 할 때 공정은 실제 어떠한 경우를 의미하는 것인지 뚜렷하게 정의하기 어려운 것이다. 이러한 가운데 공정은 대체적으로 다음 두 가지의 개념으로 이해되고 있다.

하나는, 경쟁조건으로서의 공정이다. 경쟁조건으로서의 공정은 자국 수출자의 상대국에서의 활동여건이 상대국 수출자의 자국에서의 활동여건과 동일할 것을 의미한다. 자국은 그렇게 하지 않는데 비하여 상대국은 외국상품이 수입되기 어려운 시장환경을 조성하거나, 상대국 수출자는 수출보조금을 받는다든가 덤핑을 한다면 공정무역이 될 수 없다는 것이다.

다른 하나는, 경쟁결과로서의 공정이다. 경쟁결과로서의 공정은 양국간에 무역의 균형을 보장할 수 있도록 자국이 상대국에서 수입한 만큼 상대국에서의 수입도 보장되어야 한다는 것이다.

그런데 앞의 두 가지의 기준 모두에 문제가 있다. 첫째, 경쟁조건으로서의 공정은 의미상으로는 타당하지만 현실적으로 적용하기 어렵다. 지금 세계는 국가마다 경제발전수준이나 무역여건에서의 차이가 매우 크다. 선진국들과 동등한 경쟁조건하에서 무역을 할 때 많은 개발도상국들은 세계시장에서 경쟁력 있는 상품이 많지 않다. 이는 개발도상국은 수출은 못하고 수입만 하게 되는 것을 의미한다. 따라서 경쟁조건의 동등성만을 추구하는 가운데서는 국제무역의 발전과 확대를 기대하기 어려운 것이다.

둘째, 경쟁결과로서의 공정도 그 적용상에 타당성을 찾기 어렵다. 양 당사국 간에 쌍무적으로 수지를 맞추어야 하는 것은 무역을 어렵게 한다. 예를 들어 한 국은 사우디아라비아로부터 원유를 많이 수입하는데 반드시 양국간에 수지를 맞추어야 한다면 무역이 곤란하다. 그래서 현실에서의 무역은 한국이 사우디아 라비아에서 원유를 수입하고 사우디아라비아는 태국에서 쌀을 수입하고 태국은 한국에서 자동차를 수입하게 되면 삼국간에 수지균형을 이루는 가운데 무역이 원활하게 이행될 수 있다. 이와 같이 현재의 국제무역은 어느 상대국과의 무역 적자는 다른 상대국과의 무역흑자로 보전되어지는 다각적인 무역관계속에서 이 루어진다. 그렇기 때문에 양국간의 쌍무적인 관계에서의 무역균형만을 추구하게 된다면 국제무역의 발전을 저해하는 결과로 된다.

이와 같이 공정무역은 어느 개념으로도 현실에 명확하게 적용되지 못한다. 물론 국가간의 경제사정의 차이까지 반영한 공정이 있을 수 있으나 이 경우 어 떤 차이를 어느 수준까지 반영하는 것이 공정한지를 객관적으로 판단할 수가 없다.

공정무역을 주장하는 국가중의 하나가 미국이다. 미국에서 공정무역에 대한 법적·제도적인 근거는 경쟁조건으로서 개별무역여건에서의 불공정행위에 대한 것이다. 그럼에도 불구하고 미국이 공정무역을 요구하는 국가는 미국에 대하여 무역흑자를 시현하는 국가들이다. 미국이 주로 자국의 국제수지 적자해소 목적 으로 불공정행위시정을 요구하면서 공정무역을 주장해 온 것은 미국이 공정무 역의 개념을 자국의 필요에 따라 원칙보다는 실리적인 차원에서 사용하고 있음 을 보여주는 것이다.

2.2 공정무역의 성격

공정무역은 보호무역주의적인 성격과 자유무역주의적인 성격을 동시에 갖고 있다. 교역의 자유와 신장을 목표로 하고 있으며, 국가의 무역제한적인 불공정 행위를 제거하거나 시장개방을 목표로 하고 있다는 점에서는 자유무역주의적인 성격을 갖는다. 반면에 국가가 개별국가와의 무역에 대하여 적극적으로 개입하며, 또한 상대국의 공정한 무역을 강제하기 위해서 결국 자국시장에 대한 상대국의 접근을 제한하는 규제조치를 사용할 수밖에 없다는 면에서는 보호무역주의적인 속성을 갖고 있다.

이렇게 볼 때 공정무역은 보호무역주의적인 성격을 갖지만 다음과 같은 점에서 전통적인 보호무역과 구분되는 특성을 갖고 있다. 첫째, 전통적인 보호무역주의가 자국시장에 대한 진입을 제한하는 형식을 취하는 반면, 공정무역은 상대국가에 자유로운 무역과 시장개방을 요구하는 형식을 취한다. 둘째, 전통적인 보호무역주의가 후진국에 의하여 행하여지고 무차별적으로 행하여지는 반면, 공정무역은 신보호무역주의속에서 대두되어 선진국에 의하여 쌍무적·차별적으로 행하여진다.

주요용어

자유무역주의	보호무역주의	중상주의	중농주의
교환효과	생산특화효과	유치산업	사양산업
교역조건	전략적 무역정책	신보호무역주의	공정무역

 연습문제

01 자유무역주의의 역사적 전개 과정을 논술하시오.

02 보호무역주의의 역사적 전개 과정을 논술하시오.

03 자유무역의 장·단점을 설명하시오.

04 보호무역의 장·단점을 설명하시오.

05 전략적 무역정책에 대하여 논술하시오.

06 무역정책과 국내이해관계의 조정에 대하여 설명하시오.

07 신보호무역주의와 전통적 보호무역주의의 차이점을 설명하시오.

08 공정무역의 개념에 대하여 설명하시오.

CHAPTER 03

세계무역기구

세계무역기구

제1절 무역정책과 세계무역기구

국가는 이론적으로는 어떤 정책이든 펴나갈 수 있지만 현실에서 그것이 항상 가능한 것은 아니다. 무역은 상대국이 있고 또 세계의 수많은 나라들로 구성된 국제무역관계속에서 이루어지는 것이기 때문이다. 무역정책의 이행에 있어서 현실적으로 가장 중요한 고려사항은 세계무역기구(WTO) 무역규칙이다. 현재 세계 대부분의 국가는 세계무역기구 회원국이다. 세계무역기구 회원국은 무역을 하는데 있어서 세계무역기구에서 정한 무역규칙을 따라야 한다. 세계무역기구 회원국이 아니라고 할지라도 이들 국가가 무역을 하는데 있어서 세계무역기구 규칙을 준용하는 경우가 많기 때문에 이 규칙의 중요성은 매우 크다.

1994년 모로코 마라케시에서 세계 역사상 가장 방대한 규모의 협정이 체결되었다. 이 협정이 현재 시행되고 있는 세계무역기구 협정이다. 협정이 방대하다는 것은 무역규칙이 그만큼 많다는 것을 의미한다. 세계무역규칙은 이 협정에서 바로 제정된 것이 아니라 오랜 역사과정에서 형성되어온 무역관례를 기초로 하여 만들어진 것이다. 그리고 1947년 세계무역기구의 전신인 「관세와 무역에 관한 일반협정(GATT)」에서 세계적인 차원에서의 다자간 무역협정으로서의 규칙이 처음 만들어지기 시작하여 무역규칙중 많은 부분이 여기서 만들어졌다.

세계 대부분의 국가는 세계무역기구 회원국이고 따라서 대부분의 국가는 세계무역기구 규칙에 따라 무역을 하여야 하고 무역정책도 여기에 맞추어서 이행되지 않으면 안 된다. 세계무역기구에는 무역정책검토기구가 설치되어 있어서 개별국가들의 무역정책을 검토하여 개별국가의 무역정책이 세계무역기구 규칙과 일치되도록 관리하고 있다.

세계무역기구 규칙에 따라서 무역을 해야만 하기 때문에 무역정책이 더 이상 필요하지 않은 것이 아닌가라고 생각할 수도 있다. 이러한 국제무역환경의 발전에 따라 개별국가의 재량적인 영역이 줄어든 것은 사실이다. 그러나 무역정책의 영역이 줄었다고 하기는 어렵다. 이러한 규칙들속에서 정책적으로 결정해야 할 일은 변함없이 많기 때문이다.

이를 운동경기에 비교해 보자. 세계 어느 나라이든 국제경기에 나가는 축구팀이 국제 축구규칙을 따르지 않고 시합을 할 수는 없다. 축구규칙이 있다고 해서, 혹은 축구규칙이 더 세밀해졌다고 해서 축구 작전이나 전술이 무용지물이 되는 것은 아니다. 축구경기에서 이러한 규칙을 바탕에 두고 작전이나 전술을 구사하듯이 무역정책도 국제무역규칙과 국가간의 관계나 세계경제상황에 맞추어 수행해 나아가게 되는 것이다.

제2절 세계무역기구의 변천

1 세계무역기구와 관세와 무역에 관한 일반협정

「세계무역기구(World Trade Organization: WTO)」는 원래 「관세와 무역에 관한 일반협정(General Agreement on Tariffs and Trade: GATT)」이라는 다자간 무역기구에서 시작되었다. 최초의 세계적 차원의 다자간 무역기구로서 GATT가

1948년에 수립되어 전후 세계무역에 대한 문제를 담당하게 되었다. 이후 1986년에 시작된 GATT의 제8차 다자간협상인 「우루과이라운드」에서 WTO를 설립하기로 하여 1995년 WTO가 설립되면서 GATT의 업무를 이어받게 되었다.

원래 GATT는 두 개의 의미를 갖고 있다. 하나는 관세와 무역에 관한 일반협정이라는 말 그대로 무역에 관한 협정이고, 다른 하나는 이 무역협정의 이행과 국제무역문제를 담당하는 국제기구로서의 의미이다. 전자의 협정은 WTO 협정의 일부로서 그대로 흡수되어 실행되고 있고, 후자의 기구는 WTO로 확대 개편되면서 이름이 바뀌게 되었다. GATT는 물품(goods)의 무역만을 대상으로 하였지만, 우루과이라운드에서 서비스무역과 무역관련지적재산권에 대한 협정도 만들어져 WTO는 물품무역, 서비스무역, 무역관련지적재산권을 포함한다. 즉, WTO 협정의 주요 무역규칙에는 「관세와 무역에 관한 일반협정(General Agreement on Tariffs and Trade: GATT)」, 「서비스무역일반협정(General Agreement on Trade in Services: GATS)」, 「무역관련지적재산권협정(Agreement on Trade-Related Aspects of Intellectual Property Right, Including Trade in Counterfeit Goods: TRIPS)」을 포괄하고 있다.

따라서 WTO는 그 무역규칙에서 이전에 있었던 「관세와 무역에 관한 일반협정」의 내용을 그대로 포괄하고 있을 뿐만 아니라 세계의 무역기구로서 이전의 GATT 업무를 그대로 계승하면서 확대 발전된 기구이다.

2 관세와 무역에 관한 일반협정

2.1 GATT 설립의 배경

제1차 세계대전 이후 불안정한 국제관계속에서 경제적인 측면에서도 국제적으로 안정적인 협조체제를 구축하지 못하였다. 특히 1930년대 세계경제공황을 맞으면서 각국은 국내 고용확대와 국내 경제안정에 치중하면서 경쟁적으로 보호주의적인 무역정책을 채택하게 되었다. 국가마다 고율의 관세부과, 수량규제의 도입, 빈번한 평가절하를 비롯한 여러 무역규제를 경쟁적으로 도입하는 가운데 세계교역량은 크게 감축되고 이에 따라 세계경제회복은 더욱 어렵게 되었다.

이와 같은 보호주의의 만연은 경제적 민족주의를 자극함으로써 결국 제2차 세계대전 발발의 경제적 동기를 제공하게 되었다.

보호무역주의와 불안정한 국제경제체제가 초래하는 이 같은 부정적인 효과는 제2차 세계대전중 각국에 인식되어 제2차 세계대전 종전을 앞두고 연합국 44개국 대표들이 미국의 뉴햄프셔 브레턴우즈에 모여 전후 세계경제질서를 구축하게 되었는데 이것이 「브레턴우즈 체제(Bretton Woods System)」이다. GATT는 이 브레턴우즈 체제의 일환으로 국제금융 및 통화질서회복을 위한 IMF, 전후경제복구를 위한 IBRD와 함께 국제무역의 질서구축과 안정적인 발전을 위하여 설립된 것이다.

2.2 GATT 체제

「관세와 무역에 관한 일반협정(General Agreement on Tariffs and Trade: GATT)」은 1948년 국제무역에 관한 전문기구로서 설립되었다. 당초 국제무역을 담당할 기구로 국제무역기구(ITO)를 설립키로 하였고 이에 대한 「아바나헌장(Havana Charter)」이 채택되었으나, 미국이 비준하지 않음으로써 설립이 무산되었다. 이에 따라 그동안 진행되어온 관세와 무역에 관한 국제협정인 GATT를 근간으로 하여 국제무역체제가 설립되었고, 원래 국가간 통상규범인 이 GATT가 ITO를 대신하여 국제통상기구로서의 역할도 맡게 된 것이다. GATT는 설립 당시에 가맹국이 23개국이었으나 후에 많은 국가들이 가입함으로써 무역에 관한 최초의 세계적 기구가 되었다.[1]

이와 같이 GATT는 ITO와 동시에 추진되었고 행정적인 기능은 ITO에 의해서 수행되어질 것을 전제로 하고 있었기 때문에 원래 GATT는 국가간 통상규범으로서의 협정에 한정된 것이었지만 점차 국제기구로서의 역할도 확충해 나가게 되었다. GATT 협정은 단 하나의 협정문이 아니라 수많은 협정, 양허약속, 의정서, 특별부수협정, 절차조항들로 이루어져 있다.[2] 그중 GATT의 일반조항들

---

1 1947년 10월 GATT 최종안에 서명한 국가 23개국중 칠레는 의정서의 서명시한인 1948년 6월 30일 이후인 1949년 2월 14일에 서명하여 GATT의 원체약국은 22개국이다.
2 대부분의 의정서는 일반조항개정과 관세양허수정에 대한 것이다. 또한 특별부수협정

(general articles)은 1964년 개발도상국에 관한 제4부를 첨가하면서 4개부 38개 조로 구성되어 있고, 체약국들의 기본적인 무역정책규약으로 이루어져 있다.[3]

2.3 GATT의 기본원칙

GATT는 무역자유화를 목표로 하여 이를 실현하기 위한 원칙으로서 무차별 원칙과 무역장벽 완화를 두고 있다. GATT의 전문(前文)에는 "무역장벽을 감축 하고 차별적 대우를 제거하여 무역과 생산의 확대속에서 각국의 경제발전과 번 영을 이룩하고자 한다"는 협정설립의 취지를 명시하고 있다. 먼저 무차별원칙에 는 가장 기본적인 원칙으로서 최혜국대우원칙과 함께 내국민대우원칙을 두고 있다. 다음으로 국가간 무역장벽 완화에 있어서는 첫째는 무역에 대한 제한은 원칙적으로 수량제한은 할 수 없고 관세만을 사용하며, 둘째는 관세에 대해서도 관세율을 점차 인하함으로써 관세장벽을 낮추어 나간다는 것이다.

1) 무차별원칙

(1) 최혜국대우원칙

GATT 체약국간에 차별적인 대우를 하지 못하도록 되어 있다. GATT는 최혜 국대우에 대한 체약국들의 의무를 제1조 1항에서 일반조항으로 명시함과 동시 에 다른 여러 개별조항에서도 이에 대한 의무를 명시하고 있다. 즉, 관세, 과징 금, 수출입상의 절차, 내국세, 운송, 판매여건 등 제반의 조건에 있어서 한 체약 국이 어떤 국가에 특전이나 이익을 부여하는 경우, 그 체약국은 다른 모든 체약 국에 대해서도 즉시 동일한 특전이나 이익을 부여하도록 하고 있다. 여기서 회 원국에 부여하는 혜택을 비체약국에 대해서도 부여해야 하는 것은 아니지만, 비 체약국에 부여하고 있는 혜택은 체약국에 대해서도 부여하여야 한다.

(side agreements)은 특정 분야에 대한 협정으로 서명국에 대해서만 적용되는 협정을 말한다.

3 GATT는 무역협정을 기초로 하기 때문에 참가국가를 체약국(contracting party)이라고 하고, WTO에서는 회원국(member country)이라고 한다.

(2) 내국민대우원칙

GATT에서는 각 체약국이 국내의 조세나 규제 등에 있어서 수입물품을 국내물품과 동등하게 대우하는 것을 원칙으로 하고 있다. 즉, GATT 제3조에서 내국민대우에 관한 일반조항을 두어 체약국이 내국세, 국내규제, 수량규제 등에 있어서 국내물품보다 수입물품에 불리한 대우를 할 수 없도록 하고 있다.

2) 무역장벽의 완화

(1) 관세인하

관세는 자유로운 무역을 제한하는 가장 기본적인 무역장벽이므로 관세를 점진적으로 인하함으로써 무역자유의 폭을 보다 확대코자 하는 것이다. GATT에서는 제2조의 관세양허(tariff concessions)규정에서 양허협상으로 설정된 양허세율보다 관세율을 더 낮추어 시행할 수 있지만 더 높여서 시행할 수는 없도록 하고 있다.

개별국가의 관세인하는 GATT의 관세인하교섭과정에서 이루어지게 되는데 관세율의 인하를 위한 교섭에는 일반관세인하교섭, 개별관세인하교섭, 그리고 재교섭이 있다. 그중 일반관세인하교섭은 주기적으로 이루어지는 다자간 교섭으로 전 회원국이 많은 품목에 걸쳐 교섭을 하게 되어 그만큼 관세인하효과가 크고 따라서 GATT 관세인하교섭에서 가장 중요한 부분을 차지한다.

(2) 수량제한의 금지

수량제한조치는 시장경제의 기본인 가격기능을 정지시킬 뿐만 아니라, 무역제한수단으로 쉽게 사용될 수 있고 관세보다 훨씬 강력하고 직접적인 무역규제수단으로서의 성격을 갖고 있기 때문에 이에 의한 폐해는 매우 크다. 따라서 GATT 제11조에서는 각 회원국이 특별한 예외적인 경우를 제외하고는 이를 사용하지 않는 것을 원칙으로 규정하고 있다.

2.4 GATT 원칙에서의 예외

GATT는 처음으로 결성되는 범세계적인 무역협정이었기 때문에 당시 체약국들이 각기 다른 경제적 여건속에서 갖고 있는 다양한 이해관계를 조화시키지 않으면 안 되었고 이러한 가운데 규범을 일률적으로 적용하기에는 어려움이 많았다. 따라서 GATT의 의무에 있어서 많은 예외를 허용하고 있다. 이러한 예외들은 경제발전 과정에 있어서의 국가간 차이, 물품의 특수성, 비경제적인 요인 등에 대한 고려가 그 중심을 이루고 있는데, 주요 내용은 다음과 같다.

1) 포괄적인 예외

먼저 GATT의 모든 의무와 관련하여 적용되는 포괄적인 예외로서는 일반적인 예외, 안전보장을 위한 예외, 체약국단 승인에 의한 의무면제, 개발도상국에 대한 예외, 무효화 및 침해 등이 있다.

2) 특정의무에 대한 예외

특정의무에 대한 예외로는 다음과 같은 것들이 있다.

첫째, 최혜국대우원칙에 대한 예외로서 지역경제통합, 역사적 특혜, 수량제한 무차별적용에 대한 예외, 특정 체약국간 협정부적용 등이 있다.

둘째, 내국민대우원칙에 대한 예외로서 정부조달, 영화의 스크린쿼터 등이 있다.

셋째, 양허준수의무에 대한 예외로서 반덤핑 및 상계조치, 양허의 수정, 긴급수입제한조치 등이 있다.

넷째, 수량제한금지원칙에 대한 예외로서 수량제한의 일반적 금지에 대한 예외, 국제수지 방어를 위한 수입제한 등이 있다.

2.5 GATT의 운영

GATT는 총회, 이사회를 중심으로 여러 내부기구들로 구성되어 있었다. 체약국 대표로 구성되는 총회는 최고의사결정기구로서 GATT의 업무를 지도·감독하며 1년에 한 번 개최되었다. 이사회는 총회회기 이외의 기간에 업무를 관장하여 일상적인 문제나 긴급한 문제를 주로 다루었으며, 연 10회 정도 개최되었다. GATT의 의사결정은 대부분 총의(만장일치: consensus)에 의하여 결정되었다. 표결이 필요한 경우에는 각 체약국은 한 표의 표결권을 가지며, 대부분의 의사결정이 투표국 과반수의 찬성으로 결정되고, 중요사항에 대해서는 투표국 3분의 2 이상의 찬성으로 결정되었다.

이사회 산하에는 각종 무역문제를 전문적으로 분석 검토하기 위한 여러 상설위원회가 설치되어 있었다. 또한 비체약국의 GATT 가입에 대한 문제나 일부 체약국간에 체결된 협정의 GATT 규정 부합여부에 대한 심사 등 체약국들이 공동으로 결정해야 할 사항에 대해서는 이사회 산하에 각종 작업반이 설치되어 검토되었다. 1975년 이후 「18개국 자문단(CG-18)」이 설치되어 운영위원회와 같은 역할을 하였다.[4]

2.6 GATT의 성과

GATT는 국제무역질서를 확립함으로써 전후 세계경제의 안정과 발전을 주도하는 역할을 하였다. 세계의 무역량은 GATT 설립 이후 1990년까지 연평균 8.2%의 높은 성장을 기록하였다. 전전의 국제무역이 각종 수입규제의 남발과 차별적인 무역속에서 보호주의적인 색채가 만연된 가운데 극도로 위축되었던 것과 비교해 볼 때, GATT에 의하여 주도된 전후의 자유무역의 확산과 무역성장은 괄목할 만한 것이었다. 또한 GATT는 전 세계를 대상으로 하는 최초의 다자간 무역기구로서, 국제적인 협조를 기초로 하여 국제무역의 원칙과 기본질서를 확립하였다는 점에서도 세계경제발전에 크게 이바지하였다. 특히 수량제한조치에 의한 무역제한을 대폭 제거하였으며, 반복적으로 시행된 일반관세인하협정으로 관세장벽의 완화에 많은 성과를 거두었다.

2.7 GATT의 한계

GATT는 국제무역의 발전에 많은 역할을 하였지만 다음과 같은 한계를 갖고 있었다.

---

4 자문단(Consultative Group)회의는 연 3회 개최되었으며 GATT 사무총장을 위원장으로 하고 회원은 매년 차례로 교체되었다.

첫째, GATT는 수량제한의 금지와 관세장벽의 완화에 중점을 두고 있었기 때문에 비관세장벽의 완화에는 제대로 역할을 하지 못하였다.

둘째, 물품만을 대상으로 하였기 때문에 서비스와 같은 물품 이외의 무역은 규율범위 밖에 있었고, 물품중에서도 농산품, 섬유 등의 분야는 제외되어 범위가 제한적이었다.

셋째, 국가들의 다양한 의견이 반영되어 규정에 통일성이 없었고, 예외조치와 비현실적인 조항이 많아 규범효력이 약하였으며, 구체적이지 못한 규정이 많아 자의적인 해석으로 국가간에 마찰의 소지가 많았다.

넷째, 국제기구로서의 구속력이 약한 한계를 갖고 있었다. GATT는 체약국이 행정권의 범위내에서 조약의무를 수락하고 있었기 때문에 법적 구속력이 약했다. 또한 무역규칙에 대한 협정으로부터 시작되어 법률적인 집행기관으로서가 아니라 협의조사기관으로서의 역할을 하였기 때문에 국제기구로서의 역할을 하기에 미비한 점이 많았다.[5] 또 사법권의 부재로 분쟁해결능력의 미흡 등 전반적으로 구속력이 약했다.

3 세계무역기구 체제의 출범

20세기 후반에 들어오면서 여러 측면에서 GATT의 한계가 노정되었다. 그동안 GATT는 그 규범과 활동내용을 조정하며 국제경제상황의 발전에 맞추어 적응해왔지만 1940년대에 설립된 국제무역체제로서 반세기가 지난 이후의 복잡하게 발전한 국제무역상황을 관리해 나가기에는 역부족이었다. 특히 서비스나 지적재산에 대한 국제거래가 많아지게 됨에 따라 이 분야의 무역에 대한 규범이 필요하게 되었다. 관세와 물품의 무역을 대상으로 하고 있는 GATT가 이 분야를 담당하기에 맞지 않았다.

그래서 1986년 시작된 제8차 다자간 교섭인 「우루과이라운드(Uruguay Round)」에서 새로운 무역기구 설립을 논의하게 되었다. 그리고 우루과이라운드가 타결됨에

---

5 이사회와 사무국이 있었지만 본래의 규정에 의한 것이 아니라 체약국의 공동행동에 입각하여 설치된 것으로 결정력이 약했고 결정사항에 대해서도 단지 권고를 하는 형식을 취하고 있었다.

따라 1995년 1월 1일 「세계무역기구(World Trade Organization)」가 정식으로 출범
되었다. 이로써 1948년 1월 1일 공식 발효하여 지난 47년간 국제무역질서를 이끌어
오던 GATT 체제는 종식되고 WTO 체제가 새로이 들어서게 된 것이다.

제3절 세계무역기구의 조직과 운영

1 세계무역기구의 목적

「세계무역기구 설립협정」은 그 전문(前文)에서 설립취지 및 목적을 명시하
고 있다. 여기서 나타나고 있는 WTO의 설립목적은 ① 국가간 교역증대와 경제
협력을 통한 국가경제발전, ② 지속가능한 발전속에서의 세계자원의 최적이용,
③ 각국의 경제발전단계에 상응하는 환경보존과 보존수단의 탐색, ④ 개발도상
국의 경제발전에 필요한 국제무역 증대, ⑤ 상호호혜속에서 무역장벽축소와 국
제무역의 차별대우 폐지, ⑥ GATT를 포함한 이전의 무역협정들을 포괄하는 영
속성 있는 다자간 무역체제의 구축, ⑦ 다자간 무역체제에 대한 기본원칙의 확
립 등이다.

■ WTO 전경 ■

2　세계무역기구의 기능

이상과 같은 WTO의 목적을 달성하기 위하여 WTO가 수행하는 기능은 ①
WTO의 제반협정 이행을 관리 및 감독하며, ② 다자간 통상협상을 위한 토론과
협상의 장을 마련하고, ③ 회원국간의 무역분쟁해결을 위한 장을 제공하며, ④
회원국들의 무역정책을 검토·조정하고, ⑤ 세계경제정책과 관련되는 제반문제
에 대하여 IMF, IBRD 등을 비롯한 관련 국제경제기구들과 협력하는 것 등이다.

3　세계무역기구의 조직구성

세계무역기구의 조직은 각료회의, 일반이사회, 분야별위원회, 특별위원회, 무
역정책검토기구, 분쟁해결기구, 사무국 등으로 구성된다. 각 개별기관의 조직과
기능을 나누어 보면 다음과 같다.

3.1 각료회의

각료회의(Ministerial Conference)는 세계무역기구의 기능수행에 필요한 모든
문제에 대한 의결권을 갖는 최고의 의사결정기구이다. 각료회의는 모든 회원국
의 대표들로 구성되며 2년에 1회 이상 개최된다. 각료회의는 세계무역기구의 기
능을 수행하고 이에 필요한 조치를 취하게 된다. 또 회원국의 요청이 있을 경우
세계무역기구협정에 따라 다자간 무역협정에 관련된 모든 결정을 내릴 권한을
가진다.

3.2 일반이사회

일반이사회(General Council)는 모든 회원국의 대표들로 구성되며, 각료회의
비회기기간중에 각료회의의 기능을 수행하는 한편, 본 협정에 의하여 부여받은
기능을 수행하게 된다. 일반이사회는 「분쟁해결규칙 및 절차에 관한 협정」에 규
정된 분쟁해결기구의 임무 또는 「무역정책검토제도협정」에 규정된 무역정책검

토기구의 임무를 수행하기 위하여 필요시마다 개최된다. 일반이사회는 세계무역기구의 업무와 연관된 업무를 갖는 여타 정부간 기구들이나 비정부기구들과 협의 및 협력하거나 이를 위한 협정을 체결할 수 있는 권한을 갖고 있다.

3.3 분과이사회

일반이사회 산하에 분야별로 물품무역이사회, 서비스무역이사회, 무역관련지적재산권이사회가 설치되어 있다. 각 이사회는 해당 분야에 관련된 협정의 운영을 감독하며, 관련분야 및 일반이사회에서 부여한 역할을 수행하게 된다. 이들 이사회는 일반이사회의 승인하에 자체적인 의사규칙을 제정하여 운영한다. 모든 회원국은 이사회의 회원국이 될 수 있고, 필요할 때마다 이사회가 개최된다. 또 분과이사회는 필요에 따라 하부기구를 설립할 수 있으며, 하부기구들도 관련이사회의 승인하에 자체적인 의사규칙을 제정하여 운영할 수 있도록 하고 있다.

3.4 위원회

각료회의는 그 산하에 각종 위원회를 설치하고 있다. 이들 위원회는 해당 각 분야별로 WTO 제반협정들에 의하여 부여된 기능과 일반이사회가 부여하는 임무를 수행하게 된다. 모든 회원국들은 이들 위원회의 회원국이 될 수 있다. 한편 무역분야별 분과이사회 산하에도 세부 분야별로 위원회나 기구가 설치되어 WTO하의 각 협정을 운영하고 관리·감독하게 된다.[6]

3.5 복수국간 협정의 관리기구

복수국간 협정들에 의하여 설치된 기구들은 각 해당 협정에 의해 부여되는 기능을 수행하며, 세계무역기구의 틀안에서 운영된다. 이들 기구들은 일반이사회에 자신의 활동상황을 정기적으로 통보하게 된다. 그러나 이들 복수국간의 협

---

6 선적전 검사협정은 예외이다.

정에 대해서는 WTO가 직접적인 권한을 갖지 않는다.

그림 3-1 WTO 조직도

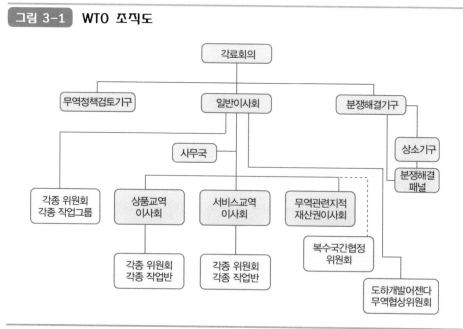

자료: WTO, *Understanding the WTO*, 2015.

3.6 무역정책검토기구

무역정책검토기구(Trade Policy Review Body: TPRB)는 회원국의 무역정책에 대해 검토하고 국제무역환경의 진전에 대한 검토를 하는 기능을 수행한다. 무역정책검토기구는 자체적인 의장을 둘 수 있으며 임무수행을 위하여 필요하다고 판단되는 의사규칙을 제정한다.

3.7 분쟁해결기구

분쟁해결기구(Dispute Settlement Body: DSB)는 회원국간의 분쟁을 해결하는 기능을 수행한다. 분쟁해결기구는 자체적인 의장을 둘 수 있으며 임무수행상 필요하다고 판단되는 의사규칙을 제정한다.

3.8 사무국

사무국은 세계무역기구의 업무수행을 지원하는 행정관리기구이다. 사무총장은 사무국의 최고책임자로서 각료회의에서 임명되고 그 직무, 권한, 근무조건은 규정에 따라 정해지게 된다. 사무총장은 사무국 직원들을 임명하고 각료회의에서 채택되는 규칙에 따라 이들의 근무조건을 확정한다. 사무총장 및 사무국 직원의 임무는 전적으로 국제적인 성격을 가진다. 사무총장과 사무국 직원은 자신의 임무를 수행하는데 있어서 어떠한 정부나 세계무역기구 밖의 기구로부터 훈령을 구하거나 받을 수 없으며, 세계무역기구 관리로서 자신의 지위를 손상시킬 어떠한 행위도 해서는 안 된다. 세계무역기구 회원국들은 이들 임무의 국제적인 성격을 존중하여야 하며 이들이 임무를 수행하는데 영향력을 행사하려고 하여서는 안 된다.

4 의사결정

회원국은 각료회의와 일반이사회에서 한 표의 의결권을 갖는다. 이에 따라 EU는 개별국가수에 의한 의결권을 보유하게 된다. 의사결정은 총의(consensus)에 의한 결정을 기본으로 한다. 이는 GATT에서부터 사용되어 오던 관행을 따른 것으로서 공식적으로 반대를 제기하는 국가가 없는 경우 총의로 채택된 것으로 간주하는 것이다. 총의가 이루어지지 않는 경우는 별도의 규정이 없으면 투표에 의하여 투표국의 과반수로 결정하게 된다.

사안의 종류에 따라 별도의 의사결정방법을 정하고 이에 따르게 되는데 총의, 회원국 3/4 이상, 회원국 2/3 이상, 투표국 과반수 이상 찬성 등의 방식에 의하여 결정되며 그 주요 내용은 [표 3-1]과 같다.

표 3-1	세계무역기구의 의사결정방식
의사결정방식	해당 사항
총의	• 물품, 서비스, 지적재산권협정에서 최혜국대우의 일반원칙조항의 개정 • 관세양허 • WTO 설립협정의 의사결정조항의 개정 • 분쟁해결절차의 결정 • WTO 협정의 개정(총의를 이루지 못할 경우에는 회원국 2/3의 찬성으로 결정) • 과도기간중에 회원국의 이행 못한 의무에 대한 면제결정
회원국 3/4 이상	• 회원국의 협정의무면제(waiver) 결정 • WTO 협정해석의 채택에 대한 결정
회원국 2/3 이상	• 물품무역협정, 무역관련지적재산권협정중 회원국의 권리와 의무를 변경시키는 규정개정(수락국만 효력) • 물품무역협정, 무역관련지적재산권협정중 회원국의 권리와 의무를 변경시키지 않는 규정개정(모든 회원국에 효력) • 서비스무역일반협정의 제1, 2, 3부와 그 부속서에 대한 개정(수락국에만 효력) • 서비스무역일반협정의 제4, 5, 6부와 그 부속서에 대한 개정(모든 회원국에 효력) • WTO 협정개정(원칙적으로는 총의이나, 총의가 이루어지지 않을 경우) • WTO의 신규가입 승인
투표과반수	• WTO 협정에 규정되지 아니한 각료이사회와 일반이사회의 결정

5 분쟁해결제도

국가간에 무역분쟁이 발생한 경우 관계당사국은 협의를 요청하고, 이 협의가 실패하거나 상대국이 이 협의에 응하지 않을 경우, 협의요청국의 요구에 따라 패널이 설치되며 이 패널을 통하여 분쟁을 해결하게 된다. 패널보고서를 분쟁해결기구가 채택하여 당사자에 권고나 결정을 하게 된다. 권고나 결정을 이행하지 않을 경우 상대국가에 보복조치를 허용하여 판정결과에 이행력을 부여하고 있다.

WTO 체제에서는 GATT 기간 동안의 오랜 분쟁해결경험을 기초로 이를 개선하고 체계화하여 보다 정치된 분쟁해결체제를 갖추게 되었다. 과거 GATT하에서는 분쟁해결절차에 많은 시일이 소요되고 구속력이 약하여 실효성이 작았다. 이러한 점을 보완하기 위하여 WTO 체제에서는 분쟁해결을 전담하는 분쟁해결기구를 설치하고 분쟁해결절차에 관한 규범을 두어 분쟁해결기능을 강화하고 있다. 구체적으로 분쟁해결절차의 시한을 엄격히 제한하고 패널보고서의 채택시 종전의 GATT하에서의 총의제(consensus system)에서 반대총의제(reverse consensus system)로 바꾸어 분쟁해결의 일방적인 저지나 지연을 막고 신속하고 실효성 있는 분쟁해결이 되도록 하고 있다.[7]

6 무역정책검토제도

무역정책검토제도(Trade Policy Review Mechanism: TPRM)[8]는 회원국의 무역정책에 대한 정기적인 검토를 통하여 개별국가의 무역정책 및 관행의 명료성을 높이고 이해증대를 도모하기 위한 목적으로 WTO내에 설치된 무역정책검토기구를 통하여 운영된다. 무역정책검토제도는 개별국가의 정책방향을 제어함으로써 세계무역환경이 보호무역주의 추세로 가지 않도록 하는데 중요한 역할을 하게 된다.

검토기간은 국가의 무역규모에 따라 차이를 두어 세계무역규모에서 1~4위 교역국은 2년마다, 5~20위 교역국은 4년마다, 그리고 기타 국가는 6년마다 주기적으로 실시하게 되는데, 최빈개발도상국은 더 긴 기간을 설정할 수 있도록 하고 있다. 예외적으로 어떤 국가의 무역정책이나 관행의 변경이 무역상대국에 중대한 영향을 미치는 경우에는 무역정책검토기구의 요청에 따라 차기 무역정책검토를 조기에 실시할 수 있다. 검토대상은 회원국의 관련 정책 및 관행을 포함하여 무역에 영향을 미치는 정책의 모든 요소이다.

무역정책검토는 검토대상 회원국이 작성하여 제출한 보고서와 WTO 사무국

---

7 총의제는 만장일치제라고도 하여 이를 positive system이라 하고, 반대총의제는 역만장일치제라고도 하며 이를 negative system이라 한다.
8 무역정책검토제도는 1989년 4월 GATT 이사회의 결정에 의해 채택되어 동년 12월부터 시행되었다.

이 수집한 정보를 기초로 작성한 보고서를 기본자료로 하여 시행된다. 그리고 무역정책검토기구는 다자간 무역체제에 영향을 미치는 국제무역환경의 진전에 대한 연례적인 검토를 하게 된다.

7 예산 및 분담금

WTO의 운영에 대한 재원은 회원국의 분담금으로 이루어지게 된다. 각 회원국의 무역비중에 따라서 무역량이 많은 국가는 많이 분담하고 적은 국가는 적게 분담한다. 한편, 기구의 예산은 예산행정위원회가 이에 대한 업무를 담당한다. 사무총장이 예산행정위원회에 연례 예산안 및 재정보고서를 제출하면, 예산행정위원회는 이 예산안과 보고서를 검토한 후 이에 대한 권고를 일반이사회에 제출하게 되고, 이러한 과정을 거쳐 일반이사회가 최종적으로 예산안을 승인하게 된다.

예산행정위원회는 ① 세계무역기구의 지출경비를 회원국들간에 배분하는 분담금의 비율, ② 분담금 체납국에 대하여 취해야 할 조치 등을 포함한 재정규칙을 일반이사회에 제안하게 된다. 일반이사회는 재정규칙 및 연간예산안을 세계무역기구 회원국의 과반수 이상을 포함하는 2/3 이상의 찬성을 얻어 채택하게 된다. 각 회원국은 일반이사회에서 채택되는 재정규칙에 따라 자국몫의 분담금을 납부하게 된다.

8 세계무역기구의 지위

세계무역기구는 법인격을 가지며, 각 회원국은 세계무역기구에 대하여 그 기능수행을 위하여 필요한 법적 능력을 부여하도록 되어 있다. 즉, 각 회원국은 세계무역기구가 그 임무를 수행하는데 필요한 특권과 면제를 부여하며, 그 임무를 수행하는 세계무역기구의 관리들과 회원국대표에 대해서도 필요한 특권과 면제를 부여한다.[9]

---

9 세계무역기구는 본부를 제네바에 두고 스위스 정부와 본부협정을 체결하고 있다.

9 회원국

9.1 회원자격

국가, 그리고 대외무역관계나 협정을 수행하는데 완전한 자치권을 보유하는 독자적 관세영역은 WTO의 회원국이 될 수 있다. 회원의 요건이 자치권을 가지는 독자적 관세영역이기 때문에 국가만 회원이 되는 것은 아니고 홍콩, EU 등과 같은 비국가단위도 회원이 된다.[10]

회원국은 조약의 발효 당시부터 회원국인 원회원국과 발효 이후에 가입한 신규회원국으로 나누어지지만 원회원국과 신규회원국간에 협정상 권리·의무상의 차이는 없다.[11]

9.2 탈퇴

회원국은 언제든지 WTO를 탈퇴할 수 있다. 탈퇴는 WTO 설립협정과 다자간 무역협정에 함께 적용되며 탈퇴통고를 한 날로부터 6개월이 경과되면 효력이 발생한다.

10 국내법의 WTO 협정 일치의무

각 회원국은 자국의 법률, 규정, 행정절차를 부속협정에 규정된 자국의 의무

---

10 WTO 협정에서는 국가라는 표현은 이 같은 독립된 관세영역을 포함하는 것으로 해석하는 것으로 하고 있다.

11 ① 원회원국: 원회원국은 GATT 체약국으로서 1997년 1월 1일까지 WTO 협정을 수락한 국가이다. 원회원국은 다시 WTO 협정 발효일 1995년 1월 1일까지 수락한 국가와 그 이후 1997년 1월 1일까지 수락한 국가로 나뉜다. WTO 협정 발효당시 1997년 1월 1일까지 개별국가의 수락을 위한 개방을 하였기 때문이다.
② 신규회원국: 신규회원국은 GATT 회원국으로서 1997년 1월 1일 이후에 WTO 협정에 가입한 국가와 GATT 비회원국으로서 1995년 1월 1일 이후에 가입한 국가이다. 이들 신규회원국에 대해서는 가입작업반이 설치되어 별도의 양허협상을 하게 되고 각료회의에서 2/3 이상의 찬성으로 승인을 받아야 한다.

에 일치시켜야 한다. WTO의 각 협정별 위원회는 회원국의 관계법령을 검토하여 일치 여부를 점검하게 된다.

11 한국과 세계무역기구

1967년 GATT에 가입한 한국은 국제무역에 적극적으로 참여하여 무역을 통한 국가경제발전을 이루게 되었다. 한국은 처음에 GATT 18조 B국의 개발도상국의 지위에서 수입쿼터나 허가제와 같은 무역규제를 할 수 있었다. 그러다가 1980년대 후반 경제발전과 국제수지 흑자기조를 이룸에 따라 1990년 1월부터 GATT 11조국으로 이행되면서 더 이상 개발도상국의 입장에서 허용되는 무역규제를 할 수 없게 되고 선진국의 입장에서 자유화를 이행하게 되었다. 1995년 1월 WTO의 출범과 함께 한국은 원회원국으로 참가하게 되었다. 한국은 WTO에 적극적으로 참여하고 있으며 그 분담금에서도 회원국중 상위권에 해당하는 금액을 분담하고 있다.[12]

제4절 세계무역기구 무역체제

1 세계무역기구 무역협정의 기본원칙

WTO의 각 협정과 각료선언, 결정, 양해 등에 걸쳐서 일관되게 나타나는 기본원칙은 다음과 같다.

① **최혜국대우의 원칙**   회원국은 한 국가에 부여한 대우보다 불리하지 않은 대우를 다른 회원국에게도 무조건적으로 즉시 부여해야 한다.

② **내국민대우의 원칙**   회원국은 내국인에게 부여한 대우와 동일한 대우를 회원국 국민에게도 부여해야 한다.

---

12 2015년 기준 WTO 총예산 196백만 스위스 프랑중 한국의 분담금액은 563만 스위스 프랑으로서, 분담비율은 전체의 2.88%, 분담순위로는 회원국중 9위에 해당한다.

③ **시장접근의 원칙** 　수입물품에 불리한 제반 장벽을 제거하여 외국물품이 국내물품과 동일한 조건으로 시장접근을 할 수 있어야 한다는 것이다.

④ **투명성의 원칙** 　무역에 관하여 시행되는 국가의 무역관련제도는 투명하고 공개적이어야 한다는 것이다.

⑤ **공정한 경쟁의 보장** 　한 국가내에 국내외의 경제주체들이 공정하고 자유롭게 경쟁할 수 있도록 하여야 한다는 것이다.[13]

⑥ **경제개발의 촉진** 　WTO 회원국 2/3 이상은 개발도상국들이다. 우루과이라운드에서는 이전의 어느 라운드보다 개발도상국과 시장경제체제 전환국가들이 많이 참여하였다. 개도국의 이해를 최대한 고려하여 개발도상국에 대한 양허는 상호주의를 따르지 않게 하고, 무역이 개발도상국의 발전에 도움이 되도록 원조를 제공하도록 하고 있으며, 최빈개발도상국에 대해 무역상의 특혜와 기술원조의 증대를 모색하고 있다. 한편으로는 국제무역체제가 선진국들만의 이해를 위해서 존재한다는 인식을 불식하고 선진국과 개발도상국이 동일한 입장에서 다자관계에 참여한다는 점이 강조되었다. 따라서 개발도상국에 대해서는 책임과 의무를 면제시켜 주는 것이 아니라 새로운 환경에 적응할 수 있는 과도기간을 허용하는 방식을 택하고 있다.

2 　세계무역기구 무역협정의 구성

2.1 우루과이라운드 협정문의 구성

우루과이라운드 최종협정문은 ① 제1부 최종의정서, ② 제2부 WTO 설립협정, ③ 제3부 각료 결정 및 선언의 세 부분으로 구성되어 있다. 분야별로 내용을 살펴보면 다음과 같다.

---

13 WTO 체제에서는 공정경쟁을 보장하기 위한 많은 규정을 두어 GATT 체제에 비하여 공정성을 훨씬 더 강조하고 있다.

1) 제1부 최종의정서

협상결과를 확인하고 협정의 발효와 각국의 협정수락절차를 명시한 문서이다.

표 3-2 우루과이라운드 협정의 구성

최종의정서				
	WTO 설립협정(본문)			
	물품무역협정 (부속서 1A)	서비스무역 일반협정 (GATS) (부속서 1B)	무역관련 지적재산권협정 (TRIPs) (부속서 1C)	복수국간 무역협정 (PTA) (부속서 4)
W T O 설 립 협 정	① GATT 1994 협정 ② 농산물협정 ③ 위생검역조치협정 ④ 섬유 및 의류협정 ⑤ 기술장벽협정 ⑥ 무역관련투자조치협정 ⑦ 반덤핑협정 ⑧ 관세평가협정 ⑨ 선적전검사협정 ⑩ 원산지규정협정 ⑪ 수입허가절차협정 ⑫ 보조금 및 상계관세협정 ⑬ 긴급수입제한조치협정			① 정부조달협정 ② 민간항공기 무역협정 ③ 국제낙농협정 (폐기) ④ 국제쇠고기협정 (폐기)
	분쟁해결 및 절차 협정(DSU)(부속서 2)			
	무역정책검토제도(TPRM)(부속서 3)			
각료 결정 및 선언				

2) 제2부 세계무역기구 설립협정

우루과이라운드 협상의 결과로서 협정의 실질적인 내용 부분이다. WTO 설립협정은 본문과 6개의 부속서로 구성된다. 다자간 무역기구로서의 세계무역기구 설립에 대한 협정을 본문으로 하고 물품무역협정을 비롯한 여러 개별협정들을 부속서로 포함하는 형태로 구성되어 있다.

3) 제3부 각료 결정 및 선언

WTO 협정에 관련되는 사항을 보완하는 내용의 선언 및 결정이다. WTO 협정 부속서상의 개별협정과 관련된 12개 분야에서의 후속적인 입법조치와 이행에 관한 기술적·행정적인 사항을 명시하고 있다.

2.2 세계무역기구 설립협정

WTO 설립협정은 본문에서는 WTO 기구 자체에 대한 규정을 두고 있고 방대한 양의 실질적인 국제교역규범은 부속서에 두고 있다. 부속서에 포함되는 국제교역규범은 「다자간 무역협정(Multilateral Trade Agreement: MTA)」 17개, 「복수국간 무역협정(Plurilateral Trade Agreement: PTA)」 4개로 총 21개로 구성되어 있다.

1) 세계무역기구 설립협정 본문

국제기구로서의 WTO의 조직 및 운영에 대한 규정을 내용으로 16개 조항으로 구성되어 있다.

2) 부속서

부속서에는 ① 부속서 1A: 물품무역협정, ② 부속서 1B: 서비스무역일반협정, ③ 부속서 1C: 무역관련지적재산권협정, ④ 부속서 2: 분쟁해결규칙 및 절차협정, ⑤ 부속서 3: 무역정책검토제도, ⑥ 부속서 4: 복수국간 무역협정 등으로 구성된다.

여기서 물품무역협정은 기존의 GATT 협정과 우루과이라운드에서 체결된 12개의 분야별 협정을 중심으로 구성된다.[14]

---

14 GATT 1994는 기존의 GATT 1947에다 우루과이라운드에서 채택된 6개 GATT 조문해석에 대한 양해, 그리고 GATT에 대한 마라케시의정서로 구성된다. 여기서 GATT 1947은

또 복수국간 협정은 WTO 협정의 일부이기는 하나 이 협정을 수락한 회원국에만 적용된다. 복수국간 협정으로는 ① 정부조달협정, ② 민간항공기무역협정, ③ 국제낙농협정, ④ 국제쇠고기협정의 4개가 체결되었으나 국제낙농협정과 국제쇠고기협정은 1997년에 폐기되었다. 대부분의 WTO 협정은 다자간 협정으로 회원국은 전체 협정을 일괄수락(single undertaking)하지 않으면 안 된다. 이에 반해서 협정에 가입의사가 있는 국가만 선택적으로 가입하게 되는 복수국간 무역협정은 WTO의 일괄수락방식으로부터 예외가 된다. 이러한 복수국간 협정을 두게 되는 이유는 일부 국가에게만 협정이 필요한 경우가 있기 때문이며, 이러한 협정은 다자간 협정으로 되기 전에 새로운 의제에 대한 관심환기와 사전준비를 하는 역할을 하기도 한다.

2.3 협정적용상의 우선순위

협정상호간에 적용상의 우선순위는 가장 먼저 WTO 설립협정을 적용하고, 다음으로 GATT 이외의 다자간 무역협정을 적용하며, 그 다음으로 GATT 1994를 적용하게 된다.[15]

3 세계무역기구 무역협정의 주요 내용

세계무역기구는 국제무역이 원활하게 이루어지게 하기 위한 기구이므로 세계무역기구의 실질적인 부분은 무역규칙에 대한 협정이다. 무역의 대상이 물품(goods), 서비스(service), 지적재산(intellectual property) 등이므로 국제무역규

WTO 협정 발효 이전까지 정정, 개정, 수정되어온 GATT 협정문과 함께 GATT하에서 발효한 관세양허의정서, 가입의정서, 의무면제결정, 기타 체약국단결정 등을 포함하는 것이다. 그리고 마라케시의정서는 관세 및 비관세양허, 농산물보조금 감축 약속 등 시장접근기회 확대 약속을 내용으로 하고 있다. 즉, GATT 1994는 GATT 1947의 골격을 유지한 채 이를 보다 명확히 한 것이다.

15 따라서 WTO 설립협정의 의사결정이나 개정 등의 일반규정은 WTO 전반의 법적 기초로 적용되며, GATT 1994는 다른 다자간 무역협정과 상충되지 않는 범위내에서만 적용하게 되는 것이다.

칙도 이같이 나누어진다. 따라서 세계무역기구의 무역협정은 물품무역협정, 서비스무역협정, 그리고 무역관련지적재산권협정의 세 가지이다.

3.1 물품무역협정

물품무역은 무역의 기본이 되는 형태이고 오랜 역사를 갖고 있다. 「관세와 무역에 관한 일반협정(GATT)」은 물품무역을 대상으로 하고 있다. 따라서 WTO 물품무역협정은 이 GATT(1994) 협정이 중심이 된다. GATT 협정은 1947년 제정된 이래 이후 시간의 흐름에 따른 무역변화를 수용하여 추가적인 협정, 의정서, 특별부수협정, 절차조항 등으로 협정을 수정 보완하여 발전시켜왔다. GATT를 구성하고 있는 주요 내용은 다음과 같다.

■ **최혜국대우**   GATT의 가장 중요한 기본원칙으로 모든 GATT 회원국들을 평등하게 대우해야 한다는 것이다.
■ **내국민대우**   내국물품과 외국물품을 동등하게 대우해야 한다는 원칙이다.
■ **관세양허**   각국의 관세양허협상과 절차에 대하여 규정하고 있다.
■ **수량제한**   수량제한의 사용을 금지하는 것을 원칙으로 하는 가운데 허용되는 특별한 경우를 규정하고 있다.
■ **반덤핑 및 상계관세**   수입물품이 덤핑이나 보조금이 지급된 경우에 부과할 수 있는 반덤핑 및 상계관세의 시행절차에 대하여 규정하고 있다.
■ **관세평가**   수입물품의 과세가격을 결정하는 절차와 방법을 정하고 있다.
■ **위생 및 검역**   국제무역과 관련된 위생 및 검역제도의 시행에 대하여 규정하고 있다.
■ **기술장벽**   국제무역과 관련하여 기술규정 및 표준제도의 시행에 관하여 규정하고 있다.
■ **무역관련투자조치**   국제무역에 영향을 줄 수 있는 외국인직접투자자에 대한 현지국의 규제제도사용에 대하여 규정하고 있다.
■ **선적전검사**   수입국의 요청에 의하여 수출국에서 수입물품을 선적하기 전에 검사하는 제도의 운용에 대하여 규정하고 있다.

■ **원산지규정**   원산지를 판단하는 기준 및 확인방법 등을 규정하고 있다.

■ **수입허가절차**   수입관련서류의 국가기관제출을 포함한 수입을 위해서 수행해야 하는 제반절차를 규정하고 있다.

■ **농산품무역**   원래 GATT(1947)에서 농산품무역은 제외되어 왔었는데 우루과이라운드에서 별도의 협정으로 이 농산품무역도 GATT 규정에 적용시키게 되었다.

■ **섬유류무역**   GATT 시행 이후 섬유류무역은 GATT 규범에서 이탈되었었는데 우루과이라운드에서 별도의 협정으로 이 섬유류무역도 GATT 규정 적용을 회복시키고 있다.

■ **보조금**   보조금을 정의하고 금지보조금, 조치가능보조금, 허용보조금으로 구분하여 이에 대한 보조금의 사용 가능 여부와 절차를 규정하고 있다.

■ **국영무역**   국영기업이나 국가가 무역하는 경우의 무역이행방법 등을 규정하고 있다.

■ **국제수지 옹호조치**   국가의 국제수지 악화로 국제수지 옹호조치를 해야 할 경우에 있어서의 무역에 대한 제한내용과 방법을 규정하고 있다.

■ **개발도상국의 특정 산업 확립을 위한 무역제한**   개발도상국의 경제발전을 위하여 산업에 대한 보호조치가 필요한 경우의 무역에 대한 제한내용과 방법을 규정하고 있다.

■ **긴급수입제한조치**   수입과다로 인하여 산업에 피해가 있을 경우 긴급하게 일시적으로 수입제한을 할 필요가 있을 경우에 이에 대한 절차를 규정하고 있다.

■ **일반적인 예외**   경제외적인 여러 요인으로 무역을 제한할 수 있는 경우를 규정하고 있다.

■ **안보상의 예외**   국가의 안전이나 세계평화를 위하여 무역을 제한할 수 있는 경우를 규정하고 있다.

■ **개발도상국 발전을 위한 협력**   개발도상국의 경제발전을 위하여 회원국들의 협력과 지원에 관한 사항을 규정하고 있다.

■ **경제통합지역**   자유무역지역이나 관세동맹 등 경제통합의 경우에 대하여 규정하고 있다.

■ **협정의 가입, 탈퇴, 운용**   회원국의 가입 및 탈퇴, 회원국간 협의 및 협정적용을 비롯한 협정의 운용절차와 방법에 대하여 규정하고 있다.

3.2 서비스무역일반협정

「서비스무역일반협정(General Agreement on Trade in Services: GATS)」은 서비스의 국제무역거래를 규율하기 위한 협정으로 우루과이라운드에서 제정되어 WTO의 출범과 함께 시행되었다. 서비스무역일반협정을 구성하고 있는 주요 내용은 다음과 같다.

■ **서비스무역의 정의**　서비스는 형상이 없어 서비스무역은 그 형태가 물품무역과 완전히 다르다. 서비스무역의 형태를 서비스 자체의 국경간 이동, 서비스의 해외소비, 상업적 주재, 자연인의 주재, 4가지로 구분하여 정의하고 있다.

■ **최혜국대우**　GATT에서와 마찬가지로 모든 회원국들을 평등하게 대우해야 한다는 것이다.

■ **내국민대우**　내국물품과 외국물품을 동등하게 대우해야 한다는 원칙이다.

■ **공개주의**　서비스무역과 관련된 법령 및 제도가 공개적이고 투명하게 시행되도록 규정하고 있다.

■ **국내규제**　서비스무역에서는 대외개방뿐만 아니라 국내규제가 큰 영향을 미치므로 서비스무역에 관련된 국내규제가 합리적이고 공평하게 운영되도록 규정하고 있다.

■ **인정**　전문직업서비스는 자격을 필요로 하는데 한 나라에서 취득된 자격에 대한 타국에서의 인정에 대하여 규정하고 있다.

■ **서비스 독점공급**　서비스의 독점적 공급체제로 인하여 서비스무역에 장애가 발생하는 것을 막기 위한 규정을 두고 있다.

■ **영업관행**　경쟁을 제약하는 영업관행으로 인하여 서비스무역에 장애가 발생하는 것을 막기 위한 규정을 두고 있다.

■ **경제통합**　경제통합의 경우에 최혜국대우원칙의 이탈을 허용하고 있다.

■ **개발도상국의 참여와 기술협력**　개발도상국은 서비스산업의 발전수준이 낮아 서비스무역에서 불리한 위치에 있는 점을 감안하여 서비스무역이 개발도상국의 서비스산업의 발전에 도움이 될 수 있도록 적극적인 참여와 협력을 유도하는 규정을 두고 있다.

■ 국제수지 옹호조치   국가의 국제수지 악화로 국제수지 옹호조치를 해야 할 경우에 있어서의 서비스무역에 대한 제한 내용과 방법을 규정하고 있다.

■ 긴급수입제한조치   서비스수입 과다로 인하여 산업에 피해가 있어 긴급하게 일시적으로 수입제한을 할 필요가 있을 경우에 이에 대한 절차를 규정하고 있다.

■ 일반적인 예외   경제외적인 여러 요인으로 무역을 제한할 수 있는 경우를 규정하고 있다.

■ 안보상의 예외   국가의 안전이나 세계평화를 위하여 무역을 제한할 수 있는 경우를 규정하고 있다.

3.3 무역관련지적재산권협정

「무역관련지적재산권협정(Trade-related Aspects of Intellectual Property Rights: TRIPS)」은 지적재산권의 국제거래를 규율하고 무역과 관련된 지적재산권의 국제적인 보호를 위한 협정으로 우루과이라운드에서 제정되어 WTO의 출범과 함께 시행되었다. 무역관련지적재산권협정을 구성하고 있는 주요 내용은 다음과 같다.

■ 최혜국대우   GATT, GATS에서와 마찬가지로 모든 회원국들을 평등하게 대우해야 한다는 것이다.

■ 내국민대우   내국물품과 외국물품을 동등하게 대우해야 한다는 원칙이다.

■ 최저보호수준원칙   본 협정에서의 지적재산권보호의 수준을 최저보호수준으로 하여 각국은 그 이상의 수준을 보호할 수 있지만 그 이하로 해서는 안 된다는 것이다.

■ 권리소진원칙   지적재산권의 권리자가 지적재산이용권을 타인에게 양도한 경우 자신의 권리는 소진되어 다시 권리를 주장할 수 없다는 원칙이다.

■ 타협약준용원칙   무역관련지적재산권협정은 기존의 국제지적재산권협정의 규정을 준용하도록 하고 추가적인 조치만 협정에서 규정하는 방식을 취하고 있다.

■ 특허권   특허권에 대한 지적재산보호규정은 파리협약을 준용하게 되며, 무역관련지적재산권협정에서는 특허권의 대상, 특허권의 내용, 발명의 공개, 강제

실시, 보호기간 등을 별도로 규정하고 있다.

■ **상표권**　특허권과 마찬가지로 상표권에 대한 지적재산보호규정은 파리협약을 준용하게 되며, 무역관련지적재산권협정에서는 보호대상, 등록제도, 사용권의 설정과 양도, 지리적 표시권, 보호기간 등을 별도로 규정하고 있다.

■ **의장권**　특허권과 마찬가지로 의장권에 대한 지적재산보호규정은 파리협약을 준용하게 되며, 무역관련지적재산권협정에서는 의장권의 대상, 보호조치, 보호기간 등을 규정하고 있다.

■ **저작권**　저작권에 대한 지적재산보호규정은 베른협약을 준용하게 되며, 무역관련지적재산권협정에서는 컴퓨터 프로그램과 자료편집물, 대여권, 저작인격권, 저작인접권, 보호기간 등을 규정하고 있다.

■ **반도체집적회로 배치설계**　반도체집적회로 배치설계에 대한 지적재산보호규정은 워싱턴조약을 준용하게 되며, 무역관련지적재산권협정에서는 보호범위, 선의취득자보호, 강제실시, 보호기간 등을 규정하고 있다.

■ **영업비밀**　영업비밀의 보호대상 및 보호조치를 규정하고 있다.

■ **라이센스계약에서의 반경쟁행위**　라이센스계약에서의 반경쟁행위 및 권리남용행위를 규제할 수 있도록 하고 있다.

■ **지적재산권 시행관련 회원국 조치**　무역과 관련하여 지적재산권이 보호될 수 있도록 국내법적 보장, 공정한 절차, 합리적 제도 운영, 개별국가의 사법제도 운영 등의 일반적인 의무를 규정하고 있다.

■ **민사 및 행정상의 절차와 구제**　무역과 관련하여 지적재산권이 보호될 수 있도록 하는 국경조치, 통관정지, 구제조치, 형사절차 등의 민사 및 행정상의 절차와 구제방법을 규정하고 있다.

■ **안보상의 예외**　국가의 안전이나 세계평화를 위하여 지적재산권보호를 제한할 수 있는 경우를 규정하고 있다.

4 다자간 통상협상

GATT는 주기적인 다자간 협상을 통하여 관세를 인하하고 보호무역주의의 대두를 억제하여 자유무역을 확대시키기 위한 노력을 계속하여 왔다. 다자간 협상에서는 일정한 협상기간을 정하여 전체 체약국들이 함께 협상을 하게 된다.

GATT는 관세를 중심으로 하고 있고 또 중요 목표가 관세의 인하이므로, GATT 설립 이후 다자간 협상들은 주로 관세인하를 위한 교섭이었다. 이러한 과정에서 관세수준은 점진적으로 인하되어 왔으며 세계의 관세장벽수준은 크게 낮아지게 되었다. 특히 1947년의 제1차 일반관세인하교섭과 제6차 이후 1964년의 케네디라운드, 1973년의 동경라운드, 1986년의 우루과이라운드에서 관세인하의 규모가 컸다.

한편 반복된 일반관세인하협상으로 관세의 수준이 상당히 감축되어 비관세장벽의 중요성이 커지자 비관세장벽도 협의의제로 채택되기에 이르렀다. 비관세장벽에 대한 논의는 제6차 케네디라운드에서부터 있었으나 큰 진전을 보지 못하다가 제7차 동경라운드에서 정식 의제로 채택되지는 않았으나 일부 회원국가만이 참여하는 복수국간 협정의 체결을 보았다. 제8차 우루과이라운드에서는 지금까지의 관세중심의 다자간 통상협상과 달리, 비관세장벽을 포함한 GATT의 규범과 무역제도, 그리고 물품무역을 중심으로 한 GATT로서는 그 범위 밖에 있던 서비스교역이나 지적재산권의 영역까지도 포함하는 광범위한 협상이 이루어지게 되었다.

2001년 카타르의 도하에서 열린 WTO 제4차 각료회의에서 2002년 1월부터 다자간 통상협상을 개최하기로 합의하였다. 「도하개발어젠다(Doha Development Agenda)」로 명명된 이 다자협상은 WTO 출범이후 첫 번째이며, GATT로부터 본다면 아홉 번째에 해당하는 다자간 통상협상이다.

협상의 주요 의제는 ① 공산품, 농산물, 임수산물, 서비스 교역에서의 무역장벽 인하문제, ② 덤핑, 보조금, 지역무역협정, 분쟁해결절차 등에 대한 규범 개선문제, ③ 무역관련 환경, 경쟁정책, 투자, 전자상거래 등과 같은 신통상의제 등이다. 도하개발어젠다는 WTO 출범후 처음 갖는 다자간 협상이며 21세기의 새로운 무역환경에서 맞는 다자간 통상협상이라는 점에서 기대가 컸다. 하지만 원래 협상은 2002년 1월부터 2005년 1월까지 3년간으로 계획되어 있었으나 국가간의 입장차이로 타결을 보지 못하고 지연되고 지연되어 아직까지도 타결되지 못하고 있다.

표 3-3	GATT/WTO의 다자간 통상협상					
회	명칭	기간	개최 장소	참가국	양허품목 수	평균 인하율
1	일반관세교섭	47.4~47.10	Geneva	23	약 45,000품목	불명
2	일반관세교섭	47.8~49.10	Annocy	32	약 5,000품목	불명
3	일반관세교섭	50.9~51.4	Torquay	34	약 8,000품목	불명
4	일반관세교섭	56.1~56.5	Geneva	22	약 3,000품목	불명
5	Dillon Round	61.5~62.7	Geneva	23	약 4,400품목	7%
6	Kennedy Round	64.5~67.6	Geneva	45	약 30,000품목	35%
7	Tokyo Round	73.9~79.4	Geneva	99	약 27,000품목	33%
8	Uruguay Round	86.9~94.4	Geneva	117	약 27,000품목	33%
9	Doha Development Agenda	02.1~	Geneva			

5 세계무역기구 출범 이후의 국제무역

WTO 체제는 국제무역질서의 관리에 있어서 GATT의 미비점을 보완하여 GATT 체제보다 많은 진전이 있었다. 이전의 GATT에 비하여 국제무역에 있어서 그 포괄하는 범위가 확대되었고, 더 체계적이고 강력하게 국가간의 무역관계를 관리할 수 있게 되었다. 20세기와 21세기 사이의 전환기에 밀어닥친 경제에서의 자유주의 추세와 함께 강력한 국제무역관리기구의 등장은 새로운 세계변화의 상징으로 되어 반세계화주의자들의 우려의 대상이 되어 이들로부터 거센 반발을 사기도 하였다.

세계무역기구 출범 이후 세계무역량은 증가하였고, WTO 분쟁해결기구를 통한 제소건은 늘어났지만 제도권내에 분쟁해결을 흡수함으로써 무역을 둘러싼 국가간의 긴장은 많이 줄어들게 되었다.

주요용어

브레턴우즈 체제	GATT	WTO
일반이사회	무역정책검토기구	분쟁해결기구
최혜국대우	내국민대우	무차별원칙
투명성원칙	시장접근원칙	우루과이라운드
복수국간 무역협정	다자간 통상협상	물품무역협정
서비스무역일반협정	무역관련지적재산권협정	각료회의

연습문제

01 GATT 설립의 배경에 대하여 설명하시오.

02 GATT가 이룬 업적에 대하여 약술하시오.

03 GATT의 한계를 약술하시오.

04 WTO의 기능을 약술하시오.

05 WTO의 의사결정에 대하여 설명하시오.

06 WTO의 분쟁해결제도에 대하여 설명하시오.

07 WTO의 가입과 탈퇴에 대하여 설명하시오.

08 WTO 무역협정의 기본원칙을 설명하시오.

CHAPTER 04

무역정책수단

제1절 관세정책
제2절 비관세무역정책

무역정책수단

제1절   관세정책

1   관세의 개념

    관세(tariff, customs duties)란 국가가 국경을 통과하는 물품에 대하여 부과하는 세금이다. 보다 정확하게는 관세징수 주체가 관세선(customs line)을 통과하는 물품에 대하여 부과하는 세금이라고 할 수 있다. 여기서 관세선이란 관세부과 영역의 경계를 말하는데 국경과 반드시 일치되는 것은 아니다. 보세구역이나 자유항을 두고 있는 나라는 이들 지역을 관세선 바깥에 두게 되며, 관세동맹의 같은 회원국간에는 국경선은 있어도 관세선은 없기 때문이다. 또한 홍콩과 같이 국가 아닌 독립적 경제단위가 관세를 징수하는 경우도 있기 때문에 관세징수의 주체는 국가만이 될 수 있는 것은 아니다.

    관세는 고대 도시국가의 통행세에서 유래된 이래 오랜 역사를 갖고 있으며,

오늘날에는 무역정책의 대표적인 수단으로 활용되고 있다. 그래서 오늘날의 관세는 대부분 수입에 대해서만 부과되고 수출에 대해 부과되는 경우는 드물다. 한편 상품의 수출입과 관련하여 세금은 아니지만 통관과정에서 지불해야만 하는 통관료, 통관관련 수수료 등도 경제적으로 관세와 비슷한 역할을 하기 때문에 이들을 의사관세(para-tariffs)라고 한다.

2 관세의 종류

2.1 관세의 구분

1) 상품의 이동 방향에 따라

① **수입세**　　수입세(import duties)는 외국물품이 국내에 수입될 때 부과되는 관세로서, 관세라고 하면 보통 수입관세를 의미한다. 수입관세는 국내산업의 보호, 고용의 증대, 국제수지의 개선, 교역조건의 개선, 재정수입 등 여러 가지 경제적 효과를 유발하기 때문에 무역정책상 중요한 의미를 가진다.

② **수출세**　　수출세(export duties)는 국내상품을 외국으로 수출할 때 부과하는 관세이다. 수출세는 국가의 재정수입확보, 전략물자나 국내 필요물자의 국외유출을 억제하기 위한 목적으로 부과될 수 있다. 수출세는 자국상품의 대외경쟁력을 저하시키므로 일반상품의 경우에는 오늘날 대부분의 국가에서 잘 사용하지 않는다. 하지만 중국과 같이 무역에 대한 국가통제가 많은 국가나 스리랑카의 차(tea), 브라질의 커피, 스페인의 코르크, 쿠바의 담배 등과 같이 세계시장에서 독점인 물품에서 수출세가 부과되는 경우도 있다.

③ **통과세**　　통과세(transit duties)는 물품이 단순히 자국을 거쳐 운송되는 경우에 부과되는 관세이다. 통과세는 중세 도시국가나 중상주의 초기단계에서 국가의 재정수입확보를 목적으로 부과되었으며, 제3국 상품이 인접국에 판매되어 자국상품의 판매가 저하될 우려가 있을 경우에 부과되기도 하였다. 통과세의 부과는 국제무역을 방해하므로, 1921년 바르셀로나(Barcelona)협정에서 통과자유의 원칙하에 이를 금지하게 되었으며 GATT 제5조에서도 이를 금지하고 있다.

구분기준	종류		
상품의 이동 방향	① 수입세	② 수출세	③ 통과세
과세목적	① 재정관세	② 보호관세	
결정방법	① 종가세	② 종량세	③ 혼합세
과세근거	① 국정관세	② 협정관세	
과세율의 수	① 단일관세율	② 복수관세율	
특혜 여부	① MFN관세	② 특혜관세	
과세권한	① 법정관세	② 탄력관세	

표 4-1 관세의 분류

2) 과세의 목적에 따라

① **재정관세**   재정관세(revenue tariff)는 세입관세라고도 하며 정부의 재정수입확보를 주된 목적으로 부과되는 관세이다. 경제활동이 작은 가난한 개발도상국의 경우는 관세가 중요한 조세수입원이기 때문에 재정관세의 의미가 큰 반면에 선진국의 경우에는 재정관세의 의미가 작다. 그러나 선진국의 경우에도, 커피, 홍차, 향료, 담배 등의 기호식품에 부과되는 관세처럼 국내산업의 보호와 무관하게 부과되는 관세가 이에 해당된다. 한국의 경우 경제성장에 따라 총 조세수입에서 관세수입의 비중이 계속 감소하여 왔으며 2015년 현재 3.9% 수준에 이르고 있다.

② **보호관세**   보호관세(protective tariff)는 국내의 산업보호를 주된 목적으로 부과되는 관세이다. 초기의 관세제도는 재정수입을 위한 수단으로서의 의미가 컸으나 근대에 이르러서는 국내산업의 보호를 위한 수단으로서의 의미가 더 커지게 되었다. 일반적으로 개발도상국에서는 유치산업의 보호를 위하여 보호관세를 부과하게 되고 선진국에서도 사양산업의 보호나 정책적으로 육성이 필요한 특정 산업을 보호하기 위하여 부과하게 되는 것이다.

3) 관세결정방법에 따라

① **종가세**　　종가세(ad valorem duties)는 물품의 가격을 과세기준으로 하는 관세이다. 종가세는 가장 일반적으로 사용되는 부과방식으로서 고대로부터 많이 사용되어 왔다.

예를 들어 자동차의 관세율이 5%라고 하면 자동차 수입가격의 5%를 관세로 부과하는 형태이다. 구체적으로 관세액은 다음과 같은 계산식에 의하여 산출된다.

관세액 = 상품가격 × 환율 × 관세율

종가세는 ㉠ 상품가격에 따라 균등하게 부과되어 공평하다는 점, ㉡ 과세부담이 시장가격의 등락에 관계없이 가격의 일정 비율로 균형을 유지하는 점 등의 장점이 있다.

그러나 ㉠ 과세기준가격의 산정이 쉽지 않아 관세관리가 복잡하고 비용이 많이 든다는 점, ㉡ 동종동질의 상품이라도 수입가격이 다르면 관세부담이 달라져 공평하지 못한 점 등의 단점이 있다. 한국은 대부분의 물품에서 종가세를 적용하고 있다.

② **종량세**　　종량세(specific duties)는 물품의 수량을 과세기준으로 하는 관세이다. 예를 들어, 설탕 1kg당 100원으로 관세를 부과하는 형태이다. 구체적으로 관세액은 다음과 같은 계산식에 의하여 산출된다.

관세액 = 수량 × 단위수량당 세액

종량세는 ㉠ 과세방법이 단순하여 관세행정이 쉽다는 점, ㉡ 동종동질의 상품이면 관세가 동일하여 과세부담이 공평한 점 등의 장점이 있다.

그러나 ㉠ 싼 물품이든 비싼 물품이든 같은 관세를 부담하게 되어 불공평한 세부담이 될 수 있고, ㉡ 물가가 상승할 때는 관세부담이 작고 물가가 하락할 때는 관세부담이 크게 되어 물가수준에 따라 과세부담이 불균등하게 된다는 점, ㉢ 예술품이나 진귀품에 대한 과세가 어렵다는 점, ㉣ 공평한 관세부과를 위해서는 품종, 품질, 가공도 등 상품분류를 정확히 해야 하고, 계량단위와 계량측정상의 정확성을 위한 기술적인 문제가 많은 점 등에서 단점이 있다.[1] 현재 한국은 정제당, 영화용 필름 등의 소수의 품목에서 종량세를 적용하고 있다.

③ **혼합세** 종가세와 종량세를 혼합하여 과세하는 관세를 말한다. 혼합세는 종가세와 종량세의 단점을 보완하는 장점이 있는 반면, 두 가지 방법으로 관세액을 결정해야 하는 번거로움이 있다. 여기에는 그 적용방법에 따라 다시 선택세와 복합세로 나누어진다.

■ **선택세(selective duties)** 종가세나 종량세중 어느 하나를 선택하여 부과하는 관세이다. 두 가지중 하나를 선택해서 관세를 부과할 수 있도록 해놓고 관세를 많이 부과할 목적인 경우, 비싼 상품이나 가격상승 상품에는 종가세를 적용하고 염가품이나 가격하락 상품에는 종량세를 적용하는 것이다. 관세를 적게 부과할 목적인 경우에는 이와 반대로 하게 된다. 현재 한국은 마늘 등에서 선택세를 적용하고 있다.

■ **복합세(compound duties)** 상품의 가격과 양을 모두 반영하여 산정하는 관세를 말한다. 한 품목에 종가세율과 종량세율을 동시에 책정하여 2가지 방법으로 산출된 세액을 합산하여 부과하게 된다. 한국은 현재 복합세를 채택하고 있는 품목은 없다.

4) 과세의 근거에 따라

① **국정관세** 국정관세(national tariff)란 국가가 자국의 법령에 따라 자주적으로 부과하는 관세를 말한다. 국가가 조약상의 의무와 같은 외부로부터의 제약에 구애받지 않고 자국의 경제상의 필요에 따라 부과하는 관세이다. 한국에는 국정관세로서 기본관세, 잠정관세, 탄력관세 등이 있다.

② **협정관세** 협정관세(conventional tariff)란 외국과의 통상조약이나 관세조약과 같은 협정에 의해서 관세율을 정하게 되는 관세를 말한다. 협정관세는 다자간 협정에 의한 협정세율도 있고 양국간의 쌍무협정에 의한 협정세율도 있다. 협정관세는 상대국과의 상호주의 원칙하에서 상호간의 양허를 통하여 이루어지

---

1 예로서 중량에도 총중량, 순중량, 법적 중량 등 여러 중량기준이 있을 수 있다.

는 것이 보통이기 때문에, 일방적으로 인상할 수 없으며 국정관세보다 낮은 세율이 된다. 한국의 경우 협정세율은 WTO 협정세율, WTO 개도국간 양허세율, ESCAP(Economic and Social Commission for Asia and Pacific) 개도국간 양허세율 등이 있으며 또한 관세의 적용순서는 ① 협정관세 ② 탄력관세 ③ 잠정관세 ④ 기본관세의 순으로 하고 협정관세는 다른 관세보다 저율인 경우에만 적용된다.

5) 과세율의 수에 따라

① **단일관세율**　　단일관세율(single tariff)은 동일상품에 대해서는 국가를 구분하지 않고 동일세율을 적용하는 제도이다. 단일관세율은 관세행정을 간편하게 할 수 있다는 장점이 있으나, 통상관계에 따라 국가마다 적용을 달리하는 유연성이 없다는 단점이 있다.[2]

② **복수관세율**　　복수관세율(multiple tariff)은 동일상품에 대하여 두 가지 이상의 세율을 적용하는 제도이다. 최혜국대우 국가나 자국에 대하여 혜택을 주는 국가에 대해서는 낮은 관세를 부과하고, 무조약국이나 자국에 불리한 대우를 하는 국가에 대해서는 높은 관세를 부과하게 된다.

6) 특혜 여부에 따라

① **MFN관세**　　MFN관세(most favored nation tariff)는 최혜국대우에 의하여 국가간에 무차별로 동일하게 적용되는 관세이다. WTO 회원국간에는 최혜국대우원칙에 따라 기본적으로 MFN관세를 적용하게 된다.

② **특혜관세**　　특혜관세(preferential tariff)란 특정 국가나 특정 지역의 물품에 대하여 낮은 세율의 혜택을 부여하는 관세를 의미한다. 과거 식민지국과 본국간의 식민지 특혜관세와 같이 역사적으로 특별한 관계를 가진 국가간에 이러한 특혜관세가 있었고, 지금도 EU의 ACP국가나 지중해 연안국가에 대한 특혜나 미국의 카리브해 연안국가에 대한 특혜관세제도 등이 있다. 그러나 가장 대

---

2 단일관세제도는 아프리카, 중남미, 아시아 일부 국가들에서 시행되고 있다.

표적인 특혜관세는 1970년대 이후 선진국들이 개발도상국들의 상품에 대해 시행하는 일반특혜관세제도(Generalized System of Preferences: GSP)이다. 또한 1989년에 범개발도상국간 특혜무역제도(Global System of Trade Preferences among Developing Countries: GSTP) 협정의 발효에 따라 개발도상국 상호간에도 관세상의 특혜가 주어지고 있다.

7) 과세의 권한에 따라

① **일반관세(법정관세)**   법률로써 정해지는 관세를 말한다. 대부분의 국가는 조세법률주의원칙에 의하여 기본적으로는 관세의 부과대상과 관세율이 법률에 의하여 정해지게 된다.

② **탄력관세**   탄력관세(flexible tariff)란 행정부가 관세율을 탄력적으로 적용하는 관세를 말한다. 경제여건에 신속하고 신축적으로 대응하기 위하여 법률에서 관세율의 조정변경권을 일정한 범위내에서 행정부에 위임하여 관세를 탄력적으로 운영하게 된다.

8) 특수관세

국가에 따라서는 일반적으로 시행되는 관세 이외에 특수한 관세제도를 시행하는 경우가 있는데 다음과 같은 특수관세가 있다.

① **국가할증관세**   자국의 해운을 보호하기 위하여 타국적의 선박에 의하여 수입되는 화물에 대하여 고율의 관세를 부과하는 제도이다.

② **해운장려관세**   해상운송을 장려하기 위하여 육로로 운송되어 수입되는 상품보다 해상으로 운송되어 수입되는 상품에 대하여 낮은 관세를 부과하는 제도이다.

③ **간접수입할증관세**   원산지국 이외의 국가로부터 간접적으로 수입되는 상품에 대하여 높은 관세를 부과하는 제도이다.

2.2 탄력관세제도

1) 탄력관세제도의 의의

관세는 조세법률주의에 따라 입법기관에 의하여 법률로 정하는 것이 원칙이지만 여기에는 급변하는 경제여건에 신속하고 신축적으로 대응하는데 어려움이 있다. 따라서 법률에서 관세율의 조정변경권을 일정한 범위내에서 행정부에 위임하여 관세를 탄력적으로 운영할 수 있도록 하고 있는데, 이를 탄력관세제도라고 한다. 탄력관세제도는 오늘날 관세정책의 중요한 수단중의 하나로서 한국, 미국, 일본, 프랑스 등 여러 나라에서 채택되고 있다. 한국의 탄력관세 종류로는 덤핑방지관세, 보복관세, 긴급관세, 조정관세, 상계관세, 편익관세, 물가평형관세, 할당관세, 국제협력관세 등이 있다.

2) 탄력관세의 종류

① **반덤핑관세**　　반덤핑관세(anti-dumping duties)란 덤핑방지관세, 부당염매방지관세라고도 하며 덤핑으로 물품이 수입되어 국내산업에 피해가 발생하거나 발생할 우려가 있는 경우 덤핑의 영향을 제거할 목적으로 부과하는 관세이다.

② **상계관세**　　상계관세(countervailing duties, compensation duties)란 생산 및 수출 과정에서 직·간접으로 정부보조금을 받은 외국상품의 수입으로 인하여 국내산업의 피해가 발생하거나 발생할 우려가 있는 경우, 보조금의 영향을 제거함으로써 국내산업을 보호하기 위하여 부과되는 관세이다.

③ **보복관세**　　보복관세(retaliatory duties)란 외국의 자국상품에 대한 부당한 조치로부터 자국의 이익을 보호하기 위하여 해당 국가로부터 수입하는 상품에 대하여 보복적으로 부과하는 관세를 말한다. 1879년 독일에서 최초로 채택한 이래 많은 국가들이 이 제도를 채택하고 있다. 보복관세는 국제적으로 인정되는 자국의 권익이 제한 또는 부인되거나, 자국상품이 차별 또는 부당한 대우를 받음으로써 자국의 무역이익이 침해되는 경우에 상대국으로부터의 수입에 대하여 피해상당액의 범위내에서 부과하게 된다.

보복관세를 광의로 본다면 ① 반덤핑관세 ② 상계관세 ③ 외국의 수입제한조치에 대응하는 관세인상 ④ 외국의 협정관세율 인상조치에 대응하는 관세인상 등도 포함될 수 있다. 보복관세는 자국의 조치에 대하여 또 다시 상대국이 보복조치를 함으로써 무역전쟁을 유발할 우려가 있기 때문에 그 사용에는 신중을 기할 필요가 있다.

④ 긴급관세　　긴급관세(emergency tariff)란 특정 상품의 급격한 수입증가에 의하여 국내산업이 타격을 받거나 또는 타격을 받을 우려가 있는 경우 이에 긴급히 대처하기 위해 부과되는 관세이다. 국가가 긴급수입제한조치를 취할 때에 수량제한의 직접적인 수입제한방법을 취할 수도 있지만 관세율의 인상을 통한 간접적인 수입제한을 취할 수도 있는데 이때 사용되는 관세를 말한다.

⑤ 조정관세　　조정관세(coordinating tariff)란 국가의 특별한 경제사정에 따라 일시적으로 관세를 조정할 필요가 있을 때 부과되는 관세이다. 한국은 1984년 관세법에서 무역자유화 과정에서 발생할 수 있는 부작용을 방지하기 위하여 이를 도입하였다. 즉, 새로 수입자유화된 품목의 수입증대로 인하여 국내경제에 나쁜 영향이 발생하는 경우에 해당 품목에 대하여 조정관세를 부과할 수 있도록 한 것이다.

⑥ 편익관세　　편익관세(beneficial duties)는 국가간의 협정에 의하지 않고 우호관계를 위하여 혜택을 제공하는 관세를 말한다. 편익관세는 조약에 의한 관세상의 혜택을 받지 않는 국가의 물품에 대해서 다른 국가와의 조약에서 부여하는 편익의 범위내에서 혜택을 부여하게 된다. 편익관세는 양 국가간의 협정에 의하여 부여되는 것이 아니고 한 국가가 자발적으로 제공하는 것이기 때문에 상대국도 같은 편익을 제공해줄 것을 요구할 권리는 없다. 한국에서는 관세법 제14조에서 대통령령으로 이러한 편익을 부여할 수 있도록 하여 통상조약이 체결되지 않은 국가들에 편익관세를 적용하고 있다.

⑦ 물가평형관세　　물가평형관세는 물가수준의 안정을 목적으로 부과하는 관세이다. 특정 물품의 수입과 관련하여 국내가격의 안정이 저해될 우려가 있거나 특정 물품의 국내가격의 변동이 심할 때 관세율의 조정을 통하여 국내물가를 안정시키고 국내외 가격의 형평을 유지하기 위하여 부과된다. 이러한 물가평형

관세로는 차액관세, 활척관세(滑尺關稅), 계절관세 등이 있다.

■ **차액관세**　차액관세제도는 국내에서 국내생산자의 보호에 필요한 일정한 수준의 가격을 유지하기 위하여 정부에서 정한 기준가격과 수입가격간에 차이가 있을 경우 그 차액을 관세로 부과함으로써 국내물가의 안정을 도모하는 제도를 말한다.

■ **활척관세**　활척관세제도(sliding tariff system)는 수입가격이 인상될 때 저율의 관세를 부과하고, 수입가격이 인하될 때 고율의 관세를 부과하여 수입물품에 대한 국내가격의 안정과 수급균형을 유지하기 위한 제도이다. 이 제도는 국제가격의 변동에 탄력적으로 대처하여 국제가격의 변동으로부터 국내 생산자와 소비자를 보호하는 역할을 하게 된다.

■ **계절관세**　계절에 따라 가격차이가 심한 경우 계절마다 기본관세율을 일정한 범위내에서 인상 또는 인하하는 제도를 말한다. 이 제도는 계절별로 관세율을 정하여, 국내 출하기 및 비수기에는 높은 관세를 부과하고 국내 비출하기 및 성수기에는 낮은 관세율을 적용하게 된다.

⑧ **할당관세**　할당관세(tariff quota)제도란 수입물품에 대하여 정부가 정한 일정 수량까지는 저율의 관세를 부과하고 일정 수량을 초과하여 수입할 때에는 고율의 관세를 부과하는 제도이다. 할당관세는 관세할당이라고도 하며 관세와 쿼터가 혼합된 형태로서 일종의 이중관세율제도이다. 이 제도는 비관세장벽에서 보다 자세히 설명하기로 한다.

3 상품의 분류

각 상품에 관세율을 책정하기 위해서는 상품의 범주를 나누지 않으면 안 된다. 관세율을 국가간에 객관적으로 비교할 수 있고 관세협력을 하기 위해서는 상품의 분류를 국제적으로 일치시킬 필요가 있다. 그래서 상품의 분류체계를 국가간에 일치시키려는 노력은 오래전부터 시작되어 세계적으로 통일된 상품분류가 만들어지게 되었다.

현재 세계적으로 사용되고 있는 관세목적의 상품분류체계는 1988년에 제정된 「조화제도(Harmonized Commodity Description and Coding System: HS)」이다.[3] 1937년 「제네바관세품목분류집(Geneva Tariff Nomenclature)」이 제정되어 사용되다가, 1955년 「BTN(Brussels Tariff Nomenclature)」으로 개정되어 사용되었으며, 다시 1977년에 「CCCN(Customs Cooperation Council Nomenclature)」으로 개정되어 사용되어 오다가, 1988년에 다시 수정을 거쳐 「HS 제도」로 된 것이다. 이러한 상품분류를 비롯한 국제간의 관세제도의 협력을 위한 기관으로서 「세계관세기구(World Customs Organization: WCO)」가 있으며 이는 WTO의 출범과 함께 종전의 「관세협력이사회(Customs Cooperation Council)」에서 발전된 것이다.

HS 상품분류는 상품의 원료, 제조과정, 노동과정, 용도 등을 기준으로 하여 분류된다. 또 각 상품은 큰 범주로 2단위로 나누고 점점 더 세분하여 4단위, 6단위, 그리고 8단위 내지 10단위까지 분류되는데, 6단위 분류까지는 세계 공통이고 그 이하부터는 개별국가에서 자국의 사정을 감안하여 분류할 수 있도록 되어 있다. 이러한 분류체계를 예로서 보면 악기는 2단위에서 92로 분류되고, 악기중에서 피아노는 4단위에서 9201이 되며, 그중에서 그랜드 피아노는 6단위에서 9201.20으로 분류되는 것이다.

4 관세의 경제적 효과

관세의 경제적 효과를 분석하기 위해서는 관세부과국이 소국인 경우와 대국인 경우로 나누어 분석할 필요가 있다. 소국과 대국을 구분하여 분석하는 이유는 소국의 경우는 관세부과로 인하여 교역조건이 변하지 않는 반면, 대국의 경우에는 교역조건이 변하기 때문이다. 소국의 경우에는 세계시장에서 차지하는 그 국가의 수출입량의 비중이 적어서 관세부과가 국제가격에 아무런 영향을 주지 못하는 반면, 대국의 경우는 세계시장에서 차지하는 그 국가 수출입량의 비중이 커서 관세부과로 인한 수입수요 감소가 수입품의 국제가격을 낮추고 이에

---

3 HS 제도 이외에 또 하나의 국제상품분류체계로서 「표준국제무역분류(Standard International Trade Classification: SITC)」가 있으며, 이것은 주로 경제통계 목적으로 사용된다.

따라 관세부과국의 교역조건이 유리하게 변하게 되는 것이다. 소국과 대국은 국가 전체를 대상으로 하는 것이 아니고 각 개별상품에 대한 영향력을 말하는 것이기 때문에 작은 나라도 개별상품에 있어서 무역이 많은 경우에는 대국의 입장에 서게 된다.

4.1 소국의 경우

일반적으로 관세의 경제적 효과분석에는 부분균형분석방법과 일반균형분석방법으로 나눌 수 있다. 부분균형분석방법은 특정 재화에서의 관세부과의 영향을 명확히 파악하는데 유용한 반면, 일반균형분석방법은 관세가 경제 전체에 미치는 영향을 총체적으로 파악하는데 유리하다. 먼저 부분균형방법에 의하여 관세의 경제적 효과를 본 이후에 다시 일반균형방식으로 보기로 하자. 소국의 경우에는 세계시장에서 차지하는 그 국가의 수출입량의 비중이 적어서 관세부과가 국제가격에 아무런 영향을 주지 못한다는 점에서 대국과 다르다.

1) 부분균형분석

어느 국가가 Y재를 수입하는데 이 Y재에 수입관세를 부과하게 되었을 때의 경제적 효과를 [그림 4-1]을 이용하여 부분균형분석으로 보기로 한다.

국내시장에서 수입재 Y재의 수요곡선 D와 공급곡선 S가 만나는 P_0점이 무역이전의 국내가격이 된다. 무역이 시작되고 국제가격이 P_1이라고 하면 국내생산량은 Q_1가 되고 국내소비량은 Q_4가 되며 수입량은 $Q_1 Q_4$가 된다. 이때 Y재 한 단위당 t의 관세율을 부과한다고 하자. 국가가 소국이라고 가정하여 관세부과가 국제시장에 영향을 미치지 못한다고 하면 관세부과후 국내의 Y재가격은 관세만큼 상승하여 국내가격이 $P_2 (= P_1 (1+t))$로 되고 수입량은 $Q_2 Q_3$으로 감소하게 된다. 이에 따라 발생하는 경제적 효과는 다음의 여러 가지로 나누어 볼 수 있다.

그림 4-1 **소국 관세의 경제적 효과(부분균영분석)**

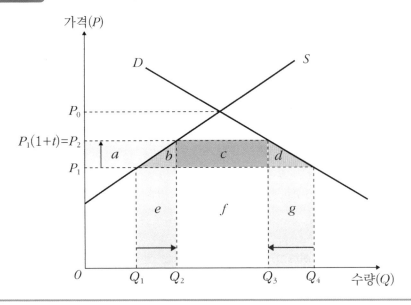

① **보호효과(protection effect)**   관세의 부과로 국내기업은 이전보다 더 비싼 가격을 받을 수 있게 되므로 국내기업의 생산이 증가하게 되는 것이다. 국내의 Y재가격이 P_1에서 P_2로 상승함에 따라 Y재산업의 이윤은 증가하게 되어 국내생산은 Q_1에서 Q_2로 증가한다. 생산량 증가분 $Q_1 Q_2$가 국내산업 보호효과이며 생산효과라고도 한다. 이러한 생산의 증가는 국내고용을 증가시켜 고용효과(employment effect)를 가져오고, 또 그만큼의 본원적 소득증가가 생기게 되어 소득효과(income effect)도 유발하게 된다.

② **소비효과(consumption effect)**   관세의 부과로 수입상품의 가격이 관세만큼 상승하게 되어 소비가 줄어들게 되는 것이다. Y재 가격상승에 따라 국내소비는 Q_4에서 Q_3으로 감소하게 되는데 이 소비감소분 $Q_3 Q_4$가 소비효과이다.

③ **재정수입효과(revenue effect)**   관세를 부과한 만큼 국가는 재정수입을 갖게 된다. 관세에 의한 재정수입은 Y재 한 단위당 관세($P_1 P_2$)에 수입량($Q_2 Q_3$)을 곱한 것이기 때문에 c가 총재정수입이 된다.

④ **국제수지효과(balance of payment effect)**   관세의 부과로 국내생산은 증가하고 국내소비는 감소하게 되어 그만큼 해외로부터의 수입이 감소하게 된다. 관세부과 이전에 지출한 총수입액은 가격 P_1에 수입수량 Q_1Q_4를 곱한 $e+f+g$이었는데 관세부과 이후의 총지출액은 가격 P_2에 수입수량 Q_2Q_3을 곱한 $c+f$이다. 그런데 c는 국가의 재정수입이 되었으므로 외국에 지불한 액수는 f이다. 따라서 $e+g$만큼의 국제수지 개선효과가 발생하게 된다.

⑤ **소득재분배효과(income redistribution effect)**   관세는 생산자와 소비자 간의 소득을 재분배하는 효과를 가져온다. 관세가 부과되면 생산자잉여는 a만큼 증가하고 소비자잉여는 $a+b+c+d$만큼 감소하게 된다. 소비자의 잉여분 $a+b+c+d$중 a만큼 소비자에서 생산자로 이전되는 것이다.

⑥ **후생효과(welfare effect)**   관세의 부과는 단기적으로 보면 소비자후생의 감소분이 생산자 이익과 재정수입의 증가분보다 크기 때문에 결국 전체로 보면 후생의 감소를 가져오게 된다. 소비자잉여분 $a+b+c+d$중 a는 생산자잉여로 이전되고 c는 정부재정수입으로 이전되었다. 나머지 $b+d$는 관세부과로 인한 사회적인 순손실이 되는 것이다. 순손실의 발생은 무역제한의 조치가 자유무역에서 가지던 후생을 잠식하게 됨을 보여주는 것이다. 보호무역적인 조치가 세계적인 차원에서 뿐만 아니라 그 국가의 입장에서도 이익이 되지 못함을 보여주는 것으로서 자유무역의 우월성이 여기서도 나타나고 있는 것이다.

⑦ **교역조건효과(terms of trade effect)**   앞에서 가정한 것처럼 관세부과국이 소국이어서 관세의 부과가 국제가격에 영향을 미치지 않는다면 교역조건은 변하지 않게 된다.

이상에서 본 바와 같이 관세는 여러 경제적 효과를 발생시키는데, 여기서 관세율이 달라지면 P_1P_2의 크기가 달라지게 되고, 수입수요의 탄력성과 공급의 탄력성이 달라지면 D와 S의 기울기가 달라지게 되어 관세의 경제적 효과의 크기도 달라지게 된다.

2) 일반균형분석

(1) 관세의 생산, 소비, 무역, 후생효과

자유무역의 경우 국가는 생산가능곡선과 국제가격선이 접하는 점에서 생산하고, 이 교역조건과 사회무차별곡선이 접하는 점에서 소비함으로써 후생수준을 극대화 할 수 있다. [그림 4-2]에서 자유무역하에서는 국내 생산가능곡선과 국제가격선 P_w가 만나는 P_1점에서 생산하여 E_1P_1을 수출하고 E_1C_1을 수입하여 C_1점에서 소비하게 되고 이때 후생수준은 I에 도달하게 된다.

이제 본국이 수입재 Y재에 관세를 부과하게 되면 국내의 Y재 가격은 상승하게 된다. 소국이기 때문에 관세를 부과해도 국제가격에는 영향을 미치지 않아 국제가격선의 기울기는 관세부과 이전과 동일하다. 하지만 국내가격선 P_d는 관세로 인하여 국제가격선보다 기울기가 작아진다. 국내에서 Y재의 상대가격이 상승하면 Y재 산업의 이윤이 증대하게 되어 생산자원의 일부를 수출재 X재산업에서 Y재산업으로 이전하게 된다. 즉, 그림에서 Y재의 국내 상대가격이 상승한 국내가격선 P_d와 생산가능곡선이 접하는 P_2점에서 생산이 이루어지게 되는 것이다. 무역은 하지만 관세에 의하여 국내가격과 국제가격이 달라진 상태에서 하게 되므로 국제가격선에 따라 무역을 하여 소비는 국내가격에 맞추어 하게 된다. 즉, $P_w{}'$선상에서 무역을 하여 국내가격선 $P_d{}'$와 무차별곡선 II가 접하는 점 C_2에서 국내소비가 이루어지게 되는 것이다. 그래서 관세부과 이후에 달성하게 되는 후생수준은 II가 된다.

결과적으로, 무역량의 변화를 보면 관세부과 이후에는 E_2P_2의 X재를 수출하여 E_2C_2의 Y재를 수입하게 되는데, 관세부과 이전보다 크게 줄었다. 또한 관세부과후에 달성하게 되는 무차별곡선 II는 관세부과 이전의 무차별곡선 I보다 아래에 위치하므로 관세로 인하여 후생수준이 하락했음을 알 수 있다. 여기서 후생수준이 하락하는 원인은 ① 생산점이 P_1에서 P_2로 이동하게 됨으로써 발생하는 생산에서의 왜곡과, ② 소비점이 C_1에서 C_2로 이동하게 됨으로써 발생하는 소비에서의 왜곡 때문이라는 것을 알 수 있다.

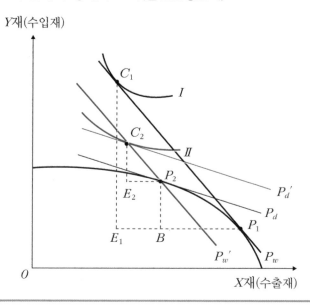

그림 4-2 소국 관세의 경제적 효과(일반균형분석)

(2) 스톨퍼-사무엘슨 정리

스톨퍼-사무엘슨 정리란 관세는 관세부과국에서 수출품의 생산을 감소시키고, 수입경쟁재의 생산을 증가시킴으로써 그 국가에 풍부한 생산요소의 실질소득을 상대적으로 그리고 절대적으로 감소시키고, 희소한 생산요소의 실질소득을 상대적으로 그리고 절대적으로 증가시킨다는 것이다.[4]

자유무역을 하게 되면 소득분배는 그 국가의 상대적으로 풍부한 생산요소에 유리하게, 상대적으로 희소한 생산요소에 불리하게 변하게 된다. 그러나 관세를 부과하게 되면 자유무역을 억제하는 역할을 하므로 자유무역 시행과 반대의 방향으로 변하게 된다. 즉, 그 국가에 상대적으로 풍부한 생산요소에 불리하게, 상대적으로 희소한 생산요소에 유리하게 재분배되는 것이다. 이 관세의 소득재분배효과를 스톨퍼-사무엘슨 정리(Stolper-Samuelson theorem)라고 한다.[5]

---

4 W. F. Stolper and P. A. Samuelson, "Protection and Real Wages," *Review of Economic Studies*, Vol. 9 (November 1941), pp. 58~73.

5 스톨퍼-사무엘슨 정리(Stolper-Samuelson theorem)는 스톨퍼(W. F. Stolper)와 사무엘슨 (P. A. Samuelson)이 왜 미국의 노동자들이 수입재인 노동집약재에 대하여 수입관세 부

그림 4-3 스톨퍼-사무엘슨 정리

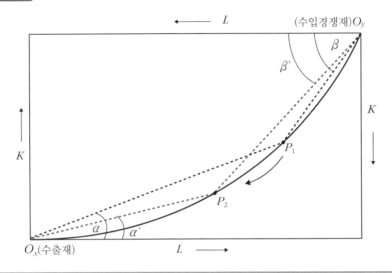

이를 [그림 4-3]의 상자도형에서 보기로 한다. 먼저 이 국가는 노동풍부국으로서 노동집약재 X재를 수출하고 자본집약재 Y재를 수입하고 있다. 관세부과 이전에는 이 국가는 계약곡선의 P_1점에서 노동집약재 X재와 자본집약재 Y재를 생산하고 있다. $O_x P_1$의 기울기 α가 $O_y P_1$의 기울기 β보다 작은데서 X재가 노동집약재이고 Y재가 자본집약재임을 알 수 있다.

이때 Y재에 수입관세를 부과한다고 가정하자. Y재에 대하여 수입관세를 부과하면 Y재의 상대가격은 상승하게 되어 Y재산업의 이윤이 상대적으로 증가하게 되므로 Y재의 생산량은 증가하고 수출재 X재의 생산량은 감소하게 되어 그림의 P_2로 요소배분점이 이동하게 된다.

그런데 α'의 기울기가 α의 기울기보다 작은데서 X재는 이전보다 더 노동집약적으로 생산되고, β'의 기울기가 β의 기울기보다 작은데서 Y재 또한 이전보다 더 노동집약적으로 생산되고 있음을 알 수 있다. 즉, 관세부과 이후에 두 재화 모두 그 생산방법이 더 노동집약적으로 된 것이다. 이렇게 두 산업 모두에서

과를 요구하는지에 대한 연구를 하였고 이 연구에서 나온 결과이다. 이 연구에서 미국의 수입재인 노동집약재에 대한 관세부과가 미국에서 상대적으로 희소한 생산요소인 노동에 유리하게 재분배됨을 규명하였다.

노동집약도가 높아지는 이유는 노동집약재인 X재의 생산이 감소하고 자본집약재인 Y재의 생산이 증가함으로써 자본의 수요증대와 노동의 수요감소로 자본의 가격은 상승하고 노동의 가격은 하락함에 따라 두 산업 모두 상대적으로 더 싸게 된 노동으로 자본을 대체하게 되었기 때문이다.

여기서는 노동이 풍부한 국가를 대상으로 생각해 보았지만 자본이 풍부한 국가의 경우에도 같은 방식으로 결과를 도출할 수 있다. 따라서 노동이 풍부한 국가는 수입관세 부과에 따라 노동의 실질소득을 상대적으로 그리고 절대적으로 감소시키고, 자본의 실질소득을 상대적으로 그리고 절대적으로 증가시키는 방향으로 재분배한다. 반대로 자본이 풍부한 국가는 수입관세 부과에 따라 자본의 실질소득을 상대적으로 그리고 절대적으로 감소시키고, 노동의 실질소득을 상대적으로 그리고 절대적으로 증가시키는 방향으로 재분배하게 된다.

4.2 대국의 경우

대국도 소국의 경우에서와 마찬가지로 부분균형분석방법과 일반균형분석방법으로 경제적 효과를 분석해 보기로 하자. 대국의 경우는 세계시장에서 차지하는 그 국가 수출입량의 비중이 커서 관세부과로 인한 수입수요 감소가 수입품의 국제가격을 낮추고 이에 따라 관세부과국의 교역조건이 유리하게 변하게 된다는 점에서 소국과 다르다.

1) 부분균형분석

어느 국가가 Y재를 수입하는데 이 Y재에 수입관세를 부과하게 되었을 때의 경제적 효과를 [그림 4-4]를 이용하여 부분균형분석으로 보기로 한다. 그림의 왼쪽은 국제시장을 나타내고 오른쪽은 관세부과국 시장을 나타내고 있다. 오른쪽 그림에서 관세부과국에서 Y재의 수요곡선 D와 공급곡선 S가 만나는 P_0점이 무역 이전의 국내가격이 된다. 무역이 시작되고 국제가격이 P_1이라고 하면 국내생산량은 Q_1이 되고 국내소비량은 Q_4가 되며 수입량은 $Q_1 Q_4$이 된다. 이때 Y재 한 단위당 t의 관세를 부과한다고 하자.

그림 4-4 **대국 관세의 경제적 효과(부분균형분석)**

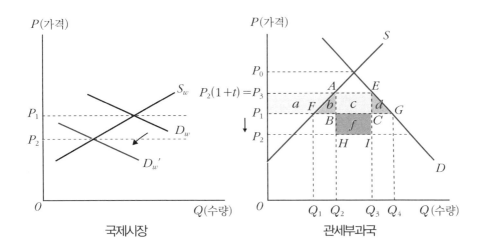

국제시장   관세부과국

국가가 대국이라고 가정하여 관세부과로 인하여 수입량이 줄어듦에 따라 국제시장에서 수요가 D_w에서 $D_w{}'$로 감소하여 가격은 P_1에서 P_2로 하락하게 된다. 이 결과 관세부과후 국내의 Y재가격은 하락한 국제가격에서 관세만큼 상승하여 국내가격이 $P_3(= P_2(1+t))$로 되고 수입량은 $Q_2 Q_3$으로 감소하게 된다. 이에 따라 발생하는 경제적 효과는 다음의 여러 가지로 나누어 볼 수 있다.

① **보호효과(protection effect)**   관세의 부과로 외국기업에 비하여 국내기업은 더 비싼 가격을 받을 수 있게 되므로 국내기업의 생산이 증가하게 되는 것이다. 국내의 Y재가격이 P_1에서 P_3으로 상승함에 따라 Y재산업의 이윤은 증가하게 되어 국내생산은 Q_1에서 Q_2로 증가한다. 생산량 증가분 $Q_1 Q_2$가 국내산업 보호효과이며 생산효과이다. 이러한 생산의 증가는 국내고용을 증가시켜 고용효과(employment effect)를 발생시키고, 그만큼의 본원적 소득증가가 나타나는 소득효과(income effect)도 유발하게 된다. 그러나 소국의 경우에 비해서는 국내가격상승이 작아 보호효과가 작다.

② **소비효과(consumption effect)**   관세의 부과로 수입상품의 가격이 관세만큼 상승하게 되어 소비가 줄어들게 되는 것이다. Y재가격 상승에 따라 국내

소비는 Q_4에서 Q_3으로 감소하게 되는데 이 소비감소분 Q_3Q_4가 소비효과이다. 생산효과에서와 마찬가지로 소국의 경우에 비해서는 국내가격상승이 작아 소비 효과가 작다.

③ **재정수입효과(revenue effect)**　관세를 부과한 만큼 국가는 재정수입을 갖게 된다. 관세의 재정수입은 Y재 한 단위당 관세(P_2P_3)에 수입량(Q_2Q_3)을 곱한 것이기 때문에 $c+f$가 총재정수입이 된다.

④ **국제수지효과(balance of payment effect)**　관세의 부과로 국내생산은 증가하고 국내소비는 감소하게 되어 그만큼 해외로부터의 수입이 감소하게 된다. 관세부과 이전에 지출한 총수입액은 가격 P_1에 수입수량 Q_1Q_4를 곱한 $\square FQ_1Q_4G$였는데 관세부과 이후의 총지출액은 가격 P_3에 수입수량 Q_2Q_3을 곱한 AQ_2Q_3E이다. 그런데 $c+f$는 국가의 재정수입이 되었으므로 외국에 지불한 액수는 $\square HQ_2Q_3I$이며, 따라서 $f+FQ_1Q_2B+CQ_3Q_4G$만큼의 국제 수지 개선효과가 발생하게 된다.

⑤ **소득재분배효과(income redistribution effect)**　관세는 생산자와 소비자 간의 소득을 재분배하는 효과를 가져온다. 관세가 부과되면 생산자잉여는 a만 큼 증가하고 소비자잉여는 $a+b+c+d$만큼 감소하게 된다. 소비자의 잉여분 $a+b+c+d$중 a만큼 소비자에서 생산자에게로 이전되는 것이다.

⑥ **교역조건효과(terms of trade effect)**　관세의 부과로 수입가격이 P_2P_1 만큼 하락하는 교역조건의 개선효과가 발생하게 된다.

⑦ **후생효과(welfare effect)**　관세부과의 후생효과는 보호조치의 시장왜곡으 로 인한 후생감소의 크기와 국제가격하락으로 인한 후생증가의 크기에 따라 달 라지게 된다. 소비자잉여분 $a+b+c+d$중 a는 생산자잉여로 이전되고 c는 정 부재정수입으로 이전되었는데 국제가격하락으로 f의 추가적인 재정수입이 발생 하였다. 나머지 $b+d$는 사회적인 손실로 되었지만 재정수입중 c를 제하고 남 은 f가 이익으로 발생되었다. 그래서 관세부과로 인한 순이익은 $f-b-d$로 된 다. 즉, 교역조건이 유리하게 변동함에 따른 이익 f가 보호조치의 시장왜곡으

로 인하여 발생하는 손실 $(b+d)$보다 클 때는 이익이 발생되지만 작을 때는 손실이 발생되는 것이다.

2) 일반균형분석

(1) 관세의 교역조건에 대한 영향

관세의 부과가 교역조건에 미치는 효과의 분석방법에 대한 이해를 돕기 위해서 먼저 오퍼곡선에 대하여 알아보고 이를 토대로 하여 관세의 효과를 살펴보기로 한다.

■ 오퍼곡선   오퍼곡선은 어느 나라에 있어서 상품의 각 교역조건에서 수출과 수입을 하고자 하는 양을 나타내는 곡선이다.[6] 다르게 말하면, 어느 나라가 수입재의 각 양에 대해서 이에 대한 대가로 제공할 용의가 있는 수출재 양의 궤적을 말한다. 오퍼곡선을 도출하는 방법은 여러 가지가 있는데 여기서는 쉬운 방법으로 오퍼곡선의 개념을 알아보기로 한다.

예를 들어 한국이 사과를 수출하고 필리핀으로부터 바나나를 수입하는데 서로 물물교환한다고 가정하자. 처음에 조금 무역하기 시작할 때는 한국에서 사과는 흔하고 바나나는 귀하기 때문에 사과를 많이 주고서라도 바나나를 수입하려고 한다. 이때 수입된 바나나를 먹는 사람들은 돈 많은 상류층사람들과 바나나애호가들이어서 비싸게 수입되어도 된다. [그림 4-5]에서 보면 점 C_1에서와 같이 바나나 1만 톤을 수입하는데 사과 5만 톤을 기꺼이 주고자 하여 이때의 바나나에 대한 사과의 상대가격비는 1/5로 된다.

그런데 바나나 수입량이 많아지게 될 때에는 그 수입량을 소비하기 위해서는 일반인도 바나나를 먹어야 하는데 비싼 가격으로는 다 팔수가 없고 그러기 위해서 가격이 낮아져야만 수입물량을 소진시킬 수 있다. 그리고 바나나의 수입량이 많으면 수출되는 사과량도 많아져서 국내에 사과가격이 상승하게 된다. 그림에서 보면 바나나가 5만 톤이 될 때는 사과는 10만 톤을 주고자 하여 이때의 바나나에 대한 사과의 상대가격비는 5/10이 된다. 여기에 더 나아가서 바나나를 매우 많이 수입한다고 하면 수입물량을 소비하기 위해서는 바나나를 별로 좋아

6 교역조건이란 수출재와 수입재의 상대가격비를 말한다.

그림 4-5 한국의 바나나와 사과의 무역 용의 수량

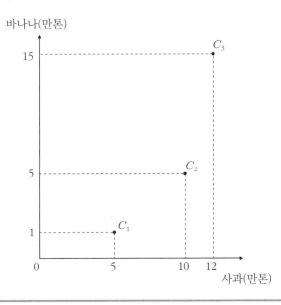

하지 않는 사람까지도 바나나를 먹어야 하기 때문에 그러기 위해서는 바나나는 매우 싸야 한다. 또 이때에는 수출되는 사과량도 매우 많아지므로 국내에서는 사과가 귀해져서 사과가격은 폭등하게 된다. 그림에서 보면 바나나 수입이 15만 톤 될 때에는 사과는 12만 톤을 주고자 하여 이때의 바나나에 대한 사과의 상대가격비는 15/12가 된다.

이를 역으로 말하자면 바나나에 대한 사과의 상대가격비가 1/5, 5/10, 15/12로 될 때 한국이 각각 C_1, C_2, C_3점에 해당하는 물량만큼 바나나를 수입하고 사과를 수출하려 한다는 것이다. 이와 같이 모든 상대가격비에서 수입하려는 물량과 수출하려는 물량을 표시하게 되면 [그림 4-6]에서와 같은 궤적의 오퍼곡선이 도출된다.

그림 4-6 오퍼곡선

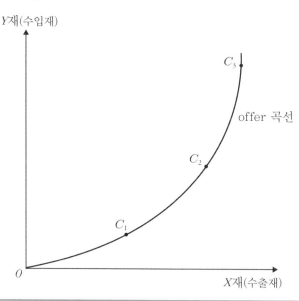

■ **관세부과에 따른 오퍼곡선의 변화** 다음으로 관세를 부과할 때 오퍼곡선이 어떻게 변하게 되는지를 보기로 하자. [그림 4-7]에서 관세부과 이전에 I국의 오퍼곡선은 OI라고 하자. 오퍼곡선 OI상의 한 점 C는 OA만큼의 Y재를 받는 대가로 AC만큼의 X재를 지불할 의사가 있음을 의미한다. 이때 관세가 부과되면 AC중의 일부는 관세로 정부에 지불하고 나머지를 외국에 지불하게 된다. 여기서 관세로 지불되는 부분을 BC라고 하면 외국에 실제 지불하겠다고 제시하는 X재의 분량은 AB이다.

마찬가지로 OA'만큼의 Y재를 수입하는 경우 $A'C'$중에서 $B'C'$는 관세로 지불하고 외국에 실제 지불하겠다고 제시하는 X재의 분량은 $A'B'$로 된다. 이와 같은 방법으로 자유무역하에서의 오퍼곡선에 위치한 모든 점들에 대응하는 관세부과후의 오퍼곡선을 찾을 수 있는데 이 곡선이 OI'이다. OI는 국내에서의 오퍼상황이었고 OI'가 국제시장에서의 실제 오퍼곡선인 것이다. 즉, 관세를 부과하게 되면 관세부과전의 오퍼곡선 OI는 관세부과후의 오퍼곡선 OI'로 이동하게 되는 것이다.

그림 4-7 **관세부과와 오퍼곡선의 이동**

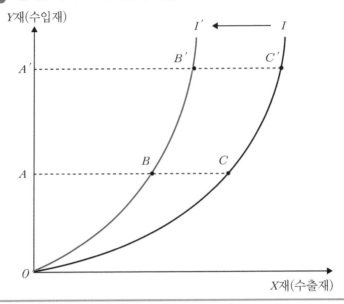

■ **관세부과에 따른 교역조건의 변화** [그림 4-8]에서 자유무역하에서 OI 는
본국의 오퍼곡선을, OII 는 외국의 오퍼곡선을 나타내고 있다. 양국의 오퍼곡선
이 만나는 E 점은 양국간에 균형을 달성하는 X 재와 Y 재의 양을 나타내며, 이
때 직선 OE 가 교역조건이 된다.

이제 본국이 관세를 부과하게 되면 본국의 오퍼곡선은 앞에서 본 바와 같이
좌측으로 이동하여 OI' 곡선이 된다. 또 본국의 관세부과가 외국의 오퍼곡선에
는 아무런 영향을 주지 못하므로 외국의 오퍼곡선 OII 는 그대로이다. 이로써
새로운 균형점은 본국의 관세부과후의 오퍼곡선 OI' 와 외국의 오퍼곡선 OII
가 만나는 E' 점에서 결정되고, 교역조건은 OE' 로 된다. OE' 는 기울기가
OE 보다 더 Y 재 축으로 기울었으므로 교역조건이 개선되었음을 알 수 있다.

그림 4-8 관세의 교역조건효과

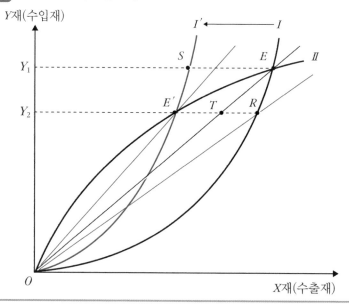

■ **관세부과에 따른 국내가격의 변화** 관세부과후에 본국은 국제시장에서 OE' 의 교역조건으로 OY_2의 Y재를 수입하기 위해 Y_2E'의 X재를 수출한다. 그러나 국내시장에서는 동일한 OY_2를 사기 위해 Y_2R의 X재가 지불된다. 수입가와 관세를 합한 것이 국내가격이기 때문이다. 이때 직선 OR의 기울기는 국내에서 X재와 Y재의 상대가격을 나타내는데, 기울기가 이전의 국내 상대가격 OE보다 X재 축으로 더 기울었으므로 수입재 Y재의 국내 상대가격이 상승했음을 알 수 있다.

관세에 의하여 국내가격을 오르게 하는 요인과 교역조건개선으로 국내가격을 내리게 하는 요인의 힘이 서로 반대 방향으로 작용한다. 여기서 교역조건이 개선되었음에도 불구하고 수입재 Y재의 가격이 상승한 것은 관세에 의한 가격상승분이 교역조건개선에 의한 가격하락분을 능가하기 때문이다. 그림에서 관세의 의한 수입재가격 상승분은 $E'R$에 해당되지만 교역조건개선에 의한 수입재 가격하락분은 $E'T$에 불과하기 때문에 결국 TR만큼의 국내가격상승이 발생하게 된 것이다. 따라서 관세, 교역조건, 그리고 국내가격간에는 다음과 같은 관계가 성립함을 알 수 있다.

수입재의 국내가격 변화＝관세에 의한 가격상승 ‒ 교역조건개선에 의한 가격하락

■ 메츨러의 역설 위에서 수입재에 대한 관세부과로 인한 그 국내가격의 변화는 관세에 의한 가격상승효과와 교역조건개선에 의한 가격하락효과의 크기에 따라 달라질 수 있음을 보았다. 그렇다면 수입재에 대하여 관세를 부과한 결과 경우에 따라서는, 즉 교역조건개선에 의한 가격하락이 매우 클 때에는 국내가격이 오히려 하락할 수도 있는데, 이를 메츨러의 역설(Metzler's paradox)이라고 한다.[7]

메츨러의 역설은 상대국의 오퍼곡선이 비탄력적일 때 발생한다. [그림 4-9]에서 외국 II국의 오퍼곡선은 비탄력적인 부분을 갖고 있다. 자유무역하의 균형점은 E점이며, 이때 균형교역조건은 OE이다. 이제 본국에서 관세를 부과하면 오퍼곡선은 I에서 I'로 이동하게 되고 새로운 균형점은 E'로 되며 새로운 균형교역조건은 OE'가 된다. 또, OE'는 기울기가 OE보다 Y재 축으로 더 기울었으므로 교역조건이 개선되었음을 알 수 있다.

관세부과후에 본국은 국제시장에서 OE'의 교역조건으로 OY_2의 Y재를 수입하기 위해 Y_2E'의 X재를 수출한다. 그러나 국내시장에서는 동일한 OY_2를 사기 위해 Y_2R의 X재가 지불된다. 수입가와 관세를 합한 것이 국내가격이기 때문이다. 이때 직선 OR의 기울기는 국내에서 X재와 Y재의 상대가격을 나타내는데, 기울기가 이전의 국내 상대가격 OE보다 Y재 축으로 더 기울었으므로 수입재 Y재의 국내 상대가격이 하락했음을 알 수 있다. 이는 본국의 관세부과가 국제시장에서 Y재가격을 많이 하락시켜 국내시장에서 관세부과에 의한 가격상승효과를 능가하고 있기 때문이다.[8]

---

7 L. A. Metzler, "Tariffs and Terms of Trade and the Distribution of National Incomes," *Journal of Political Economy* (February 1949).

8 메츨러는 관세부과로 수입재의 국내가격이 하락할 수 있는 경우를 본국의 수입재에 대한 한계수입성향과 외국의 본국 수출재에 대한 수입수요의 가격탄력성(외국 오퍼곡선의 수입수요탄력성)의 크기에 달려 있다고 하였다. 즉, 본국의 한계수입성향을 m이라 하고, 외국의 본국 수출재에 대한 수입수요의 가격탄력성을 e라 하면, 본국의 관세부과가 수입재의 국내 상대가격에 미치는 효과는, $(m+e)>1$이면 수입재의 국내 상대가격은 상승하고, $(m+e)=1$이면 국내 상대가격은 불변이며, $(m+e)<1$이면 수입재의 국내 상대가격은 하락한다. 따라서 메츨러의 역설이 발생하기 위한 전제조건은 본국의 한계

그림 4-9 메슬러의 역설

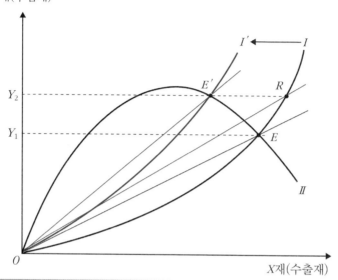

메슬러의 역설은 관세의 소득재분배효과와 관련해서도 중요한 의미를 시사한다. 앞서 고찰한 스톨퍼-사무엘슨 정리는 수입관세로 수입품의 가격이 상승함을 전제로 했는데, 메슬러의 역설이 일어나는 경우에는 수입품의 가격이 하락하므로, 이때 관세부과는 스톨퍼-사무엘슨 정리와 반대로 그 국가에 풍부한 생산요소의 실질소득은 증가시키는 한편, 희소한 생산요소의 실질소득을 감소시키게되는 것이다. 하지만 오퍼곡선이 비탄력적인 경우는 흔하지 않으므로 메슬러의 역설은 어디까지나 특수한 경우에 해당된다고 보아야 할 것이다.

(2) 관세의 생산, 소비, 무역, 후생효과

다음은 [그림 4-10]으로 관세의 생산, 소비, 무역, 후생효과를 보기로 하자. 대국의 경우에도 기본적으로는 [그림 4-2]로 본 소국의 경우와 같다. 다만 대국의 경우 소국과 다른 점은 국제가격선이 변하여 국제교역조건이 개선된다는 점이다.

먼저 관세부과로 국내가격이 상승함에 따라 생산점이 P_1에서 국내가격선과

수입성향과 외국의 수입수요탄력성의 합이 1보다 작아야$((m+e)<1)$ 한다.

생산가능곡선이 접하는 점인 P_2로 이동한다. 소국의 경우는 [그림 4-2]에서 관세부과시에 적용되는 국제가격선 P_w에 변동이 없었지만, 대국의 경우는 교역조건이 개선되어 [그림 4-10]에서와 같이 새로운 국제가격선 $P_w{'}$는 원래 국제가격선 P_w보다 기울기가 커지게 된다. 새로운 국제가격선 $P_w{'}$가 생산점 P_2를 지나 국내가격선 $P_d{'}$에 무차별곡선이 접하는 점을 지나게 될 때 이 점 C_2가 새로운 소비점으로 된다. 이렇게 달성되는 무차별곡선 II가 관세부과 이전의 무차별곡선 I보다 위쪽에 위치하게 될 수도 있고 아래쪽에 위치하게 될 수도 있다. 그림처럼 새로운 무차별곡선이 이전의 무차별곡선보다 위쪽에 위치하게 된다면 관세부과로 후생수준이 증가하게 된다. 그러나 그림과 반대로 이전의 무차별곡선보다 아래에 위치하게 된다면 후생수준은 감소하게 된다.

결국 관세부과의 후생효과는 국제교역조건의 개선으로 발생하는 이익과 관세로 인한 자원배분의 왜곡에서 발생하는 손실 사이에 어느 것이 더 크냐에 달려 있는 것이다.[9]

그림 4-10 대국 관세의 경제적 효과(일반균형분석)

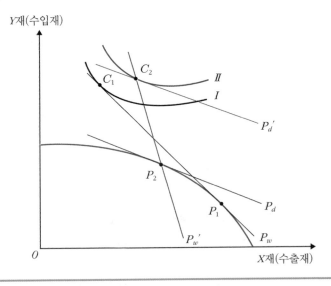

---

9 수입관세에 의한 본국의 교역조건 개선효과는 본국의 수입수요의 가격탄력성과 외국의 수출공급의 가격탄력성이 작을수록 크게 된다.

(3) 최적관세

앞서 본 바와 같이 대국의 경우 수입관세를 부과하게 되면 교역조건은 개선되지만 무역량이 감소된다. 무역량의 감소로 인한 후생의 감소효과는 생산과 소비에서의 왜곡으로부터 오는 것이다. 관세를 부과함으로써 교역조건개선에 의한 후생의 증대가 무역량 감소로 인한 후생의 감소보다 크다면 전체 후생은 증가하게 된다. 그러나 관세수준을 계속 올려간다면 사회후생 감소효과가 증대효과를 압도하게 될 것이다. 이는 관세율이 매우 높아서 무역이 중단될 경우의 사회후생수준이 자유무역하의 사회후생수준보다 낮을 수밖에 없다는 사실에서도 곧 알 수 있다. 따라서 어느 적정한 관세수준에서 자국의 사회후생수준을 극대화할 수 있는데, 한 나라의 후생수준을 극대화시키는 관세를 최적관세(optimum tariff)라고 한다. 그리고 이때의 관세율을 최적관세율(optimum tariff rate)이라고 한다.

(4) 관세보복

관세를 부과했을 때 상대국의 입장을 보면 사회적 후생수준이 크게 감소한다. 본국의 교역조건이 개선된다는 것은 상대국의 교역조건이 악화된다는 것을 의미하므로 상대국은 무역량의 감소뿐만 아니라 교역조건까지 악화됨으로써 이중의 후생감소요인이 작용하게 되기 때문이다.

그렇다면 상대국도 자국의 후생수준을 개선시키기 위하여 관세를 부과할 수도 있다. 이때 상대국은 같은 원리로 교역조건의 개선으로 후생수준이 증가되는 요인이 있지만 또다시 무역량이 더욱 감소함으로써 발생하는 후생수준 감소요인을 갖게 된다. 상대국의 관세부과로 인하여 후생감소를 입게 된 본국이 다시 후생수준을 높이기 위하여 관세를 높이게 되고, 또다시 이에 대응하여 상대국이 관세를 높이게 된다면, 양국의 사회적 후생수준은 점점 감소하게 되고 결국 이같은 관세전쟁(tariff war)의 마지막은 무역을 않게 되는 폐쇄경제상태에 이르게 된다.

[그림 4-11]은 이러한 과정을 보여주고 있다. 자유무역하의 최초의 균형점 E_0에서 본국이 관세를 부과하면 본국의 오퍼곡선은 I_1이 되고, 이때 새 균형점은 E_1이 되면서 교역조건은 OE_1이 된다. 본국의 교역조건은 호전되었지만 무역량은 감소하였다. 이에 대하여 외국이 관세를 부과하게 되면 외국의 오퍼곡선

은 II_1이 되고, 다시 새 균형점은 E_2가 되면서 교역조건은 OE_2가 된다. 무역량은 더욱 감소하고 본국의 교역조건이 악화되었다. 또 다시 본국이 관세를 높이면 본국의 오퍼곡선은 I_2이 되고, 이때 새 균형점은 E_3이 되면서 교역조건은 OE_3이 된다. 본국의 교역조건은 호전되었지만 무역량은 더욱 크게 감소하였다. 이 같이 양국이 계속해서 관세보복(tariff retaliation)을 되풀이 하게 되면 결국 균형점은 원점 0에 이르게 되어 무역은 없어지게 되고 양국의 사회후생은 하락하게 된다.

그림 4-11 최적관세와 관세보복

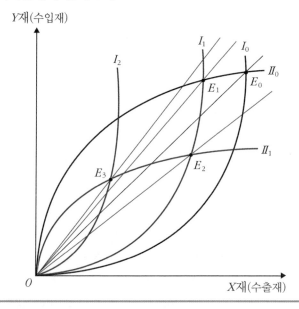

(5) 관세와 세계후생

어느 개별국가가 관세를 부과하게 되면 세계 전체의 후생수준은 감소하게 된다. 본국은 수입재에 대한 관세부과로 후생수준이 증가할 수도 있고 감소할 수도 있지만, 상대국의 경우는 후생수준이 무조건 감소하게 된다. 그리고 본국의 후생증대의 크기보다 상대국의 후생감소의 크기가 항상 더 크기 때문에 어느 한 국가의 수입관세 부과는 세계 전체의 후생수준을 감소시키게 된다. 따라서 세계 전체의 후생은 언제나 자유무역하에서 극대화되는 것이다.

5 실효보호관세

한 재화의 생산은 원료, 중간재, 최종완성재 등의 단계를 거치게 된다. 그런데 원료나 중간재 수입에 높은 관세를 부과하고 최종재 수입에 낮은 관세를 부과하게 되면 원료나 중간재를 수입하여 국내생산을 하기보다는 최종재를 수입하는 경우가 많아지게 된다. 반대로 원료나 중간재에 낮은 관세를 부과하고 최종재에 높은 관세를 부과하게 되면 최종재의 수입보다는 원료나 중간재 수입에 의한 국내생산이 증가하게 된다. 여기서 앞의 경우는 국내산업에 대한 보호효과가 작게 되고, 뒤의 경우는 보호효과가 크게 된다.

이를 예를 통하여 보기로 하자. [표 4-2]에서 어떤 국가의 관세구조가 A구조와 같다고 할 때 원료인 면화는 관세가 높아 수입후 국내가격이 비싸지고, 완제품인 면의류는 관세가 낮아 수입후 국내가격이 비싸지 않다. 이 경우 면화를 사서 생산하기 보다는 완제품인 면의류를 수입하여 소비하는 경우가 많아질 것이다. 반대로, 관세구조가 B구조와 같다고 할 때 원료인 면화는 관세가 낮아 수입후 국내가격이 비싸지 않고, 완제품인 면의류는 관세가 높아 수입후 국내가격이 비싸진다. 이 경우 완제품인 면의류를 수입하기 보다는 면화를 사서 생산하여 소비하는 경우가 많아질 것이다. 이와 같이 A, B 두 경우 면섬유산업의 평균관세율은 10%로 동일하지만 원재료와 최종재간 관세구조가 어떻게 되느냐에 따라 국내에서의 산업생산 촉진여부, 즉 보호효과는 달라지게 된다.

여기서 관세에 의한 보호효과를 단순히 개별재화의 관세율로 파악하지 않고 관세로 인하여 발생하는 그 산업에 종사하는 전체 생산요소에 대한 보호의 정도를 측정하기 위한 개념이 실효보호율(effective tariff rate)이다.

표 4-2 관세구조와 실효보호율의 예

제조단계 관세구조	관세율(%)				
	면화	면사	면의류	평균관세율	실효보호율
A 구조	20	10	0	10	낮음
B 구조	0	10	20	10	높음

실효보호율은 관세부과로 해당 산업에서 생산물 단위당 발생하게 되는 부가
가치의 증가율로 표시된다. 즉, 해당 산업에서의 실효보호율 E는 다음과 같이
표시된다.

$$실효보호율(E) = \frac{관세부과후의\ 부가가치(V') - 자유무역하의\ 부가가치(V)}{자유무역하의\ 부가가치(V)}$$

예를 들어, 노트 한 권을 만드는 데에 종이 10장이 필요하다고 하자. 여기서는
단순화시켜 종이만 필요하다고 가정한다. 물론 종이 이외의 원료가 사용되어도
분석과정이 좀 더 복잡할 뿐 도출되는 결과는 동일하다. 노트 한 권의 국제가격
이 200원이고, 종이 한 장의 국제가격이 10원이라면 자유무역하에서는 이 가격이
곧 국내가격이다. 즉, 노트생산에서의 부가가치 V는 $V = 200 - (10 \times 10) = 100$원
이 된다.

그런데 만약 노트에 30%, 종이에 10%의 관세를 부과하게 된다면 노트의 국
내가격은 260원$((1+0.3) \times 200)$이 되고 종이의 국내가격은 11원$((1+0.1) \times 10)$
이 된다. 이때 노트생산에서의 부가가치 V는 $260 - (10 \times 11) = 150$원이 된다.

따라서 실효보호율은 $(150 - 100)/100$으로 50%가 된다. 여기서 노트의 명목
관세율은 30%이지만 원료의 관세율 10%에 비하여 상대적으로 높기 때문에 노
트산업의 실효보호율은 50%가 되는 것이다.

이를 일반화된 식으로 도출해 보기로 하자. 어느 산업의 전체부가가치를 1이
라고 가정하면, 자유무역하에서 최종재산업의 부가가치 V와 관세부과후의 최
종재산업의 부가가치 V'는 다음과 같이 표시된다.

$$V = 1 - \sum a_i$$
$$V' = (1+T) - \sum a_i(1+t_i)$$

T: 최종재의 명목관세율
t_i: i번째 중간재의 명목관세율
a_i: 최종재산업에서 i번째 중간재의 투입비율
E: 최종재산업의 실효보호관세율

여기서 실효보호율 $E = \dfrac{V' - V}{V}$ 이므로

이 식에 V, V'를 대입하면,

$$E = \frac{T - \sum a_i t_i}{1 - \sum a_i}$$

로 된다.

이 식에서 실효보호관세율에 관하여 다음과 같은 사실을 알 수 있다.

첫째, 최종재의 명목관세율과 중간재의 명목관세율이 동일하면 실효보호관세율은 명목관세율과 같다.

즉, $t_i = T$이므로 $E = \dfrac{T(1 - \sum a_i)}{1 - \sum a_i} = T$가 된다.

둘째, 명목관세율이 중간재보다 최종재가 높으면 실효보호율이 높아지고, 중간재보다 최종재가 낮으면 실효보호율이 낮아진다.

셋째, 자유무역하에서의 부가가치가 낮을수록 실효보호관세율은 높아지게 된다.

그러므로 산업내에서 각 생산단계에서의 관세수준의 분포는 전체 산업을 실질적으로 보호하는데 매우 중요하다. 대부분의 국가는 생산의 최종단계에서는 관세율 수준을 높이고, 원재료와 기초단계의 재화는 관세율을 낮게 책정하는 관세구조를 가지고 있다. 이와 같이 가공도가 높아질수록 관세율이 높아지는 관세구조를 계단식 관세구조(tariff escalation) 또는 가공도별 관세구조라고 하는데, 이러한 구조하에서는 외관상 나타나는 관세수준보다 산업의 실질적인 보호수준이 훨씬 커지게 된다.

그런데 실제로 실효보호관세율을 측정하여 사용하는 데에는 문제점이 따른다. 실효보호율 산출은 각 산업의 중간재 투입비율의 파악이 어려워 그 수준을 측정하기가 쉽지 않기 때문이다. 또 관세부과후 재화의 상대가격변동은 투입비율을 변동시키는데 이러한 점을 고려하지 못하는 문제가 있다.

제2절 비관세무역정책

제2절 비관세무역정책

1 비관세정책의 의의

비관세무역정책이란 관세 이외의 모든 무역정책을 말한다. 비관세무역정책은 종류가 매우 많지만 이를 모두 합쳐 관세 이외의 무역정책으로서 하나로 분류하는 것은 그만큼 무역정책에서 관세의 비중이 크다는 것을 의미한다. 관세는 역사도 오래되었고 또 이에 대한 학문적인 연구도 많이 이루어져서 관세에 대한 분석과 논리를 다른 비관세정책에서도 그대로 응용할 수 있기 때문에 무역정책의 연구에서도 그만큼 관세에 더 많은 비중을 두는 것이다.

비관세정책들은 대부분 제1차 세계대전 혹은 제2차 세계대전 이후에 만들어진 것들이다. 제2차 세계대전 이후 GATT의 반복적인 관세인하협상으로 세계적으로 관세율의 수준이 현격하게 낮아지게 되었다. 이에 따라 관세를 통한 무역정책의 수행이 어렵게 되자 각국은 관세 대신에 다양한 무역정책수단들을 사용하게 되었다.

비관세정책은 자국의 경제적인 이해에 따라서 대부분 수입을 어렵게 하게 되므로 이는 상대국의 입장이나 자유무역을 추구하는 무역기구의 입장에서는 무역장벽이 된다. 그래서 이를 「비관세장벽(non-tariff barriers: NTBs)」이라고 부르는 경우가 많다. 비관세장벽이란 국가간 자유로운 교역에 장애가 되는 관세 이외의 제반 조치들을 말한다. 즉, 정부 또는 민간이 수입에 대하여 비용을 증가시키거나 제한함으로써 수입을 어렵게 하거나, 수출에 대하여 비용보조나 혜택을 줌으로써 수출을 촉진하는 관세 이외의 모든 무역정책 수단이나 관행이라고 할 수 있다.

비관세장벽에 의하여 무역에 대한 제한이 많아지게 되자 비관세장벽을 규제할 필요성이 증가하게 되었다. 그래서 비관세장벽에 의한 무역제한요인을 축소하기 위한 노력이 1964년 GATT의 케네디라운드에서부터 시작되었는데 실질적인 성과를 거둔 것은 우루과이라운드에서였다. 우루과이라운드에서는 여러 비관세장벽에 대한 개별협정으로 비관세정책수단의 사용에 대한 규제와 규칙을 설정하여 이를 임의로 사용하기 어렵게 하였고, 이에 따라 비관세무역장벽은 크게 낮아지게 되었다.

2 비관세장벽의 특성

비관세장벽은 다음과 같은 특성을 지니고 있다.

첫째, 비관세장벽은 비정형적인 성격을 갖고 있다. 각국은 그때마다의 경제 상황에 따라 각종 비관세장벽을 고안하여 사용하기 때문에 국가마다 그 내용이 매우 다양하고 복잡하며, 같은 제도라도 국가마다 다양하게 운영되고 있어 그 형태를 일괄적으로 정형화하기가 어렵다.

둘째, 비관세장벽은 재량적인 성격을 갖고 있다. 관세의 경우는 원칙적으로 의회의 입법사항으로서 법률로 정해지지만, 비관세장벽은 정부의 행정사항으로 서 정부의 재량에 따라 가변적이고 탄력적으로 운영되는 것이 일반적이다.

셋째, 비관세장벽은 은닉적인 성격을 갖고 있다. 관세는 대외적으로 공표되 어지는데 반하여, 비관세장벽은 타국으로부터의 비난이나 보복을 회피하기 위하 여 드러나지 않는 무역제한수단으로 사용되어 겉으로는 의식할 수 없는 경우도 많이 있다.

넷째, 비관세장벽은 차별적인 성격을 갖고 있다. 관세장벽은 기본적으로 모 든 국가에 동일하게 적용되는 데 반하여, 비관세장벽은 대상국가나 대상상품에 서 선별적으로 영향을 주는 경우가 많다. 예를 들어, 어느 국가에서의 표준의 설정은 표면적으로는 공평하게 적용되지만 실질적으로 표준이 다른 국가를 차 별하는 것이 된다. 실제 선진국의 비관세장벽은 다른 선진국보다 개발도상국에 크게 불리한 것으로 나타나고 있다.

다섯째, 비관세장벽은 무역상의 불확실성을 높인다. 비관세장벽은 가변적이 고도 신축적으로 운영되기 때문에 조치의 설치와 폐지를 예측하기 어려워 이 같은 상황하에서는 무역업자가 확실성을 가지고 무역에 임할 수가 없게 된다.

여섯째, 비관세장벽은 비경제적인 요인이 많이 관련된다. 비관세장벽은 보 건, 안전, 환경, 표준, 유통구조, 상관습 등과 같은 비경제적인 성격을 가지는 장 벽이 많다.

일곱째, 비관세장벽은 이에 대한 국제협상이 어렵다. 비관세장벽의 존재여부나 무역제한효과가 명확하지 않기 때문에 이를 제거하기 위한 협상기준을 마련하기가 쉽지 않으며, 비경제적인 국내정책이나 제도까지 연관되므로 협상이 용이하지 않다.

표 4-3 GATT 발표 비관세장벽

형태 \ 규제	종류
정부개입	① 정부보조 ② 국영무역 ③ 정부구매 ④ 정부독점과 제한적 관행
세관 및 행정상의 수입절차	① 상계관세 ② 반덤핑관세 ③ 관세분류 ④ 관세평가 ⑤ 영사관 절차 및 서류 ⑥ 견본규정 ⑦ 관세환급 ⑧ 관세절차
표준규정	① 공업표준 ② 보건 및 안정기준 ③ 제품에 관한 제반규정 ④ 상표규정 ⑤ 가공규정 ⑥ 원산지표시규정 ⑦ 포장규정
특정제한	① 수량제한 ② 수입금지 ③ 수입허가제 ④ 외환관리제도 ⑤ 쌍무협정에 의한 차별규제 ⑥ 차별적인 구매 ⑦ 수출규제 ⑧ 국내가격통제조치 ⑨ 관세할당
가격메커니즘에 의한 규제	① 수입담보금제 ② 부가금, 항만세, 통계세 ③ 차별적 내국소비세 및 보험료율 규제 ④ 선별적 신용제한 ⑤ 가변부과금 ⑥ 국경세
기타 규제	① 광고, 선전, 운송규제 ② 상영시간 규제 ③ 제한적 영업관행 ④ 영사수수료 및 인지세

3 비관세정책의 유형

세계에는 국가마다 다양한 형태의 비관세정책이 사용되고 있어 세계의 비관세정책은 수백 가지에 이르는 것으로 알려져 있다. 비관세정책은 형태가 매우 다양하기 때문에 유형화하기 어렵고 명확하게 분류하기도 쉬운 일이 아니다. 일단 큰 범주에서 몇 가지 방법으로 분류할 수 있는데, 무역장벽이 무역에 미치는 영향의 성격과 강도에 따라 [표 4-4]와 같이 직접적인 조치와 간접적인 조치로 나눌 수 있고, 다른 한편으로는 수입과 수출의 측면에서 [표 4-5]와 같이 수입제한적인 조치와 수출장려적인 조치로 나눌 수 있다. 그리고 비관세정책수단의 성격에 따라 [표 4-6]과 같이 수입제한적 수단, 수출장려적 수단, 산업피해구제 수단, 수출제한조치로 나눌 수 있다.

표 4-4	직접적인 비관세정책과 간접적인 비관세정책
구분	**종류**
직접적인 장벽	① 가격제한: 반덤핑관세, 상계관세, 최저가격제, 부가세, 가변부과금 ② 수량제한: 일방적 수입제한, 관세할당, 수출자율규제, 시장질서협정 ③ 재정 및 금융지원: 수출보조, 수출금융지원, 정부구매 ④ 행정적 제한: 행정규제 및 지도, 수입허가
간접적인 장벽	① 재정 및 금융지원: 공기업보조, 특정산업지원 ② 행정적 제한: 보건기준, 표준, 안전기준, 환경통제, 관세평가절차, 원산지규정

표 4-5	수입제한적인 비관세정책과 수출장려적인 비관세정책
구분	**종류**
수입제한적 비관세장벽	① 수입할당제 ② 수입과징금 ③ 수입예치금제 ④ 수입금지제 ⑤ 수출자율규제 ⑥ 행정적 규제 ⑦ 기술적 규제 등
수출장려적 비관세장벽	① 수출보조금 ② 수출신용제도 ③ 수출보험제도 ④ 행정적 지원 ⑤ 기술적 지원 등

4 비관세정책의 종류

수많은 비관세조치중에서 여기서는 일반적으로 중요성을 가지는 조치들을 중심으로 그 내용을 살펴보기로 한다. 무역에 대한 정책적인 수단의 측면에서 [표 4-6]에서와 같이 수입제한적 비관세조치, 수출장려적 비관세조치, 산업피해 구제조치, 수출제한조치 등으로 나누어 그 구체적인 내용을 살펴보기로 한다.

표 4-6	비관세 정책수단
구분	종류
수입제한적 수단	① 수량할당제도 ② 수출자율규제와 시장질서협정 ③ 관세할당 ④ 수입금지제도 ⑤ 수입과징금제 ⑥ 수입에치금제도 ⑦ 관세평가제도 ⑧ 수입허가제도 ⑨ 통관 및 수입절차 ⑩ 외환관리 ⑪ 국산품사용제도 ⑫ 행정규제 ⑬ 기술규제 ⑭ 위생 및 검역제도 ⑮ 원산지규정 ⑯ 국영무역 ⑰ 정부조달 ⑱ 수입부과금 ⑲ 최저가격제 ⑳ 생산보조금
수출장려적 수단	① 수출보조금 ② 수출금융 ③ 수출보험 ④ 행정적 지원 ⑤ 기술지원
산업피해구제수단	① 반덤핑관세 ② 상계관세 ③ 긴급수입제한
수출제한조치	① 안보목적 ② 정치목적 ③ 경제목적 ④ 환경보호목적

4.1 수입제한적 비관세조치

1) 수량할당제도

(1) 수량할당제도의 의의

수량할당제도(quota)란 수입 및 수출상품의 수량을 일정한 양으로 제한하는 것이다. 수출할당도 있으나 수입할당이 일반적이기 때문에 수량할당제도라고 하면 일반적으로 수입수량할당제도를 의미한다.

수량할당제도는 수입상품에 대하여 일정한 기준을 두고 일정한 기간 동안 일정한 수량이나 금액의 범위내에서만 수입을 허용하는 방식을 취한다. 1931년 프랑스에 의해 최초로 도입된 수량할당제는 양차대전 기간 동안 보호무역주의의 대표적인 무역제한수단이었다. 이러한 수량할당의 폐해를 각별히 의식하여 GATT에서는 수량할당제도를 원칙적으로 금지하였다. 그러나 예외적인 허용속에 실제로는 세계 전역에서 수량할당제도가 광범위하게 사용되어 왔으며 그 형태도 더욱 복잡해지게 되었다. 그러다가 WTO 협정으로 이에 대한 사용이 크게 줄게 되었다.

WTO 협정에서는 수량제한을 원칙적으로 금지하지만 농산물의 경우나 국제수지 방어의 목적 등과 같이 특별한 경우에는 예외적으로 허용하고 있다. 그러나 이를 사용하더라도 일시적으로 사용하여야 하고, 그 원인이 조속히 제거되도록 노력하여야 하며, 원인이 소멸되는 즉시 철폐하도록 하고 있다. 또한 협정은 이 수량할당조치를 사용할 때 준수해야 할 원칙과 절차를 규정하고 이를 엄격히 준수하도록 하고 있다.

(2) 수량할당제도의 유형

수량할당은 할당방법에 따라 총량할당제와 국별할당제로 나누어진다. 또한 할당의 절차에 따라 한 국가가 일방적으로 시행하는 일방적 할당제와 해당 당사국과의 협정에 근거하여 시행하는 협정할당제로 나눌 수 있다.

총량할당제(global quota)는 대외로부터 수입할 수 있는 전체 물량만을 정하고 국가별로는 할당하지 않는 방법이다. 무차별원칙을 기본으로 하는 GATT 협정에서는 총량할당제를 시행하는 것을 원칙으로 하고 있다.

다음으로 국별할당제(allocated quota)는 수입할 수 있는 물량을 국가별로 할당하는 방법이다. 인위적인 국가간의 물량배정이 무차별원칙에 위배되기 때문에 GATT에서는 부득이한 경우에만 실시를 허용하는 한편, 이 방법을 시행하는 경우에는 국가간에 공평성이 유지될 수 있도록 하기 위한 절차를 설정하고 이를 준수하도록 하고 있다.

총량할당제는 국가구분 없이 할당량의 범위내에서 선착순으로 수입할 수 있으므로 공평하기는 하지만 수입경쟁을 유발하여 할당기간 초기에 수입이 집중되고 먼 거리에 위치한 국가는 불리한 단점이 있다. 반면에 국별할당제는 과거의 수입실적과 사용실적 등에 따라 관계기관이 사전에 국가별로 할당하므로 간편하기는 하나 과거실적에만 의존하게 되어 공평하지 못하다는 단점이 있다.

(3) 수량할당의 경제적 효과

수량할당의 경제적 효과를 [그림 4-12]를 통하여 보기로 하자. D와 S는 각각 국내의 수요곡선과 공급곡선이며, 수입상품 Y재의 국제가격은 P_i라고 하자. 이 경우에 자유무역이 이루어진다면 국가는 Q_1만큼 생산하고, Q_4만큼 소비하게 되며, $Q_1 Q_4$만큼 수입하게 된다. 이때 수입쿼터를 부과하여 수입량을 $Q_2 Q_3$로 제한한다고 하면 가격은 P_q가 되며 국내공급은 Q_2, 국내소비는 Q_3가 된다.

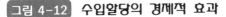

그림 4-12 수입할당의 경제적 효과

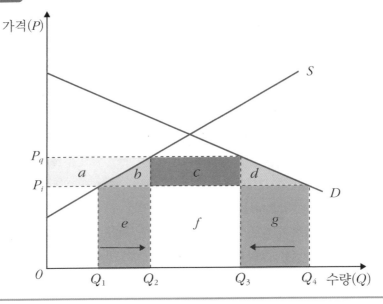

이와 같이 수입쿼터의 부과는 [그림 4-1]의 관세의 경제적 효과와 마찬가지로 수입재의 국내가격을 상승시키며, 이에 따라 ① 생산증가효과, ② 소비감소효과, ③ 국제수지 개선효과, ④ 소득재분배효과, ⑤ 후생감소효과 등의 경제적 효과가 발생하게 된다.

(4) 수량할당과 관세의 비교

수량할당은 그 효과가 여러 가지 면에서 관세와 동일하지만 몇 가지 점에서 차이가 있다. 만약 $Q_2 Q_3$의 수입쿼터 대신에 $P_i P_q$만큼의 관세를 부과한다고 하면 그 결과는 ① 생산효과, ② 소비효과, ③ 국제수지효과, ④ 소득재분배효과, ⑤ 후생효과, ⑥ 교역조건효과 등에서 모두 동일하다.

그러나 다음에서 차이가 있다. 첫째, 사각형 c에 있어서 관세의 경우에는 정부의 재정수입으로 귀속되었으나, 쿼터의 경우에는 이에 해당하는 수입이 수입업자에게 돌아간다는 점이다. 그런데 정부가 수입을 독점하거나 수입권을 경매한다면 이에 대한 수입은 정부에 귀속되고 관세의 재정수입효과와 동일한 효과가 발생할 수 있다.

둘째, 수입쿼터는 수입제한효과가 관세보다 확실하다. 수입쿼터는 수입의 한도가 확정되지만 관세의 경우는 수입상품의 수요와 공급이 가격에 비탄력적이라면 수입량은 줄지 않을 수도 있기 때문이다. 특히 수출국이 수입관세만큼 가격을 낮추어 공급하게 된다면 교역조건은 개선되지만 수입차단 효과는 기대할 수 없게 된다. 많은 국가에서 수입억제가 꼭 필요한 경우 관세보다 쿼터를 이용하는 이유도 여기에 있는 것이다.

셋째, 수입국 시장구조가 완전경쟁적일 경우에는 관세와 수입쿼터의 경제적 효과가 동일하지만 시장구조가 독과점구조일 때는 동일한 효과가 발생하지 않는다. 예를 들어, 수입국의 수입경쟁산업이 독점상태에 있다면 수량할당의 경우 국내공급자는 수입할당량을 제외한 전체수요를 독점할 수 있기 때문에 높은 가격을 설정하여 이윤을 극대화할 수 있다. 그러나 관세의 경우 국내 공급자가 일정수준 이상의 가격으로 높이면 외국으로부터 수입이 증가하게 되어 가격을 일방적으로 올릴 수 없게 된다. 즉, 쿼터의 경우에는 국내 독과점구조를 유지할 수 있지만 관세의 경우는 유지할 수 없는 것이다. 이와 같이 수입쿼터는 비효율적인 수입경쟁산업을 보호하여 소비자에게 큰 손실을 줄 수 있다.

또한 쿼터의 시행과정에서 이권다툼이나 부정과 부패와 같은 문제들이 발생할 수 있다. 이상의 여러 측면에서 볼 때 관세가 경제적으로 더욱 바람직한 정책수단이 될 수 있는 것이다.

2) 수출자율규제와 시장질서협정

수출자율규제(voluntary export restraints: VER)는 수입국의 요청에 따라 수출국이 자국상품의 수출량을 스스로 제한하는 조치이다. 수출자율규제는 형식상 수출국과 수입국간의 합의에 의하여 이루어지지만 실제로는 수입국의 요구에 의하여 이루어지는 경우가 많다. 이러한 성격의 조치로서 시장질서유지협정(orderly marketing agreement: OMA)도 있는데 그 내용상 수출자율규제와 큰 차이가 없다.

과거 미국의 경우 국제통상에서의 우월한 협상능력을 이용하여 많은 수입상품을 대상으로 수출국가와 자율규제협정을 체결하여 왔다. 또한 수출자율규제의 가장 포괄적인 한 형태로서 1960~70년대에 체결되었던 「다자간 섬유협정(MFA)」을 들 수 있다. 이 협정으로 섬유류의 수입국과 수출국간에 협의를 거치고 수출국들은 자국의 수출량이 한도를 초과하지 않도록 자발적으로 규제토록 했었다. 그런데 WTO의 「섬유 및 의류 협정」에서 MFA는 철폐되고, 「긴급수입제한조치협정」에서 수출자율규제를 포함한 모든 회색지대조치를 철폐하기로 하였다.

수출자율규제는 제한된 수량만 수입하게 되는 수량제한의 한 형태이므로 그것이 국내가격, 생산, 소비 등에 미치는 제반 경제적 효과는 수입쿼터와 동일하다. 다만 쿼터의 경우에는 쿼터의 이익이 수입국에 귀속되는데 반하여 수출자율규제는 수량제한이 수출국에 의하여 이루어지므로 그것이 수출국에 귀속된다는 점에서 다르다. 따라서 수입국의 입장에서는 수출자율규제가 쿼터보다 후생적인 측면에서 불리하게 되는 것이다. 이러한 수출국으로의 이익유출을 [그림 4-13]에서 보기로 하자.

먼저 공급자가 완전경쟁적일 경우를 보기로 한다. 수입국은 소국으로 가정하여 외국의 수출공급이 완전 탄력적이어서 공급곡선은 수평이고, ED는 수입국의 수입수요곡선으로 국내수요에서 국내공급을 뺀 초과수요를 나타내고 있다.

그림 4-13 수출자율규제의 경제적 효과

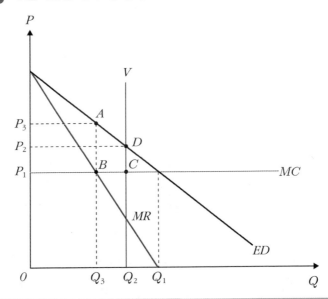

이때 자유무역하에서는 국제가격이 P_1이라면 Q_1만큼 수입하게 된다. 이제 수출자율규제로 Q_2만큼만 수입한다고 하면 국내가격은 P_2로 상승하게 된다. 따라서 수출국 공급자가 갖는 이익은 □P_1CDP_2가 되며, 이는 만약 수입쿼터의 경우라면 수입국의 업자나 정부에 돌아가게 되었을 것이지만 여기서는 수출자가 갖게 되는 것이다. 따라서 수출자율규제에서는 수입국은 이익이 유출되어 사회후생면에서 그만큼 손해를 보게 된다.

다음으로 만약 수출국의 공급자가 독점 또는 카르텔을 형성하고 있다면 공급자는 이윤을 늘리기 위하여 한계수입(MR)과 한계비용($MC = P_1$)이 일치하는 B점에 맞추어서 A점에서 가격과 수량을 결정할 것이기 때문에 가격은 P_3로 상승하고 수량은 Q_3로 줄어들게 되며 수출국 공급자가 갖는 이익은 □P_1BAP_3로 극대화되어 이만큼의 소득이 수출국으로 유출된다. 결과적으로 수출국의 공급자가 수입국에서 독점적인 위치에 있을 경우에는 수입가격의 상승으로 수입국에서는 소비자는 그만큼 더 손실을 입게 되고 교역조건에서도 불리해진다. 이때 수입수량이 더 줄게 되고 수입량의 제한효과는 더욱 커지게 되어 수출자율규제가 쿼터보다 더 강한 무역제한수단이 될 수 있음을 알 수 있다.

이상의 결과에서와 같이 수입국의 입장에서는 수출자율규제가 관세나 수입쿼터보다 불리한 수단이다. 그럼에도 불구하고 현실적으로 더 많이 이용되어온 것은 다음과 같은 이유 때문이다.

첫째, 수입국의 입장에서 사용하기에 편리하기 때문이다. 수입제한이나 차별적인 관세는 원칙적으로 GATT에서 금지하고 있기 때문에 사용하기 어렵고, 수입으로 인한 산업피해가 발생하는 경우 GATT 제19조에 따라 긴급수입제한조치를 취할 수 있지만, 이에 의할 경우 관련 수출국들과의 상호협의를 포함한 복잡한 절차를 거쳐야 하고 상대국에 보상조치를 해야만 된다. 그러나 수출자율규제는 상대국과 합의만 되면 이러한 어려움을 거치지 않고 쉽게 목적을 달성할 수 있다. 즉, GATT 규정을 위배하거나 까다로운 절차를 거쳐야 하는 문제를 회피하면서 목적을 달성할 수 있는 것이다.

둘째, 수입쿼터나 관세의 시행에는 국내의 입법 및 행정절차나 국내이해집단 간의 의견조정과 같은 복잡한 문제가 수반되는 경우가 많은데 비해 수출자율규제는 이러한 문제 없이 간편하게 실시할 수 있다.

셋째, 수출국의 입장에서는 일정한 수출량을 유지할 수 있다는 점과 수입국에서 직접 수입제한을 당하는 것보다는 수출량을 사전에 제한함으로써 렌트소득이 수출자에 귀속된다는 이점이 있기 때문에 수출국도 이에 협조할 가능성이 높기 때문이다.

3) 관세할당

관세할당(tariff quota)제도는 특정 물품에 대하여 정부가 정한 일정 수량까지의 수입에 한하여 저율의 관세를 부과하고 일정 수량을 초과하여 수입할 때에는 고율의 관세를 부과하는 제도이다. 관세할당은 할당관세라고도 하며 관세와 쿼터가 혼합된 형태로서 일종의 이중관세율제도이다. 이 제도는 일정 수량은 수입이 필요하면서도 과다수입에 대한 피해가 우려될 때 시행하기 적합한 제도이다.

GATT에서는 양적 수입할당은 원칙적으로 금지하고 있으나 관세할당제도는 인정하고 있다. 이러한 관세할당의 유형으로서 EU나 일본에서 시행하는 개발도상국에 대한 일반특혜관세가 이에 해당된다. 이들 국가는 개발도상국으로부터의 일정한 한도내의 수입에 대해서는 낮은 세율의 특혜관세 혜택을 부여하고 그 이상의 수입에 대해서는 일반관세를 적용한다.

4) 수입금지제도

수입금지제도는 특정 상품에 대한 수입을 금지하는 극단적인 수입제재조치이다. 수입금지조치는 관세나 수입할당과 같은 부분적인 수입억제가 아니라 전면적인 수입억제수단이다. 수입금지제도는 옛날에는 많았으나 자유무역을 원칙으로 하는 오늘날에는 드물다. 이는 관세나 수입할당과 같은 수단으로는 목적을 달성하기 어려울 경우에 실시될 수 있는데, 경제적인 이유보다는 국방, 치안, 보건 및 위생, 문화재 보호, 미풍양속의 보호 등과 같은 비경제적인 이유로 실시되는 경우가 많다. 또한 수입금지제도는 전시나 경제적인 비상사태 또는 국가간의 대립속에서 일시적으로 실시될 수 있다.

한국의 경우 대외무역법상 ① 전쟁, 사변, 천재지변의 발생시, ② 상대국이 국제법규에서 정한 우리나라의 권익을 부인할 때, ③ 상대국이 우리나라의 무역

에 대하여 부당하거나 차별적인 제한을 가할 때, ④ 국제평화와 안전유지 등의
의무이행상 필요시, ⑤ 생명, 건강, 안전, 환경보호, 국내자원보호 등을 위하여
필요한 경우에는 수출입을 금지 또는 제한할 수 있도록 하고 있다.

5) 수입과징금

수입과징금(import surtax)이란 국내산업보호나 국제수지개선 등의 경제적인
목적을 달성하기 위하여 수입품에 관세 이외에 부과되는 일종의 부가세이다. 수
입과징금의 징수는 수입품의 가격을 상승시켜 수입억제의 효과를 가져다주게
되며 관세와 동일한 경제적 기능을 한다. 따라서 과징금부과의 수입억제효과는
과징금의 세율, 수입수요의 탄력성, 공급의 탄력성 등에 따라 결정된다.

이러한 수입과징금의 종류로서는 과거 EU가 시행해왔던 농산물 수입에 대한
「가변과징금제도(variable levy system)」나 한국의 「차액관세제도」가 여기에 해
당된다.

6) 수입예치금제도

수입예치금제도는 수입업자가 외국으로부터 상품을 수입할 때 수입대금의
전부 또는 일부를 사전에 관련 금융기관에 예치하도록 하는 제도이다. 이 제도
는 수입담보금제도 또는 수입보증금제도라고도 한다. 수입예치금제도의 시행목
적은 수입금융을 제공하는 금융기관의 수입자에 대한 담보의 확보와 수입대금
의 지급보장이라는 국가의 대외신용유지에 있다. 하지만 수입예치금제도는 다른
한편으로는 수입업자에게 사전 자금조달과 금리에 대한 부담을 주어서 실질적
으로 수입을 억제하는 기능을 하게 된다.

수입예치금제도는 예치율, 예치기간, 금융시장상황 등에 따라 수입억제효과
가 달라지게 된다. 수입예치금은 수입업자가 은행과 같은 금융기관으로부터 차
입할 수 있기 때문에 금융시장이 발달하지 않았거나 금융시장상황이 나쁜 경우
에 수입억제효과가 더 크다. 개발도상국에서는 이 제도의 필요성이 더 크기 때
문에 많이 사용되고 있으며, 금융시장의 미발달로 수입억제효과 또한 선진국보
다 더 크다고 할 수 있다.

7) 관세평가

관세평가(customs valuation)란 수입상품의 과세가격을 결정하는 일련의 절차나 방법을 의미한다. 관세당국이 관세가 부과되는 평가방법이나 분류체계를 달리함에 따라 관세액이 달라질 수 있고, 이에 따라 수입에도 영향을 주게 된다. 관세액을 책정하는데 기초가 되는 것은 관세율과 과세가격이므로 과세가격의 평가는 관세액의 부과와 직결되는 문제이다.

과세가격이 고평가될 경우 관세수입이 증가하게 되고, 관세부담을 가중시켜 수입을 저지하는 효과를 가져오게 된다. 반대로 과세가격이 저평가될 경우 국가의 관세수입이 감소하게 되며, 수입품의 관세부담이 적어짐으로써 수입상품의 경쟁력이 향상되어 국내산업에 악영향을 주게 된다.

따라서 적정한 과세를 위해서 GATT 제7조의 규정과 WTO 「관세평가협정」에서는 원칙적으로 관세평가는 수입물품의 실제가격을 기준으로 하고, 이 가격을 적용하기 어려운 경우에 동종물품가격이나 유사물품가격과 같은 다른 가격을 기준하도록 규정하고 있다. 또 이러한 관세평가에 있어서 관세당국은 자의적이거나 임의적인 가격을 적용해서는 안 되며, 각국은 무역업자가 확실성을 갖고 가액을 예상할 수 있도록 과세가격의 결정방법을 안정적으로 시행하도록 하고 있다.

8) 수입허가제도

수입허가(import licensing)는 국가가 무역을 관리하기 위한 제도이다. 여기서 허가란 허가, 승인, 면허 등 이와 유사한 절차 모두를 포괄하는 개념이다. 국가에 따라서는 상품을 제한 없이 수출 또는 수입할 수 있는 자동승인품목과 별도의 절차에 따라 수출 또는 수입해야 하는 제한승인품목 또는 금지품목 등으로 나누어 지정하며, 무역을 하는 사람에 대해서도 일정한 요건이나 자격을 두어 수출입을 관리한다.

수입허가제도는 원래의 취지가 수입을 제한하는 것에 있지는 않지만 경우에 따라서는 수입허가의 과정상에서 수입을 어렵게 하거나 사실상 저지함으로써 이 제도가 국내산업보호를 위한 하나의 수단으로 사용될 수 있다. 수입허가를 위한 신청서나 기타 서류의 제출을 수반하는 수입관리의 행정절차가 까다롭고 번거롭거나 시간이 많이 소요되면 수입은 원활하게 이루어지기 어렵게 되는 것이다.

이와 같이 수입허가제도는 그 운영과정에 있어서 국가의 행정적인 자의성이 개재되어 차별적이거나 불공정하게 처리되는 경우에는 매우 직접적으로 무역이 제한되거나 왜곡되는 결과를 초래케 할 수 있다. 이러한 성격으로 말미암아 수입허가절차가 자유로운 무역의 흐름을 가로막는 요인이 되는 것을 방지하고 수입허가제도의 공정한 운용을 위하여 WTO「수입허가절차협정」을 두고 있다.

9) 통관 및 수입절차

통관 및 수입절차는 수입과정상 반드시 거쳐야 할 절차이므로 통관 및 수입절차도 수입에 적지 않은 영향을 준다. 통관의 지연이나 복잡한 통관 및 수입규칙, 과도한 수입관련 수수료 등은 무역의 장벽이 된다. 실제로 통관규정의 수시변경, 물품검사의 과다한 수수료 징수, 멀리 떨어진 세관에서 통관토록 하는 것 등 여러 가지의 행정적, 절차적 요인에 의하여 수입이 원활하게 이루어지지 않는 경우가 많다. 예로서 신선도가 중요한 식품이나 유통기한이 짧은 상품에 있어서는 통관일수는 수입을 가능하게 할 수도 있고 불가능하게도 할 수 있는 결정적인 역할을 한다. 이와 같이 통관 및 수입절차는 사소한 것 같으면서도 실질적으로는 매우 중요한 결과를 가져다 줄 수 있는 것이다.

10) 외환관리

외환관리는 국가가 대외적인 외환의 거래에 대하여 직접적으로 규제하거나 조정하는 것을 말한다. 국가가 외환관리를 하는 목적은 대개 국제수지관리, 통화가치안정, 외화자금의 효율적인 운영 등에 있지만 국가마다 외환의 관리방식이나 규제와 통제의 정도에 차이가 있다. 선진국의 경우는 국가의 개입이 적고 개입하더라도 시장을 통한 간접적인 개입이 일반적인데 비하여, 개발도상국은 개입이 많고 직접적이고 강한 통제방식을 사용하는 경우가 많다.

국가는 자국의 통화가치를 변동시킴으로써 자국상품과 수입상품의 가격경쟁력을 변동시킬 수 있다. 자국의 통화가치가 하락하도록 유도하면 자국상품의 외화가격이 하락하여 수출이 증대되고 외국상품의 국내가격이 상승하게 되어 수입이 감소하게 된다. 반대로 자국 통화가치가 상승하도록 유도하면 자국상품의 외화가격이 상승하여 수출이 감소되고 외국상품의 국내가격이 하락하게 되어 수입이 증가하게 된다.

한편 외환의 통제는 강한 외환관리방법중의 하나로서 국가가 외환의 거래에 제한을 가하거나 외환시세를 통제하는 경우를 말한다. 외화의 조달이 어려운 개발도상국에서는 한정된 외환을 최대한 효율적으로 사용하기 위하여 국가가 개별물품의 수입에 대하여 외환을 배정하는 외화할당제도를 사용하기도 한다. 수입을 원한다고 해도 대금결제를 할 수 없으면 수입이 불가능하므로 이것은 무역통제의 강력한 수단중의 하나가 된다. 또한 외환배정은 배정받은 액수만큼만 수입이 가능하므로 수입쿼터와 같은 효과를 가진다.

또한 이중환율을 적용하게 하거나 대외거래에서 사용될 수 있는 외환을 일부 국가의 통화에 제한함으로써 수출입을 통제할 수 있다. IMF에서는 이러한 외환의 통제로 인한 무역제한을 방지하기 위한 규정을 두고 있으며, WTO에서도 이러한 문제에 대하여 IMF와 협조하도록 하고 있다.

11) 국산품사용권장제도

국산품사용권장제도는 국산품을 우선적으로 사용하도록 함으로써 국내산업을 보호 육성하고 외국으로부터의 수입을 억제하는 제도이다. 국산품사용권장제도는 국내산업의 기반을 조립가공단계에서 중간재생산단계로 확산시킬 목적으로 많이 사용된다.

제품생산에 있어서 물량단위로 일정한 양을 정하거나 가격단위로 국내부가가치의 비율을 정하여 일정한 비율 이상 국산자재를 사용해야 하는 의무를 부과하는 국산자재사용(local content)규정을 두는 경우가 많다. 또한 입찰에서의 공급자의 제한, 입찰시 국내업자에 혜택부여, 원조자금의 원조국상품 구매의무 부과 등도 이에 해당하며, 국산품 우선구매제도는 정부기관 및 공공기관의 구매에서 특히 많이 사용되고 있다. 이 외에도 국내투자 외국기업에 대한 국산부품 및 원료 사용의무 부과, 국산품 시설구입에 대한 저리자금지원, 수입상품소비자에 대한 세무조사강화, 외국상품 구매기업에 대한 행정적인 불이익제공, 외국산

상품사용에 대한 사회적인 비난의 유도 등 그 범위가 상당히 넓다.

12) 행정규제

국가는 수많은 행정적인 규정을 두고 사회적인 차원에서 규제하게 되는데 이러한 규제가 수입을 어렵게 하는 경우가 많이 있다. 예를 들어, 전기설비, 가스설비, 자동차 등의 사용상의 안전규정과 같은 안전에 관한 규정, 식품이나 의약품의 유통규정과 같은 보건 및 위생에 관한 규정, 상표나 원산지의 표시와 같은 표시규정 등 국가에는 많은 규제가 있다. 이러한 행정규제는 각기 고유의 행정상의 목적에 따라 설정되어지는 것이다. 그런데 이러한 규제의 설정이 기본적으로 국내상품 중심으로 이루어지기 때문에 그 시행과정에서 수입상품이 국내상품에 비하여 불리하도록 되는 경우가 많다.

13) 기술규제

기술규제(technical regulations)는 국가의 표준이나 기술 등에 대한 행정적인 규정을 의미한다. 표준화는 상품의 효율적인 생산, 유통 및 소비를 위하여 그 형태, 치수, 소재, 기능, 안전성과 같은 기술적인 특성을 통일하는 것을 말하며, 제도운용상 표준과 기술규정으로 크게 구분된다. 이러한 표준화제도는 오늘날 상품의 대량생산과 대량유통 그리고 소비생활의 향상에 필수적인 것이 되고 있다.

그런데 국가간에 표준이나 기술규격이 달라지면 국적을 달리하는 상품간에 호환성이 줄게 되어 외국상품의 사용이 어려워지게 된다. 또 국가에 의한 표준이나 기술규정의 부과는 타국상품의 사용을 어렵게 하거나, 기술적 특성을 국내생산자에게 유리하게 설정하거나, 외국수입품의 적합판정절차를 까다롭게 함으로써, 수입을 억제하는 하나의 수단으로 사용될 수 있다. 실제 어떤 국가로부터의 수입이 많을 것으로 예상되는 경우 표준제도나 기술규정을 그 국가와 의도적으로 달리함으로써 수입제한의 효과를 누리는 경우도 많이 있다. WTO에서는 이에 대한 무역장벽요인을 줄이기 위한 「무역에 대한 기술장벽협정」을 두고 있다.

14) 위생 및 검역제도

국제간 물품이동의 자유화는 물품이동과 함께 병해충의 국제간의 전파가능성 또한 높이게 되고 위해식품의 국제유통으로 소비자의 안전이 위협받을 가능성도 커지게 된다. 무역과 관련한 생명과 건강의 보호문제는 특히 농수산물의 무역과 관련성이 크다.

특히 우루과이라운드에서 농산물에 대해서도 국가간 교역의 자유화가 실현됨으로써 이 부문에 대한 중요성이 더욱 커지게 되었다. 농수산물의 무역은 지금까지 일부 지역에 국한되어 있던 병충해가 타지역으로 전파됨에 따라 유입지역의 생태계의 균형을 파괴하고 이로 인하여 예상하지 못했던 엄청난 피해가 발생할 가능성이 있는 것이다. 또 식품의 경우 생산이나 제조 및 유통과정상에 투입되는 농약, 식품첨가제, 항생제, 성장촉진제 등의 유해물질에 대하여 최종소비단계에서는 판별이 어렵기 때문에 공급자와 소비자가 격리되어 있는 국제간 식품교역에서는 소비자의 건강과 안전에 대한 위협이 한층 더 크게 된다.

따라서 국가내에는 국민의 건강과 동식물의 생명을 지키기 위한 많은 법규와 제도들이 있는데, 이들은 대부분 무역과도 관련된다. 이중에서 가장 중요한 것이 「수입상품에 대한 위생 및 검역(sanitary and phytosanitary)제도」이다. 이러한 위생 및 검역제도는 국가내의 보건과 위생의 유지를 목적으로 하고 있지만 그 시행과정에서 자의적이고 불공정하게 차별하거나 무역을 제한하는 수단으로 사용될 수도 있다. 이에 대하여 WTO 「위생 및 검역조치협정」은 위생 및 검역제도가 회원국의 인간 및 동식물의 건강과 위생상황의 개선을 추구하면서도, 과도하고 자의적으로 시행되지 않도록 하여 위생 및 검역규제가 무역에 미치는 부정적인 영향이 최소화되도록 하고 있다.

15) 원산지규정

원산지규정(rule of origin)이란 물품의 원산지를 판단하는 기준이나 확인방법, 절차 등을 규정한 제반 법규나 행정적 절차 등을 의미한다. 국가가 무역을 관리하는 데 있어서 물품의 원산지에 대한 확인은 ① 관세의 결정, ② 쿼터의 관리, ③ 덤핑 및 보조금지급의 판정, ④ 소비자에 대한 정보제공, ⑤ 통상정책의 수립이나 무역관리를 위한 통계작성 등의 목적상 필요로 하게 된다.

이러한 원산지의 확인에 있어서 오늘날에는 재화의 생산과 이동이 매우 복잡하고 다양하기 때문에 원산지를 판정하기가 단순하지 않은 경우가 많다. 그런데 국가는 상품의 수입시에 이러한 원산지와 관련하여 원산지를 자의적으로 판정하거나 이와 관련하여 과도한 부담을 가함으로써 간접적으로 무역제한수단으로 사용할 수도 있다. 아랍지역 일부의 국가에서는 선적서류를 반드시 아랍어로 쓰도록 하거나, 특정 지역을 경유하지 않았다는 각서를 요구하기도 한다. 이러한 원산지 결정기준이나 원산지에 대한 관리규정의 차별성, 복잡성은 수입에 대한 장애요인으로 될 수 있다. 이에 따라 WTO에서는 이에 의한 무역장벽요인을 줄이기 위하여 「원산지규정협정」을 두고 있다.

16) 국영무역

국영무역(state trading)이란 국가에 의하여 설립되거나 유지되는 기업, 혹은 국가에 의하여 독점적 혹은 특권적 권한을 부여받은 기업이 행하는 무역이다. 기본적으로 국제무역은 민간기업들의 자유로운 무역활동에 의하여 이루어지는 것을 원칙으로 하고 있다. 무역에 대한 국가의 개입은 세계적인 차원에서 자원의 효율적인 배분을 저해하고 결과적으로 세계 전체의 후생과 발전을 감축시키는 결과로 되어 바람직하지 못하기 때문이다. 그러나 사회주의국가에서는 무역이 거의 국가에 의하여 독점되며, 사회주의국가가 아니더라도 국가마다 많은 국영기업이 존재하고 이들도 국제무역에 참가할 수밖에 없으므로 국영무역은 존재하게 된다.

국영무역에서는 국가가 정책적으로 수입대상지역이나 국가를 선별하여 수입하거나 수출함으로써, 국가간에 공정한 무역기회가 부여되지 못하는 경우가 많이 발생하게 된다. 또 국영무역은 독점권을 이용하여 수입량과 수입가격을 조절함으로써 국내산업을 보호하는 역할을 할 수도 있다.

국영무역은 국내산업의 보호측면에서는 수입할당과 비슷하고 재정수입면에서는 재정관세와 비슷한 효과를 가져다주게 된다. 이러한 국영무역의 문제에 있어서 GATT의 국제무역규범은 국가가 이러한 왜곡이 가급적 발생하지 않도록 할 것을 규정하고 있다.

17) 정부조달

정부조달(government procurement)이란 정부의 활동에 필요한 물자나 공공사업을 추진하는데 필요한 물자를 구매하는 것을 말한다. 정부기관이 정부용으로 구입하는 물품에 대해서는 일정 범위내에서 국산품의 우선구매를 허용하고 있는데 국가의 재정규모가 증가함에 따라서 정부조달의 규모도 크게 증가하고 있다. 정부조달은 그 재원이 국민들의 세금으로 조달된 만큼 국민들이 생산하는 국산품을 우선 구매하는 것이 불합리하다고 할 수 없기 때문에 오래전부터 내국민대우원칙이나 최혜국대우원칙에서 제외되어 왔었다. 또한 정부조달은 국방, 지역개발, 중소기업육성, 기술육성들의 정책적인 목표를 두고 운용되는 것이 일반적이기 때문에 외국의 물품에 대해서 차별대우조치를 취하게 되는 것이 일반적이다. 이러한 정부조달에 있어서의 국내 생산업자에 대한 특혜조치는 일종의 보조금을 지급하는 것과 동일한 경제적인 효과가 발생한다. 또 정부조달은 국가내의 공무원에 의해서 시행되기 때문에 투명성과 부패문제와도 관련이 있다.

이 같은 차별적인 정부조달의 대표적인 예는 미국의 「미국산품우선구매법(Buy American Act)」이 있으며, 미국 외에도 대부분의 국가가 정부조달에서 자국상품에 대한 우선구매를 하고 있다. 이 정부조달에 의한 무역차별을 줄이기 위하여 복수국간 협정으로 마련된 WTO 「정부조달협정」에서 정부조달도 원칙적으로 내국민대우와 최혜국대우를 준수하도록 하여 정부조달이 자유무역원칙에서 예외로 될 수 있는 범위를 크게 제한하였다.

18) 수입부과금

수입부과금은 국가에서 부과하는 세금(tax)은 아니지만 협회나 민간단체 및 업무기관을 통해 징수되는 준조세의 성격을 갖는 각종 부담금, 수수료, 추천비용 등 잡다한 부대비용들이다. 미국의 경우 세관사용료(customs user fee), 항만관리비(harbor maintenance fee) 등이 있으며, 한국의 경우 일부품목에 수입부과금이 부과되며, 수입승인시에 징수하는 수입부담금 등도 이에 해당한다.

19) 최저가격제

최저가격제(minimum price system)는 일정한 가격 이상에서만 수입이 허용되는 제도이다. 이는 국내생산을 보호하기 위해서 수입가격을 국내생산비 이상으로 인위적으로 인상시키기 위한 제도이다. 반덤핑규제나 표준규제와 같은 다른 규제방법을 적용하기 어려울 경우에 사용되어진다. 이 제도로는 1978년 미국이 철강제품의 수입에서 도입한 「TPM(trigger price mechanism)」을 들 수 있다.

20) 생산보조금

보조금은 정책 당국이 특정한 정책목표를 달성하기 위하여 기업 및 산업에 제공하는 각종 지원을 말한다. 기업에 대한 보조금의 지원은 유형·무형의 다양한 형태로 존재할 수 있다. 단순히 개별기업에 일정량의 보조금을 직접적으로 지원할 수도 있지만 조세의 감면이나 금융상의 우대조치와 같이 간접적으로 보조하는 방법도 있다. 보조금은 많은 국가에서 자국산업의 보호와 자국수출의 지원수단으로 사용되어 왔다.

그중에서 생산보조금(production subsidy)은 외국상품의 수입을 줄이기 위하여 수입경쟁산업의 육성에 제공되는 각종 지원을 말한다. 국내생산에 대한 보조금의 지급은 국내소비자들이 부담하는 가격을 일정한 수준으로 유지시키면서 국내생산자의 생산비용을 줄이게 된다.

[그림 4-14]에서 보면 D와 S는 수입경쟁재의 국내 수요곡선과 공급곡선을 나타내고 있는데 국제가격이 P_i이라면 국내생산은 Q_1, 수입은 $Q_1 Q_3$, 그리고 국내소비는 Q_3에서 하게 된다. 이때 생산보조금을 지급하게 되면 공급곡선은 아래로 이동하여 S'로 된다. 그러면 생산량은 Q_2로 증가하게 되지만 소비는 변함이 없다. 따라서 수입량은 $Q_2 Q_3$로 되어 $Q_1 Q_2$만큼의 수입감소효과가 발생하게 된다.

그러나 보조금지급은 국가 전체적인 차원에서 후생감소의 효과를 가져온다. 먼저 상품가격이나 소비점의 변동이 없기 때문에 소비자잉여는 변함이 없다. 다음으로 생산자잉여는 원래의 $\triangle P_i BC$에서 $\triangle P_i JH$로 되어 $\square JHCB$만큼 증가하게 되었다. 마지막으로 정부는 □$JHFB$만큼의 보조금 지출이 발생하게 된다. 따라서 국가 전체적으로 보면 □$JHCB$만큼 생산자잉여가 증가하게 되었지만 □$JHFB$만큼 정부보조금 지출의 손실이 발생하기 때문에 결과적으로 △CHF 만큼의 손실이 발생하고 있음을 알 수 있다. 이것은 정부가 개입하여 자유무역 을 제한함으로써 발생하는 후생의 감소인 것이다.

보조금 지급과 관세의 큰 차이점은 관세는 수입재의 국내가격이 상승하는데 반하여 수입보조금은 국내가격의 변동이 없으며, 또 관세는 재정수입이 발생하 는데 반하여 보조금의 경우는 정부지출이 발생한다는 점이다.

수입경쟁산업에 대한 보조금의 지원은 비효율적인 국내생산을 지원한다는 측면에서 관세나 수량제한과 동일한 효과를 가져온다. 그러나 관세나 수입제한 의 경우에는 국내가격의 상승을 발생시키고 이에 따라 국내의 소비자잉여를 감 소시키는 손실이 발생하는 반면에 보조금지원은 이러한 효과를 발생시키지 않 기 때문에 국가의 후생측면에서 더 좋은 방법이라고 할 수 있다.

그림 4-14 생산보조금의 효과(수입경쟁재의 경우)

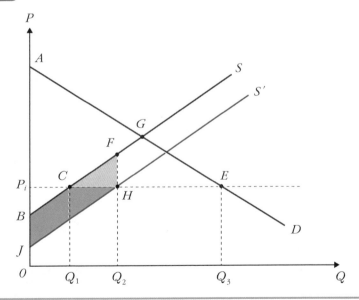

한편 이러한 보조금지급의 효과는 규모의 경제가 발생하는 경우나 생산증가에 따른 동태적인 효과가 발생하는 경우에는 더 나은 결과를 가져올 수 있다. 그래서 보조금은 개발도상국의 유치산업육성이나 전략적인 산업육성에 중요한 수단이 되고 있다.

4.2 수출장려적 비관세조치

1) 수출보조금

수출보조금(export subsidy)은 수출의 촉진을 위해서 산업이나 기업활동에 제공되는 각종 지원을 말한다. 보조금은 정부로부터 생산자나 소비자에 지불된다는 점에서 부의 조세(negative tax)이다. 수출보조금은 수출상품의 가격을 인하시켜 국제경쟁력을 향상시키고 수출을 증대하게 하는 효과를 가져다 준다. 수출보조금에는 조세상의 감면조치, 직접적인 현금지급, 금융상의 지원, 수출신용보증제도 등 수출활동과 관련되는 여러 가지의 광범위한 지원이 있을 수 있다. 수출보조금은 특정 산업의 전략적인 육성이나 유치산업 보호과정에 있어서 장기적인 계획하에 지급되는 경우가 많다.

수출보조금의 경제적 효과는 [그림 4-15]을 통하여 살펴볼 수 있다. 그림에서 D와 S는 국내의 수요곡선과 공급곡선을 나타내고 있으며, 원래 국내균형가격은 P_0, 국제가격은 P_i라고 하자. 수출재이므로 국내균형가격은 국제가격보다 낮게 나타나고 있는데 수출을 함에 따라 국내가격도 P_i가 된다. 왜냐하면 수출가격 이하에서는 수출만 하고 국내에 공급하지 않을 것이기 때문이다. 그래서 국내생산량은 Q_3, 국내소비량은 Q_2이며, 수출량은 $Q_2 Q_3$이 된다.

이때 EF만큼의 보조금을 지원한다고 하면 공급곡선은 아래로 내려가 S'로 된다. 만약 생산자가 생산량 전부를 수출할 경우 수출가격 P_i에다 보조금 EF를 받아 실제 수출로써 생산자가 취득할 수 있는 가격은 P_1이다. 그러면 생산량의 일부를 국내에 공급하더라도 이 가격 이하에서는 수출만 하고 국내에 공급하지 않을 것이므로, 국내공급가격도 P_1이 된다. 따라서 이때 생산량은 Q_4로 증가하게 되고, 국내소비량은 Q_1로 감소하게 되며, 수출량은 $Q_1 Q_4$로 증가하게 되는 것이다.

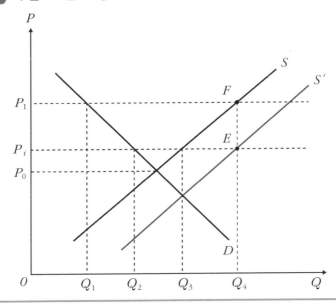

그림 4-15 수출보조금의 경제적 효과

수출보조금의 지급은 수출기업을 지원함으로써 생산량과 수출량을 증대시키는 효과를 가져온다. 그러나 이것은 수출국 경제의 다른 부문을 희생해야 하는 대가가 따른다. 첫째, 수출보조금의 지급은 정부에 의한 지출이므로 이는 결국 국내 조세부담의 증가를 가져온다. 둘째, 수출보조금의 지급은 수출가격을 낮출 가능성이 많은데 이는 수출국의 교역조건을 악화시키고 수출국의 후생수준을 저하시키는 결과를 가져다준다. 셋째, 수출보조금의 지급은 생산과 소비의 왜곡을 가져와 국가 전체의 후생수준이 자유무역의 경우보다 낮은 수준에 머물게 한다.

이러한 보조금에 대하여 GATT 제6조의 상계관세, 제16조의 보조금에 대한 규정과 WTO 「보조금 및 상계조치협정」에서 보조금에 대한 기준과 보조금지급 상품에 대한 상계관세조치의 부과기준을 설정하고 있다. 여기에서 수출보조금은 금지보조금에 해당되어 원칙적으로 금지되고 있다.

2) 수출신용제도

수출신용제도(export credit system)는 수출을 지원하기 위하여 수출업자나 수출품생산업자에 대하여 금융지원을 하는 제도이다. 수출신용제도는 수출금융지원제도 또는 무역금융제도라고 불린다. 원래 무역금융은 수출금융과 수입금융으로 나누어지는데 일반적으로 수출금융을 무역금융이라고 한다.

수출금융은 수출에 관련되어 소요되는 제조자금, 가공자금, 집하자금, 선적자금 등의 단기운전자금의 지원과, 플랜트 및 설비재 등에서의 연불수출에 대한 중장기 금융지원 등이 이에 해당된다. 이에 대해서 수입금융은 신용장의 개설과 수입어음의 결제과정상의 자금융통을 위한 금융지원을 말한다. 국가에서는 대부분 수출을 위한 금융지원이나 수출용 원자재 수입과 같이 수출과 관련되는 활동에 대한 금융지원을 정책적으로 하게 된다.

수출업자나 수출물품 생산업자에 대한 금융지원은 수출품의 생산비를 하락시켜 국제경쟁력을 제고시키고 수출증가를 돕게 된다. 수출신용제도는 세계 대부분의 국가에서 시행되고 있는데 개발도상국보다 선진국에서 더 발달되어 있다. 수출신용제도는 보조금지급이나 관세, 수량할당 등의 다른 정책수단에 비하여 교역상대국의 반발 없이 수출지원의 효과를 도모하는 장점이 있다. 그러나 수출지원금융제도는 내수산업과 수출산업간에 자원배분을 왜곡시키게 되는 문제가 발생한다.

3) 수출신용보험제도

수출신용보험제도(export credit insurance system)는 국가가 수출상의 위험을 담보함으로써 수출을 지원하는 제도이다.

수출에는 수입국의 전쟁, 내란, 파업, 수입금지조치, 외환통제조치 등으로 수출이나 대금회수가 불가능하게 되는 정치적인 위험(political risk)과 수입업자의 파산, 계약불이행 등으로 수출이 불가능하게 되거나 대금회수가 불가능하게 되는 신용상 위험(credit risk)이 따른다. 이러한 위험에 대해서는 상업적인 보험제도가 없기 때문에 국가가 정책적으로 보험을 운영하여 수출업자의 손실을 보상함으로써 수출업자의 수출에 따르는 위험을 해소해 주는 것이다. 수출신용보험은 수출업자뿐만 아니라 수출관련 외국환은행이나 금융기관, 해외투자자, 해외건설업자, 수출품생산업자 등 수출과 관계되는 여러 주체들의 위험도 담보하게 된다.

4) 행정적 · 기술적 지원

대부분의 국가는 자국의 수출을 증진시키기 위해서 다양한 형태의 행정적 · 기술적인 지원을 하고 있다. 국가마다 국내수출단지 조성, 기술개발 지원, 해외 수출마케팅활동 지원, 해외전시회참가 지원, 수출상품거래 알선, 무역사절단 파견, 교역국의 제도나 관행에 대한 정보제공, 교역국에 대한 무역장벽보고서 발간, 수출포상, 국가원수를 비롯한 각료들의 해외세일즈 지원활동, 재외공관과 정보기관 등 정부부서의 통상활동 지원, 수출물류인프라 확충 등 수출의 증대를 목적으로 하는 다양한 지원이 일반화되어 있다. 한국의 경우에는 대한무역투자진흥공사, 무역협회, 상공회의소 등 무역관련 기관이 무역에 대한 간접적인 지원을 하고 있다.

4.3 산업피해구제수단

1) 반덤핑관세제도

(1) 덤핑

① 덤핑의 의의   덤핑(dumping)이란 수출국의 자국내에서 통상적으로 거래되는 정상 가격보다 낮은 가격으로 수출하는 것을 의미한다. 덤핑이라는 용어는 때에 따라 그 의미가 조금씩 다르게 사용되어진다. 일상적으로 덤핑은 "경제적 가치가 감소된 물건이나 신속하게 판매하고자 하는 상품을 정상적인 대가를 포기하고 처분하는 것"의 의미로 사용되고 있다.

그러나 경제이론 측면에서는 분리된 두 개 이상의 시장에서 가격을 차별하여 판매하는 행위를 의미한다.[10] 따라서 국제덤핑은 넓은 의미로 동종의 물품을 둘 이상의 국가에서 다른 가격으로 판매하는 가격차별행위로 정의될 수 있는 것이다. 이 정의에 의하면 수출국 국내가격과 수출가격이 다른 경우뿐만 아니라, 두 개국 이상에 수출하는 경우 국가마다 다른 가격으로 수출하는 경우도 포함된다. 또 수출국 국내가격보다 높은 가격으로 수출하는 경우도 포함되며 이를

---

10 G. Harberler, *The Theory of International Trade with Its Applications to the Commercial Policy* (London: Hodge, 1936), p. 296.

역덤핑(reverse dumping)이라고 한다.

　　그러나 국제무역에 있어서 가장 일반적인 의미로서의 덤핑은 수출국의 국내에서 통상적으로 거래되는 가격보다 낮은 가격으로 수출하는 것을 의미하고, 이것이 국제경제관계에서도 가장 크게 문제가 되는 부분이다. 그래서 수출국내에서 거래되는 가격보다 낮은 가격으로 수출되는 경우이기만 하면 덤핑이 성립되며 생산원가나 이윤과는 관계가 없다. 즉, 정상적인 이윤을 내고 수출하더라도 덤핑이 될 수 있는 것이다.

　② **덤핑의 발생원인**　　덤핑을 가격차별행위라고 볼 때 덤핑이 이루어지기 위해서는 당연히 두 개 이상의 시장이 존재하여야 한다. 경제학의 정의에 따라 일물일가의 법칙이 성립되는 영역이 하나의 시장이라고 한다면 두 개 이상의 시장이 분리되어 하나의 가격이 형성되지 않아야 한다. 또한 국내시장과 해외시장에서 각기 다른 가격이 형성되기 위해서는 각 시장의 수요의 탄력성이 달라야 한다.

　　일반적으로 수출덤핑의 경우는 수출자는 국내시장에서는 시장지배력을 갖고 있어 가격탄력성이 낮은데 비하여 해외수출시장은 경쟁적인 입장에 놓여 있어 가격탄력성이 높은 경우가 많다. 따라서 국내시장에 대해서는 높은 가격을 설정하고 해외시장에 대해서는 낮은 가격을 설정함으로써 두 시장의 한계수입을 균등하게 하여 이윤을 극대화할 수 있기 때문에 국제덤핑의 유인이 생기는 것이다.

　　따라서 국제간 덤핑의 행위가 발생하게 되는 동기를 보다 구체적으로 살펴보면 다음 몇 가지로 나눌 수 있다. 첫째, 기업이 이윤을 증대시키기 위한 전략으로 각 시장에서 가격을 다르게 책정함으로써 덤핑이 발생하게 된다. 둘째, 국내가격이나 적정재고를 유지하기 위한 목적으로 국내 잉여분을 해외에 염가처분하는 경우이다. 셋째, 해외시장에 대한 신규진입전략의 하나로서 덤핑이 이용될 수 있다. 진입하고자 하는 해외시장이 경쟁이 치열하거나 이미 포화상태에 있어서 정상적인 가격으로는 시장의 점유율 확보가 어려울 경우 초기의 덤핑으로 소비자에 접근하고 일단 시장진입에 성공하면 가격을 정상가로 복귀하는 것이다. 넷째, 해외수출시장에서 경쟁자 제거를 목적으로 덤핑이 이용되기도 한다. 해외시장에서 경쟁상대보다 낮은 가격으로 판매함으로써 경쟁상대의 시장점유

분을 빼앗고 상대를 시장에서 몰아내는 것이다.[11] 경쟁자가 퇴거되어 덤핑기업이
일단 시장내에서 독점적인 위치를 확보하면 다시 정상가격보다 더 높게 책정함
으로써 덤핑기간 동안에 발생한 손실을 만회하게 된다. 이러한 덤핑을 약탈적
덤핑(predatory dumping)이라고 한다.

③ 덤핑의 경제적 효과　　덤핑이 발생하는 경우를 그림으로 살펴보기로 한다.
[그림 4-16]에서 국내시장의 수요탄력성이 해외시장의 탄력성보다 작다고 가정
하여 국내시장의 수요곡선은 D이고 해외시장의 수요곡선은 D^*라고 하자. 여
기서 제품생산의 한계비용이 일정하다고 가정하여 MC는 수평의 형태를 취하
고 있다. 이때 기업은 이윤극대화를 위하여 각 시장에서의 가격을 그 시장에서
한계수입과 한계비용이 일치하는 점($MR = MC$)에서 결정하게 된다. 즉, 국내
시장에서는 균형점 A에서 가격은 P, 공급량은 Q로 되고, 해외시장에서는 균
형점 B에서 가격은 P^*, 공급량은 Q^*로 되는 것이다.

그림 4-16　국제덤핑의 경제적 효과

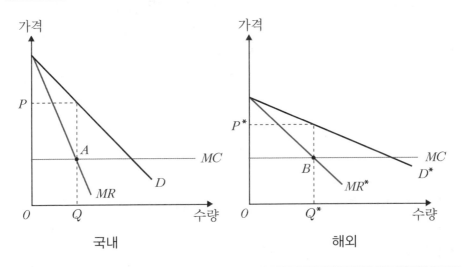

국내　　　　　　　　　　　　　해외

---

11 경쟁자 제거 목적의 덤핑이 성립하기 위해서는 자금력이나 생산력 등에서 자사가 월등한
우위를 가지고 있어서 상대방이 시장에서 퇴출될 때까지 낮은 가격으로 공세를 유지할
수 있어야 한다.

이러한 결과로 결정되는 두 시장에서의 가격을 비교해 보면, 수요의 탄력성이 작은 국내시장은 상대적으로 높게 설정되고, 수요의 탄력성이 큰 해외시장은 가격이 상대적으로 낮게 설정됨을 알 수 있다. 이와 같은 각 시장에서 이윤극대화를 취하는 가격설정으로 기업은 전체적으로 이윤극대화를 이루게 된다. 이와 같이 가격차별이 이루어지기 위해서는 개별시장의 차별된 가격이 유지될 수 있도록 시장이 분리되어야 한다. 상품가격이 싼 시장에서 비싼 시장으로 상품이 재판매될 수 있다면 두 시장의 가격이 같아져서 차별화된 가격을 유지할 수가 없게 된다. 이러한 면에서 국가간에는 관세, 운송비, 운송기간 등의 존재로 인하여 비교적 시장분리가 용이하기 때문에 국제덤핑이 발생하기 쉬운 것이다.

④ 덤핑에 대한 국가의 입장　　덤핑이 일어날 경우 덤핑상품의 수입국과 수출국에 미치는 영향을 보면 일률적으로 평가하기 어렵다. 대체로 수출국보다는 수입국이 부정적인 영향을 많이 받게 된다.

수출국의 입장에서는 양적인 측면에서 수출이 증가되고 이에 따라 산업생산이 증가하고 국내고용 증가가 이루어지며 해당 산업이 발전된다. 반면에 수입국은 양적인 측면에서 수입이 증가하고 이에 따라 국내 산업생산이 감소하고 국내고용이 줄게 되어 해당 산업이 위축된다. 그러나 반대로 수출국에 부정적인 효과를, 수입국에는 긍정적 효과를 주기도 한다. 덤핑수출은 수출국의 교역조건을 악화시키고 수출국의 물가를 상승시키므로 소비자 후생수준을 감소시킨다. 또 수입국의 입장에서는 수입국의 교역조건을 개선하게 하고 수입국의 물가를 하락시킴으로써 수입국 소비자의 후생수준을 증가시키게 되는 것이다.

한편, 세계적인 차원에서 보면 덤핑은 생산과 무역을 왜곡함으로써 자원의 효율적인 배분을 저해하고 국제무역질서를 문란하게 하는 결과를 가져다주게 된다.

(2) 반덤핑관세제도

반덤핑관세(anti-dumping duties)제도는 특정 물품에 대한 수출자의 덤핑수출에 대하여 수입국에서 관세를 부과함으로써 덤핑의 효과가 발생하지 못하도록 하는 제도이다. 해외로부터 덤핑상품이 수입되면 국내 정상가격의 상품은 판매가 줄게 되고 국내의 산업은 피해를 보게 되므로 수입국은 이를 규제할 필요가 있다. 이러한 규제방법으로 반덤핑관세를 사용하게 된다.

예를 들어, 만약 수출국 기업이 X라는 재화를 덤핑수출할 경우 이 수출로 인하여 피해를 받는 수입국은 수입되는 X재에 대하여 덤핑의 마진에 해당하는 반덤핑관세를 부과하게 된다. 그러면 수입국내에서 X재의 거래는 덤핑의 효과가 제거되므로 수출국 기업은 더 이상 덤핑을 할 동기가 없어지게 되고 덤핑행위는 중단될 것이다. 반덤핑관세를 부과하기 위해서는 첫째, 덤핑의 행위가 있어야 하고, 둘째, 이러한 덤핑행위로 인하여 수입국내 동종산업에 실질적인 피해가 발생하고 있거나 피해가 발생할 우려가 있어야 한다.

반덤핑제도는 일반관세나 긴급수입제한조치에 비하여 다음과 같은 특성을 가지고 있다.

첫째, 반덤핑관세는 차별적으로 관세를 적용하는 무역정책수단이다. 관세는 수출국, 수출자에 관계없이 관세를 부과하게 되지만, 반덤핑관세는 특정국, 특정인에 대하여 선택적으로 부과하게 된다.

둘째, 반덤핑관세의 부담은 수출국으로 전가된다. 반덤핑관세만큼 수출국에서 수입국으로 이익이 이전되는 결과로 된다. 그래도 발생원인이 수출국에 있으므로 수출국으로부터의 항의나 비난의 대상이 되지 않는다.

셋째, 반덤핑관세는 큰 수입제한효과를 갖는다. 반덤핑관세는 사전에 알고 대처할 수 없기 때문에 나중에 예기치 못한 타격을 받을 수 있어서 무역에 따른 불확실성이 크게 되는 것이다.

넷째, 관세부과가 용이하다. 반덤핑관세는 비난의 초점이 상대국의 덤핑에 집중되기 때문에 여론상의 부담도 작고 부과방식도 용이하기 때문이다.

하지만, 덤핑방지제도는 수입국에서 이를 과도하게 사용한다면 오히려 수입을 제한하고 자유로운 무역의 흐름을 막는 보호무역주의의 한 수단으로 악용될 수도 있다. 따라서 반덤핑조치는 공정하게 시행되지 않으면 안 된다. 각국은 반덤핑제도를 엄정하게 운영하기 위하여 대개 준사법기관에 해당하는 별도의 전담조직을 두고 반덤핑제도 운영의 공정성을 확보하고자 하고 있다. 한국은 1986년 산업영향조사제도를 도입하면서 무역위원회가 설치되어 반덤핑조치, 상계관

세조치, 긴급수입제한조치에 관한 사항을 담당하고 있다.[12]

2) 상계관세제도

상계관세(countervailing duties)는 수출국에 의하여 상품의 생산 또는 수출에 직접 또는 간접으로 부여된 보조금으로 인하여 수입국이 피해를 입을 때 이를 상쇄할 목적으로 부과되는 특별관세이다. 보조금지급 상품을 수입하는 수입국의 입장에서는 보조금의 지급으로 경쟁력이 강화된 상품의 유입으로 인하여 국내산업에 피해가 발생할 수 있다. 따라서 수입국은 이 같은 피해를 막기 위하여 보조금지급상품에는 보조금의 지급분만큼 상계관세를 부과하여 보조금지급 효과가 상쇄되도록 하는 것이다.

상품에 대한 보조금지급은 자유로운 무역을 가로막아 국제교역관계를 왜곡시키는 불공정한 행위로 인식되고 있고, 또 이에 대한 상계조치가 국제적으로 인정되고 있다. 그런데 보조금의 지원 여부와 그 규모를 정확하게 판단하기는 매우 어렵다. 이러한 가운데 상계관세제도도 보호무역주의 수단으로 남용될 수 있으며 이에 따른 국가간에 문제가 발생할 소지가 많다. 상계관세조치는 공정하게 시행되어야 하기 때문에 반덤핑제도와 마찬가지로 각국은 상계관세제도를 엄정하게 운영하기 위하여 이를 담당하는 별도의 조직을 두고 운영의 공정성을 확보하고자 하고 있다.

3) 긴급수입제한제도

긴급수입제한조치(emergency safeguard measures, safeguards)는 국가가 긴급하게 수입을 제한할 필요가 있을 때 사용하는 수입제한조치이다. 구체적으로 특정 물품의 수입량이 국내생산에 비해 절대적으로나 상대적으로 증가함으로써 동종 혹은 직접적인 경쟁관계에 있는 물품을 생산하는 국내산업에 심각한 피해를 야기하거나 야기할 우려가 있을 때에 당해물품에 대하여 수입을 제한하는 수입국의 대응조치를 의미한다.

긴급수입제한조치를 발동하기 위해서는 첫째, 수입의 증가가 있어야 하고 둘

---

12 산업영향조사제도는 1990년에 산업피해구조제도로 변경되었다.

째, 이러한 수입의 증가가 예측하지 못한 사태의 발전과 GATT 의무의 효과로서 발생하여야 하고[13] 셋째, 수입으로 인하여 국내의 동종산업 또는 직접 경쟁산업에 심각한 피해나 피해위협을 주어야 한다.

수입제한의 방법은 수입수량규제, 수입가격규제, 행정적 규제 등이 있다. 수량규제에는 수입쿼터, 수출자율규제 등이 있고, 가격규제로는 관세인상, 가격감시제, 최소가격설정제 등이 있으며, 행정적 규제로는 수입허가, 통관절차, 수입감시제도 등이 사용된다. 긴급수입제한조치는 수입을 일시적으로 제한하여 피해를 입은 국내 경쟁산업에 적절한 조정기회를 부여함으로써 당해산업의 경쟁력을 향상시키고자 하는 것이다. 따라서 긴급수입제한을 위한 조치는 일정 기간 동안 한시적으로만 사용할 수 있고 반복하여 사용하는 데에도 제한이 따른다.

4.4 수출제한조치

수출제한조치는 수출국이 경제적·정치적 목적을 포함한 여러 이유에 의하여 일방적으로 수출을 제한하는 것을 말한다. 수출을 제한하는 조치로서 수출자율규제도 있다. 수출자율규제가 수입국의 이해에 따라서 행해지는 조치인데 반하여 수출제한조치는 수출국의 이해에 따라 취해진다는 점에서 전혀 성격을 달리한다.

대부분의 경우 수출을 장려하기 때문에 수출제한조치는 다소 생소하게 들리지만 그렇게 드문 것은 아니다. 이러한 수출제한조치가 취해지는 경우로서 다음 몇 가지를 들 수 있다.

첫째, 안보상의 이유이다. 「핵물질공급그룹(Nuclear Suppliers Group: NSG)」, 「미사일기술통제체제(Missile Technology Control Regime: MTCR)」, 「호주그룹(Australia Group: AG)」[14] 등을 중심으로 각각 해당 물자에 대한 수출이 통제되고 있다. 제2차 세계대전 이후 서방국가들을 중심으로 「대공산권수출통제위원회

---

13 GATT 의무의 효과란 GATT 회원국으로서의 수입개방과 수입제한금지 의무이행으로 생긴 결과를 의미한다.

14 생화학물질의 국제적인 통제협력을 위하여 1985년에 결성된 국가그룹이다.

(Coordinating Committee for Multilateral Export Controls: COCOM)」가 결성되어 1994년 해체될 때까지 공산권에 대하여 산업용 물자와 방위산업용 물자, 핵관련 물자 등에서 수출금지조치를 취하였다. 국가마다 안보상의 이유로 하는 수출통제제도를 갖고 있으며 한국의 경우에는 전략물자에 대하여 수출통제를 하고 있다.

둘째, 정치적인 이유이다. 정치적인 대립관계에 있는 국가에 경제적인 곤란을 주기 위한 경제제재조치의 일환으로서 수출을 통제하는 경우가 많다. 1967년 UN의 결의에 의한 로디지아(Rhodesia)에 대한 금수조치, 1973년 아랍산유국들의 미국, 네덜란드에 대한 일시적인 석유 금수조치, 1980년 소련의 아프가니스탄 침공을 계기로 미국의 소련에 대한 곡물과 비료 금수조치, 1985년 미국의 니카라과에 대한 금수조치, 1990년 UN 결의에 의한 이라크에 대한 경제제재조치, 2006년 UN 결의에 의한 북한에 대한 경제제재조치 등 정치적인 문제로 인한 수출통제는 상당히 많다.

셋째, 국내필수물자의 확보이다. 식료품과 같은 국내필수물자의 국내소비물량을 확보하고 가격을 안정시키기 위해서 수출통제를 하게 된다.

넷째, 독점이윤 확보의 목적이다. 자국의 상품이 세계시장에서 독과점적인 위치에 있을 때 가격상승을 유도하기 위해서 수출물량을 줄이는 경우이다. 석유수출국기구(OPEC)의 석유수출통제를 예로 들 수 있다.

다섯째, 국내산업의 발전을 위한 목적이다. 원자재 상태의 수출을 제한하고 이 원자재로 가공한 상품을 수출하도록 함으로써 국내 가공산업을 발전시킬 수 있다. 예로서 브라질의 신발산업육성을 위한 가죽수출제한, 산유국의 국내 정유산업육성을 위한 원유수출제한 등이 이에 해당한다.

여섯째, 국내희소자원의 국내통제 목적이다. 중국은 2010년 댜오위다오섬(센카쿠섬) 영유권을 둘러싸고 일본과 외교적 마찰이 있을 때 중국의 희토류 수출을 중단하였다.[15]

일곱째, 환경보존을 위한 목적이다. 최근의 멸종위기 동식물에 대한 수출제한 등이 이에 해당한다.

---

15 희토류에서 중국은 세계매장량의 57.7%, 생산량의 95%를 차지하고 있다.

　　이러한 수출제한에 대해서 그 제한이 정치적인 성격을 갖는 경우에는 WTO 다자간 교역규범의 범위를 벗어나게 된다. 따라서 이때는 다자간의 분쟁해결절차에서 관할하기 어렵고 당사국간의 문제로 되는 것이 일반적이다.

주요용어

관세	의사관세	수입세	수출세
통과세	재정관세	보호관세	종가세
종량세	혼합세	선택세	복합세
국정관세	기본관세	잠정관세	탄력관세
협정관세	MFN관세	특혜관세	법정관세
덤핑방지관세	상계관세	보복관세	긴급관세
조정관세	편익관세	물가평형관세	할당관세
실효보호율	비관세장벽	수량할당제도	관세할당
수입금지제도	수입과징금	수입예치금제도	관세평가
수입허가제도	원산지규정	국영무역	정부조달
수입부과금	최저가격제	생산보조금	수출보조금
수출신용제도	수출신용보험제도	GSP	GSTP
HS	VER	OMA	MFA
NTBs	Buy American Act	reverse dumping	
predatory dumping	safeguard clause	tariff escalation	

📋 연습문제

01 관세의 종류를 들고 그 내용을 약술하시오.

02 탄력관세의 종류를 들고 그 내용을 약술하시오.

03 관세의 경제적 효과에 대하여 논술하시오.

04 실효보호관세의 개념을 기술하시오.

05 비관세장벽의 특성을 설명하시오.

06 수량할당제도에 대하여 약술하시오.

07 생산보조금제도의 경제적 효과에 대하여 약술하시오.

08 덤핑에 대하여 논술하시오.

09 반덤핑관세제도를 설명하시오.

10 긴급수입제한조치에 대하여 설명하시오.

CHAPTER 05

지역경제통합

지역경제통합

제1절   지역경제통합의 의의

1   지역경제통합 추세

지역경제통합이란 일정 지역의 국가들간에 경제적 장벽을 제거하여 경제활동영역을 통합하는 것, 또는 그 조직체를 말한다.

역사적으로 잘 알려진 경제통합은 독일의 「졸페라인(Zollverein)」이다. 19세기 초반 독일지역은 통일된 국가를 이루지 못하고 약 300여개의 영지로 나뉘어져 있었다. 그중의 하나인 프러시아(Purussia)가 1818년부터 관세동맹을 추진하여 1834년 18개 영지국가를 포괄하는 관세동맹으로서의 졸페라인이 결성되었는데 이 관세동맹은 독일통일을 가져오는 데에 크게 기여하였다.

이후 1921년 벨기에-룩셈부르크간에 경제동맹이 결성되었고, 여기에 네델란드가 합류하여 1948년에 「베네룩스관세동맹(Benelux Customs Union)」이 결성되었다. 그리고 1950년 프랑스 외상 슈망(Robert Schuman)의 제안에 따라 1951년 서독, 프랑스, 이탈리아, 네덜란드, 벨기에, 룩셈부르크의 6개국을 중심으로 하는 「유럽석탄·철강공동체(European Coal and Steel Community: ECSC)」를 결성하였고, 이를 모태로 하여 1957년 「유럽경제공동체((European Economic Community: EEC)」가 출범하게 되었다.

이후 1960년대에 들어오면서 EEC의 결성에 영향을 받아 「EFTA(European Free Trade Association)」, 「CACM(Central American Common Market)」, 「UDEAC(Union Douaniere et Economique de l'Afrique Centrale)」 등이 결성되었다. 한편 EEC는 EC로 발전되었다. 이후 1970~80년대에는 「CARICOM(Caribbean Community and Common Market)」, 「ECOWAS(Economic Community of West African States)」, 「LAIA(Latin American Integration Association)」, 「GCC(Gulf Cooperation Council)」, 「ANZCERTA(Australia–New Zealand Closer Economic Relations Trade Agreement)」 등이 결성되었다.

1990년 이후 사회주의체제가 와해되고 국제화가 가속화되면서 지역경제통합

그림 5-1 지역무역협정추세

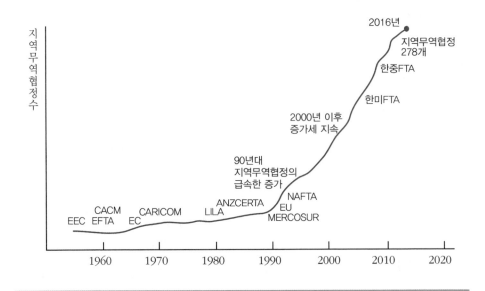

도 폭발적으로 늘어나게 되었다. 「MERCOSUR(Mercado Comun del Sur: 남미 공동시장)」, 「NAFTA(North America Free Trade Agreement)」, 「CEFTA(Central European Free Trade Area)」, 「EU(European Union)」 등을 비롯하여 크고 작은 지역경제통합이 결성되었으며, EC는 질적으로 통합의 강도를 강화하여 EU로 발전함과 동시에 사회주의로부터 체제전환을 하게 된 동구의 많은 국가들을 회원국에 가입시켜 명실공의 유럽 전역을 포괄하는 거대 기구가 되었다. 이러한 추세는 2000년 이후에도 계속 이어져서 2016년 4월 현재 효력을 유지하고 있는 협정이 278개에 이른다.[1]

2 세계의 지역경제통합 현황

지금 세계는 지역경제통합에 하나 이상 가입하고 있지 않은 나라는 몇몇 나라로 손꼽을 정도이다. 이와 같이 거의 대부분의 국가가 지역경제통합의 회원국인 상황에서 수많은 경제통합협정이 형성되어 있고 또 이러한 협정은 지금도 계속 증가하는 추세에 있다.

2016년 4월 현재 전체협정 278개중 상품과 서비스 무역을 대상으로 하는 지역경제통합은 전체의 138개로 49.6%에 이르고 있고, 상품 무역만을 대상으로 하는 지역경제통합은 139개로 50%, 서비스만을 대상으로 하는 협정은 1개로 전체의 0.4%에 이르고 있다. 그리고 2016년 4월 현재 전체협정 278개중 자유무역협정은 233개로 전체의 83.8%, 관세동맹은 28개로 10.1%, 부분협정(partial scope agreements: PSA)[2]은 17개로 전체의 6.1%를 점하고 있다.[3] 또 2013년 7월 기준 201개 협정중에서 다자간 지역통합협정은 전체의 19%를 점하고 양국간의 지역통합협정은 전체의 81%를 점하고 있다.[4]

---

1 WTO, *Some Figures on Regional Trade Agreements Notified to the GATT/WTO and in Force*, 2016. http://rtais.wto.org/UI/PublicConsultPreDefReports.aspx. 2016년, 4월 7일 발췌.
2 부분협정은 부분적인 영역에서 자유무역을 허용하는 협정이다.
3 WTO, *List of all RTAs in Force,* http://rtais.wto.org/UI/PublicAllRTAList.aspx. 2016년 4월 7일 발췌.
4 WTO, *RTAs and the WTO* (WTO, 2013), p. 27.

그림 5-2 지역무역협정 성격

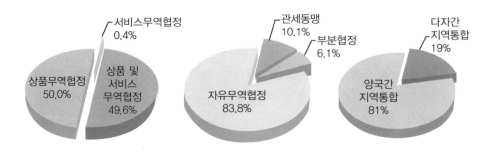

③ 경제통합의 동기

오늘날 많은 국가들이 경제통합을 하는 이유는 다음과 같다.

(1) 경제적 자유와 개방 보장을 위한 조치

개별국가의 입장에서는 항상 보호무역의 유혹이 따르게 된다. 그런데 이러한 보호주의 조치는 장기적으로 상대국도 같은 조치를 하도록 함으로써 자국도 피해를 입게 된다. 그래서 경제통합협정을 체결하게 되면 자국이나 상대국에서나 이러한 보호주의적인 조치로 인하여 발생할 수 있는 피해를 방지할 수 있을 뿐만 아니라 이러한 일이 일어나지 않는다는 예측가능성을 갖게 되어 안정적인 경제활동속에 경제적 발전을 가능하게 한다.

(2) 자원의 공동이용

양국 혹은 여러 나라가 가진 경제적인 자원을 공동으로 이용함으로써 생산비용을 낮추고 경제적 효율성을 제고할 수 있다.

(3) 큰 시장의 이점

경제통합으로 시장이 커지게 되면 생산에서 규모의 경제를 달성할 수 있고, 수요의 안정성을 확보할 수 있다.

(4) 대국에 대한 대항

큰 나라 주변에 있는 작은 나라의 경우에 자원이나 시장의 측면에서 대국에 비하여 불리한 경우가 많으므로 이를 극복하기 위하여 작은 나라들끼리 통합을 하며 경제적인 영역을 넓히려고 하는 경우가 많다. 프랑스와 독일 사이에 있는 베네룩스 관세동맹이나 미국의 아래에 있는 CACM(Central American Common Market) 등은 이러한 성격이 있다. 또 유럽연합(EU)이 탄생하게 된 이면에는 대국 미국에 대항하려는 목적 또한 있었다.

(5) 도미노 이론

어느 한나라가 지역경제통합에 가입하면 옆의 다른 나라도 가입하는 경우가 많다. 지역경제통합에 가입하지 않은 나라의 기업은 경제통합시장에서 불리해지므로 자국도 가입할 것을 자국정부에 종용하게 된다. 그래서 어느 한 나라가 가입하면 이웃나라도 줄줄이 가입하게 되는데 이를 도미노 이론(domino theory)이라 부르기도 한다.

(6) 대응적인 결성

어느 하나의 지역경제통합이 결성되면 이에 대응하여 이웃지역에서 지역경제통합이 결성되는 경우가 많다. 이는 밴드왜곤효과(band wagon effect)라고 할 수 있다. EEC에 대하여 EFTA가 결성되었고, 유럽에서 EC에서 EU로 더욱 강력한 경제통합체로 나아가자 북미에서 NAFTA가 결성되었다.

(7) 국가간의 세력결집

경제통합은 정치적인 영향으로부터 완전히 독립적일 수 없다. 경제통합은 사이가 좋은 국가간에 결성되고, 또 경제통합이 성공하기 위해서는 통합되는 국가간에 관계가 좋아야 한다. 태평양 주변 국가들을 중심으로 미국이 주도하는「환태평양 경제동반자협정(Trans-Pacific Strategic Economic Partnership: TPP)」에 대응해서 중국이 주도하는「역내포괄적경제동반자협정(Regional Comprehensive Economic Partnership: RCEP)」이 거의 동시에 추진되었다.

(8) WTO 다자간 협정의 대안

WTO 다자간 협상이 계속 난항을 겪는 가운데 타결이 지체되자 이에 대한 대안으로서 이해관계가 맞는 국가간에 지역경제통합을 결성하고 있다.

4 세계경제에서 지역경제통합의 기능

경제통합이 성공하기 위해서는 회원국가간에 협력이 잘 되어야 한다. 경제통합이 되면 회원국은 독자적인 무역 및 경제정책이나 통제력을 부분적으로 상실하고 다른 회원국과 공동보조를 취하여야 하기 때문이다. 그래서 지역경제통합은 오랜 역사를 두고 내려온 인류의 배타적인 경계선인 국경을 허물어뜨리고 국경을 넘는 개인활동과 협력관계를 구축해나가는데 큰 역할을 하게 될 것으로 기대된다.

그런데 지역경제통합은 그 역내로 보면 무역장벽의 제거로 무역을 증대시키지만, 역외로 보면 비회원국은 불리하게 차별되는 문제가 생긴다. 지역을 대상으로 또 다른 하나의 배타적인 영역이 설정되는 셈이다. 이러한 지역적인 배타성의 표출이 지역주의이다. 오늘날 지역주의가 확산되고 있는 것에 대하여 우려와 낙관의 상반되는 두 가지 견해가 있다.

하나는, 지역경제기구는 세계 경제권을 지역적으로 분할시키고 경제력의 지역별 대치구도를 만들게 된다는 것이다. 양차대전 사이의 지역주의에 대한 부정적인 기억이 이러한 우려를 뒷받침한다.

다른 하나는, 현재의 지역주의를 전 세계적인 다자주의를 지향하는 과정에서의 과도기적인 것으로 이해하고, 지역주의가 세계적인 경제적 통합에 도움이 될 수 있다는 견해이다. 즉, 세계적인 차원의 통합으로 바로 가기는 어렵기 때문에, 단계적으로 먼저 지역경제체제의 소그룹으로 통합하고, 이를 바탕으로 세계 전체의 대그룹 통합으로 나아가도록 하는 것이 바람직하다는 생각이다. 현재의 경제통합들은 역외국가에 대해서도 개방적인 입장을 취하는 개방적 지역주의가 대부분이며, 기구간의 통합이나 영역확대도 많고 지역경제체제간의 대립이나 갈등이 적다는 점 등이 이러한 면을 뒷받침하고 있다.

지역주의로 지역간에 배타적인 분위기가 확산될 경우에는 다자주의와 양립하기 어렵게 되고 WTO 체제를 근본적으로 약화시킬 수 있다. 그러나 지역경제 통합은 인접한 국가들 혹은 이해가 맞는 국가간이어서 이해관계가 복잡한 세계 적인 다자협상에서보다 더 쉽게 더 많은 양허와 개방을 실현시킬 수 있기 때문 에 무역자유화의 증진에 기여할 수 있는 점이 있다. 세계 전체의 차원에서 무역 의 장벽을 낮추는 것이 바람직하지만 현실적으로 이것이 쉽지 않기 때문에 현 실적으로 가능한 범위의 국가간에라도 무역장벽을 제거해 나가는 것이 더 낫다 고 생각하는 것이다. 이러한 점을 고려할 때 지역주의의 긍정적인 요소를 최대 화하고 부정적인 요소를 최소화하려는 노력이 필요하다. 그래서 세계무역의 발 전을 위해서는 회원국에 대한 우대정책을 비회원국에 대해서 적용하지 않는 폐 쇄적 지역주의(closed regionalism)보다는 가능한 한 비회원국에도 적용하는 개 방적 지역주의(open regionalism)로 나아가도록 하는 것이 중요하다.

5 WTO에서 지역경제통합기구의 지위

오래전부터 특수관계에 있는 지역간에 대해서는 관습적으로 통상조약 등에 서 그 특수성이 인정되어 왔다. 이러한 관행으로 인하여 GATT에서도 지역경제 통합에 대한 예외가 인정되어진 것이다.[5] WTO 체제에서 지역경제통합으로 인 한 국가간의 차별은 그 기본원칙인 최혜국대우원칙을 훼손하게 된다. 그럼에도 불구하고 이러한 조치를 허용하는 것은 역사적인 이유 외에도 적어도 지역경제 통합이 무역의 장애요인이 아니며 부분적으로 무역자유화에 긍정적인 역할을 하게 된다는 점에 그 근거를 두고 있다.

GATT 제24조에서는 지역경제통합에 대한 규정을 두고 있다. 동 조항은 자 발적인 협약으로 국가간 경제통합을 통한 무역증대의 유용성을 인정하는 한편, 관세동맹이나 자유무역지대가 협약당사국간의 무역촉진을 위하는 것이어야 하 고 역외국가에 대해서 무역상의 장애를 주어서는 아니 된다고 규정하고 있다. 지역무역협정(regional trade agreement)의 체결시 WTO에 통보하여 검토를 받

---

5 미국이 당초 GATT나 ITO의 설립을 강력히 추진했던 주요 목적도 영연방 특혜관세제도 와 같은 지역간 무역특혜체제를 소멸시키는데 있었지만 협상과정에서 이에 대한 예외성 을 인정하게 되었다.

게 되며 WTO는 이에 대한 권고를 할 수 있다. 규정상의 요건을 충족하지 못하는 경우 지역경제통합기구로 인정받기 위해서는 회원국 2/3 이상의 동의를 얻어야만 한다. 그러나 실제에 있어서는 GATT의 인정여부에 관계없이 현실적으로 지역경제통합으로 인정되어지고 있다.

한편 관세동맹의 경우 공통의 역외관세로 전환하는 과정에서 역내의 어떤 국가의 입장에서는 관세가 인상되고 다른 어떤 국가의 입장에서는 관세가 인하되어질 수 있으므로, 이때 발생할 수 있는 관세의 인상이 GATT의 양허의무를 저촉하는 경우에는 이에 대한 보상을 위한 관세양허 재교섭을 하게 된다.

서비스무역일반협정 제5조에서도 지역무역협정이 무역촉진적이어야 한다는 규정을 두고 있다. 또 WTO 협정 "GATT 제24조 해석에 관한 양해"에서도 지역무역협정의 목표가 역외국가에 대한 무역장벽의 구축이 아니라 역내의 무역촉진이며, 이에 따른 부정적인 효과를 최대한 피할 수 있도록 해야 함을 확인하고 있다. 그리고 WTO는 지역무역협정들을 효율적으로 검토하고 규율하기 위하여 1996년 2월 「지역무역협정위원회」를 상설기구로 설치하였으며, 2006년에는 지역무역협정의 운영에서의 투명성을 높이기 위하여 신투명성제도(new transparency mechanism)를 채택하였다.

제2절 지역경제통합의 유형

경제통합은 국가간의 경제적 장벽의 제거수준과 내부결속도의 크기에 따라 몇 가지의 형태로 구분할 수 있다. 발랏사(B. Balassa)는 경제통합을 다음과 같이 다섯 단계로 구분하고 점점 결속력이 강한 형태로 진행해 나아가는 하나의 과정으로 보았다.[6]

---

6 B. Balassa, *The Theory of Economic Integration* (Homewood: Richard. D. Irwin, 1961), pp. 1~3.

1 자유무역지역

자유무역지역(free trade area)이란 경제통합 회원국 상호간에 상품이동에 대한 무역제한조치를 철폐하여 자유무역을 시행하는 형태의 경제통합을 말한다. 그러나 역외의 비회원국가에 대해서는 각국이 독자적으로 관세를 부과하고 개별적인 무역정책을 취하게 된다. 따라서 회원국간에 공동정책수행이나 협조를 위한 기구를 설치할 필요가 없고 경제주권에 제약이 없는 결속도가 약한 경제통합이다. 자유무역지역에서는 역외의 상품이 역내의 저관세국을 통하여 수입되어 역내의 다른 국가에 재수출될 가능성이 있기 때문에 이를 방지하기 위하여 원산지규정과 같은 국가간 협력적인 무역정책이 필요하게 된다. 2016년 현재 세계의 지역경제통합들중에 약 83.8%는 자유무역지역이다.[7] 자유무역지역의 예로는 「북미자유무역지역(North America Free Trade Agreement: NAFTA)」, 「유럽자유무역연합(European Free Trade Association: EFTA)」 등이 있다.

2 관세동맹

관세동맹(customs union)은 자유무역지역보다 좀 더 강화된 경제결속의 형태로 가맹국 상호간에 상품의 자유이동이 보장될 뿐만 아니라, 역외국가로부터의 수입에 대해서 공통의 수입관세를 부과하는 형태이다. 따라서 개별국가는 경제주권을 완전히 포기하지는 않지만 관세에 있어서는 독자적인 의사결정을 하지 못하게 된다. 관세동맹은 그 역사가 오래되어 경제통합의 전형으로 인식되고 있다. 과거의 「베네룩스관세동맹(Benelux Customs Union)」, 「카리브공동시장(Caribbean Community and Common Market: CARICOM)」 등이 그 예이다.

3 공동시장

공동시장(common market)은 관세동맹에서 한 단계 더 나아간 형태이다. 역내

---

7 2016년 4월 현재 WTO에 의하면 전체 협정 278건중 233건이 자유무역지역이었다.

에 상품의 자유이동이 보장되고, 역외국가에 대해서는 공통의 관세를 부과할 뿐만 아니라, 역내에 노동, 자본과 같은 생산요소의 이동이 자유롭게 보장된다. 따라서 개별국가는 관세동맹보다 더 많은 영역에서 공동의사결정을 하여야 하기 때문에 경제협력에 있어서 개별국가의 독자적인 결정권이 크게 줄어들게 된다. 이러한 형태의 경제통합으로는 과거의 「유럽공동시장(European Community: EC)」을 들 수 있다.

4 경제동맹

경제동맹(economic union)은 공동시장에서 한 단계 더 나아간 매우 강한 결속형태의 경제통합이다. 회원국 상호간에 상품과 자본 및 노동의 생산요소의 이동을 자유롭게 하며, 비회원국가에 대해서는 공동의 무역정책을 취할 뿐만 아니라, 회원국 상호간에 경제정책을 조정하여 수행하고 주요 경제부문에서는 통합하여 운영하는 형태이다. 「유럽연합(EU)」이 이에 근접한 형태이다.

그림 5-3 경제통합의 유영

경제정책의 초국가적 통합운영					
역내 경제정책 조정					
역내 생산요소 자유이동				경제동맹 (EU)	경제완전 통합
역외 공동관세			공동시장 (EC)		
역내 무역제한 철폐	자유무역 지역 (NAFTA)	관세동맹 (베네룩스 관세동맹)			

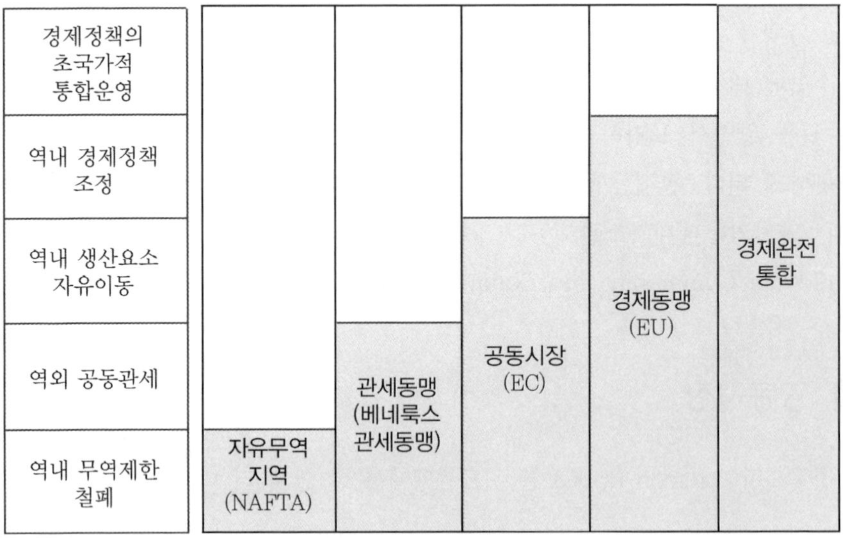

5 경제완전통합

경제완전통합(complete economic integration)은 회원국이 독립된 경제정책을 포기하고 단일경제체제하에 모든 경제정책을 통합하여 운영하는 형태이다. 회원국간에 초국가적인 기구를 통해 통화, 금융, 재정, 사회정책 등을 통합적으로 운영하여 경제면에서 뿐만 아니라 정치·사회적 통합까지 이르게 되어 단일국가를 형성하는 것과 같게 된다.

제3절 지역경제통합의 경제적 효과

경제통합의 경제적인 효과는 국가와 산업에 따라 다양하게 나타나고 부정적인 효과와 긍정적인 효과가 동시에 발생하기 때문에 결과를 정확하게 분석하고 판단하기가 매우 어렵다. 경제통합의 결과로 발생하는 이러한 효과는 정태적인 효과와 동태적인 효과로 나누어 살펴볼 수 있다.

1 정태적 효과

지역경제통합의 경제적 효과에 관한 분석을 최초로 시도한 학자는 바이너(Jacob Viner)였다. 바이너는 관세동맹을 대상으로 분석하였는데, 관세동맹은 회원국 상호간에는 무역을 증대시키고 자원배분의 효율성을 촉진시키지만 비회원국에 대해서는 차별적인 제한으로 자원배분을 왜곡시키기 때문에 관세동맹이 후생에 미치는 순효과는 불분명하다는 것이었다.[8] 그는 관세동맹의 후생효과를 무역창출효과와 무역전환효과로서 설명하였다. 바이너는 관세동맹의 생산효과만을 분석하였지만 이후 미드(J. E. Meade), 립시(R. G. Ripsey), 존슨(H. G. Johnson) 등에 의하여 소비효과까지 확장되었다.[9] 이와 같은 경제통합의 효과

---

8 J. Viner, *The Custom Union Issue* (New York: Carnegie Endowment for International Peace, 1950), Ch. 4.

9 J. E. Meade, *The Theory of Customs Union* (Amsterdam: North Holland Publishing Co.,

를 관세동맹을 중심으로 알아보기로 한다. 먼저 바이너의 방법에 따라 생산효과만을 보고, 다음으로 생산효과와 소비효과 전체를 보기로 한다.

1.1 무역창출효과와 무역전환효과

경제통합은 무역창출효과와 무역전환효과를 발생시킨다.

무역창출효과(trade creation effect)는 관세동맹으로 인하여 회원국간에 관세가 철폐됨에 따라 역내에 무역이 창출되는 것을 말한다. 역내의 상품생산에서 생산비가 높은 회원국으로부터 낮은 회원국으로 생산지 이동이 있게 되고, 이에 따라 자원을 효율적으로 배분하게 되어 역내국가의 후생을 증대시키는 결과가 된다. 반면에 무역전환효과(trade diversion effect)는 관세동맹으로 역외국에 대해서는 역내국과 차별적으로 관세를 부과하게 됨으로써 관세동맹 결성전 역외국으로부터의 상품수입이 역내생산으로 전환하게 되는 것을 말한다. 이때 상품생산에서 생산비가 낮은 역외국으로부터 생산비가 높은 역내국으로 생산지 이동이 있게 되고, 이에 따라 자원배분이 왜곡되고 회원국의 후생이 감소되는 결과로 된다.

바이너의 분석방법에 따라 생산효과를 중심으로 관세동맹의 경제적 효과를 예를 들어서 살펴보기로 한다.

1) 무역창출의 예

먼저 무역창출효과의 예를 [그림 5-4]를 통해서 살펴보기로 한다. A(본국), B, C 세 국가가 있고, 어느 상품 X의 생산가격이 A, B, C국에서 각각 1,020, 1,000, 950원이라고 하고, A국의 X에 대한 수입관세율이 10%라 가정한다. 이때 A국 상품이 외국의 상품보다 생산가격이 비싸지만, 외국상품은 관세를 부담해야 하므로 관세부담 이후의 B국 상품가격은 1,100원, C국 상품가격은 1,045원이 되어, 이들 상품보다 국내상품이 싸다. 따라서 A국 국내에서 A국 상품이

1955), Ch. Ⅱ; R. G. Lipsey, "The Theory of Customs Union: A General Survey," *Economic Journal*, Vol. 70, No. 279 (1960), pp. 496~513; H. G. Johnson, *Money, Trade and Economic Growth* (Cambridge: Harvard University Press, 1962), Ch. 2.

사용되고 무역은 없다.

    이러한 상황에서 만약 A국과 B국이 관세동맹을 맺게 된다면 A국에서 B국 상품을 관세 없이 1,000원에 살 수 있게 되어, A국은 자국의 상품보다 더 값싼 B국 상품을 수입 사용하게 됨으로써 무역이 발생하게 되고, 이것이 무역창출이다. 이때 X재의 생산은 A국보다 더 효율적으로 생산되는 B국으로 이동됨으로써 이 무역창출의 효과는 자원의 효율적인 배분을 가져오고 후생을 증가시키게 되는 것이다.

그림 5-4 무역창출의 경우

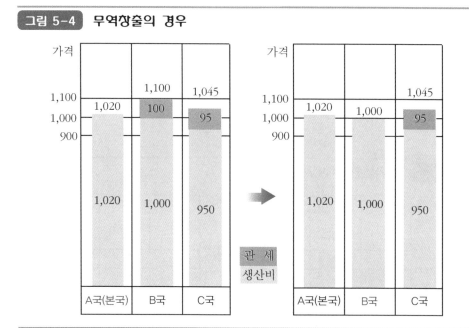

2) 무역전환의 예

    다음으로 무역전환효과의 예는 [그림 5-5]에서 살펴볼 수 있다. 마찬가지로 A(본국), B, C 세 국가가 있고, 어느 상품 X의 생산가격이 A, B, C국에서 각각 1,070, 1,000, 950원이라고 하고, A국의 X에 대한 관세율이 10%라 가정한다. A국 상품가격만 다르게 가정하였을 뿐 나머지 가정은 앞의 무역창출효과에서와 모두 동일하다. 이때 A국에는 C국 상품이 관세를 부담한 이후에도 그 가격이

1,045원으로 A국 상품가격 1,070원보다 더 싸기 때문에 C국 상품이 수입 사용되고 있다.

이러한 상황에서 만약 A국과 B국이 관세동맹을 맺게 된다면 A국에서 B국 상품을 관세 없이 1,000원에 살 수 있게 되어, 이젠 A국은 여전히 관세를 부담하여 1,045원인 C국 상품보다 더 값싼 B국 상품을 수입 사용하게 됨으로써 C국에서 B국으로 수입선 전환이 발생하게 되는데, 이것이 무역전환이다. 이때 C국이 B국보다 X재를 더 싸게 생산할 수 있지만 관세의 차별적인 적용으로 A국 수출용으로 더 이상 생산하지 못하게 된다. 이러한 결과로 X재의 생산이 C국보다 덜 효율적으로 생산되는 B국으로 이동됨으로써 이 무역전환의 효과는 자원의 비효율적인 배분을 가져오고 후생을 감소시키게 되는 것이다.

따라서 어떤 국가간의 관세동맹이 어떤 후생효과를 가져올지는 앞의 무역창출효과와 무역전환효과가 어떻게 나타나느냐에 따라 달라지고, 이는 국가간의 가격구조와 관세율에 따라 달라지는 것이다.

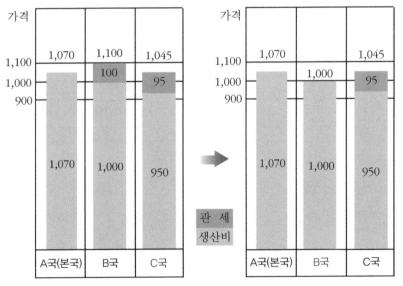

그림 5-5 무역전환의 경우

1.2 관세동맹의 후생효과

앞의 설명은 관세동맹의 생산효과만을 다루고 소비에서의 효과를 고려하지 않았다. 그러나 실제 관세동맹은 수입재의 가격을 하락시키고 이러한 가격하락은 소비의 증가와 무역의 증가를 가져오며, 후생수준 또한 증대시키게 된다. 여기서 관세동맹의 생산효과와 소비효과를 함께 보기로 한다. 먼저 무역창출만 발생하는 경우를 살펴보고, 다음으로 일반적인 경우라고 할 수 있는 무역전환의 경우를 보기로 한다.

1) 무역창출의 경우

관세동맹으로 무역창출만 발생하는 경우를 [그림 5-6]에서 보기로 한다.[10]

A, B, C 세 국가가 있는데, A국의 입장에서 어떤 재화 X재의 공급곡선을 S, 수요곡선을 D라 한다. B국은 대국이어서 공급이 완전탄력적인 것으로 하여 공급곡선이 S_b와 같이 수평하다고 가정한다. C국도 B국과 동일하나 C국의 생산가격은 B국보다 높다고 가정하고, 따라서 관세동맹이 된다고 해도 여기서는 고려할 사항이 없어 그림에서 표시하지 않기로 한다.

A국에서 관세를 부과하는 상황에서는 B국의 공급곡선 S_b가 관세만큼 위로 이동하여 $S_b{'}$로 된다. 그래서 관세동맹의 결성전에 A국은 $P_b{'}$의 국내가격하에서 Q_2만큼 생산하고, $Q_2 Q_3$만큼 수입하게 되어, Q_3만큼 소비하게 된다. 그리고 c는 관세수입이 된다.

이때, A, B 두 국가가 관세동맹을 결성한다고 하자. 그러면 A, B 양국간에는 관세가 없어짐에 따라 A국내에 공급되는 B국의 공급곡선은 S_b로 된다. 그러면 A국은 P_b의 국내가격하에 국내생산은 Q_1로 감소되고 국내소비는 Q_4로 증가하게 되어 수입은 $Q_1 Q_4$로 증가된다. 그리고 관세수입은 없어진다. 여기서 수입량의 증가분($Q_1 Q_2 + Q_3 Q_4$)이 무역창출효과이다.

다음으로 A국의 후생변화를 보기로 한다. 먼저 관세동맹으로 인하여 $(a+b+c+d)$의 소비자잉여가 증가한 반면, a의 생산자잉여의 감소가 있게 되어 $(b+c+d)$

---

10 무역창출효과는 관세동맹으로 인하여 관세가 있던 상태에서 관세를 폐지하는 것이므로 그 경제적 효과는 관세부과의 경제적 효과의 정반대이다.

의 잉여증가가 발생되었다. 그런데 관세동맹 이전의 관세수입 c 가 없어지게 되었기 때문에 순후생효과는 $(b+d)$ 만큼 증가한 것이 된다.

여기서 b 는 관세동맹의 생산효과를 나타낸다. $Q_1 Q_2$ 만큼을 A국에서 생산하는 데는 $\square F Q_1 Q_2 A$ 만큼의 생산비용이 들지만 B국에서 생산하는 데는 $\square F Q_1 Q_2 B$ 만큼의 생산비용이 들기 때문에 b 는 A국의 생산이 B국의 수입으로 대체됨에 따라 발생하는 효과이다. 또 d 는 관세동맹으로 인한 소비효과를 나타낸다. $Q_3 Q_4$ 만큼의 소비증가로 인하여 총효용은 $\square E Q_3 Q_4 G$ 만큼 증가했지만 이를 수입하기 위한 비용은 $\square C Q_3 Q_4 G$ 만큼에 불과하기 때문이다.

결국 무역창출효과에 의한 후생증가는 $(b+d)$ 이므로, 이는 관세에 무역의 증가분 $(Q_1 Q_2 + Q_3 Q_4)$ 을 곱한 값의 1/2임을 알 수 있다.

그림 5-6 **무역창출의 경우 관세동맹의 경제적 효과**

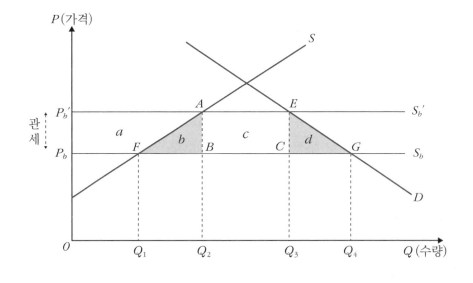

---

2) 무역전환의 경우

다음으로 무역전환이 발생하는 경우를 [그림 5-7]에서 보기로 한다. 무역전환의 경우에는 무역창출효과와 무역전환효과가 동시에 일어나게 된다.

A, B, C 세 국가가 있는데, A국의 입장에서 어떤 재화 X재의 공급곡선을 S, 수요곡선을 D라 한다. B, C국은 대국이어서 공급이 완전탄력적인 것으로 하여 공급곡선이 S_b, S_c와 같이 수평하다고 가정한다. C국의 생산가격이 B국의 생산 가격보다 낮다고 가정하면, 관세동맹의 결성전에는 A국은 생산비가 저렴한 C국 으로부터 수입하고, C국의 공급곡선 S_c는 A국 국내에서는 관세를 합하여 $S_c{'}$로 된다. 그래서 A국은 $P_c{'}$의 국내가격하에서 Q_2만큼 생산하고, $Q_2 Q_3$만큼 수입 하게 되어, Q_3만큼 소비하게 된다. 그리고 $(c+f)$는 관세수입이 된다.

이때, A, B 두 국가가 관세동맹을 결성한다고 하자. 그러면 A, B 양국간에는 관세가 없어지고 C국에 대해서는 관세가 그대로 유지되어, A국내에서는 관세가 없는 B국의 상품이 관세를 부담하는 C국의 상품보다 싸게 되어 B국 상품이 수 입된다. 그러면 국내생산은 Q_1로 감소되고 국내소비는 Q_4로 증가하게 되어 수 입은 $Q_1 Q_4$로 증가된다. 그리고 관세수입은 없어진다. 여기서 수입량의 증가분 $(Q_1 Q_2 + Q_3 Q_4)$이 무역창출효과이다. 또 관세동맹 이전에 C국으로부터 수입하 다가 B국으로부터 수입하게 된 $Q_2 Q_3$이 무역전환효과이다.

그림 5-7 무역전환의 경우 관세동맹의 경제적 효과

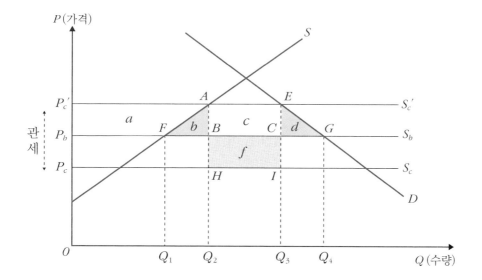

다음으로 A국의 후생변화를 보기로 한다. 먼저 관세동맹으로 인하여 $(a+b+c+d)$의 소비자잉여가 증가한 반면, a의 생산자잉여감소로 $(b+c+d)$의 잉여증가가 발생되었다. 그런데 관세동맹 이전의 관세수입 $(c+f)$가 없어지게 되었기 때문에 순후생효과는 $(b+d)-f$로 된다.

여기서 b와 d는 앞의 무역창출의 경우에서와 같다. 즉, b는 관세동맹의 생산효과를 나타낸다. $Q_1 Q_2$만큼을 A국에서 생산하는 데는 $\square FQ_1 Q_2 A$만큼의 생산비용이 들지만 B국에서 생산하는 데는 $\square FQ_1 Q_2 B$만큼의 생산비용이 들기 때문에 b는 A국의 생산이 B국의 수입으로 대체됨에 따라 발생하는 효과이다. 또 d는 관세동맹으로 인한 소비효과를 나타낸다. $Q_3 Q_4$만큼의 소비증가로 인하여 총효용은 $\square EQ_3 Q_4 G$만큼 증가했지만 이를 수입하기 위한 비용은 $\square CQ_3 Q_4 G$만큼에 불과하기 때문이다.

한편 관세동맹으로 역외에서 수입하던 것을 역내에서 수입하게 됨에 따라 관세수입$(c+f)$을 상실하게 되는데, 그중 c는 소비자잉여로 보전되고, f는 순손실로 남게 된다. 이 f는 이전 수출국 C국과 새 수출국 B국의 생산가격차이를 반영하는 것이며, A국의 입장에서 수입이 생산가격이 낮은 C국에서 생산가격이 높은 B국으로 전환됨에 따라 교역조건이 악화됨으로써 지불해야 하는 비용이다.

결국 관세동맹은 무역창출로 인하여 $(b+d)$만큼의 후생증가가 발생되고 무역전환으로 인하여 f만큼의 후생감소가 발생되어, 전체 효과는 $(b+d)$와 f의 크기에 의하여 결정된다. 즉, 무역창출에 의한 후생증가가 무역전환에 의한 후생감소보다 클 때에만 관세동맹은 이익이 되는 것이다.

3) 경제통합의 이익을 증가시키는 여건

지금까지의 관세통합의 경제적 효과분석을 통하여 다음의 여건에서 경제통합은 더 큰 이익을 발생시킬 수 있음을 추론할 수 있다.

첫째, 관세동맹 이전의 관세수준이 높을수록 이익이 크다. 이는 앞의 그림에서 $P_c{}'$와 P_b의 간격이 크게 되는 경우로서 무역창출효과가 커지기 때문이다.

둘째, 회원국의 수요와 공급의 탄력성이 클수록 이익이 크다. 이는 앞의 그림에서 b와 d가 크게 되는 경우로서 무역창출효과가 커지기 때문이다.

셋째, 관세동맹 이전에 수입하던 역외국의 공급가격과 수입진환하는 역내국의 공급가격의 차이가 작을수록 이익이 크다. 앞의 그림에서 f의 크기가 작아지게 되는 경우로서 무역전환효과가 작기 때문이다.

넷째, 관세동맹의 회원국이 많을수록 이익이 크다. 국가가 많을수록 최저비용 생산국이 역내에 있게 될 가능성이 그만큼 더 커지게 되고, 이에 따라 무역창출의 가능성은 커지고, 무역전환의 가능성은 작아지기 때문이다. 앞의 예에서 C국도 회원국이 된다면 그만큼 무역창출효과는 커지고 무역전환효과는 작아지게 됨에서 알 수 있다.

다섯째, 비회원국에 대한 관세동맹의 무역장벽이 낮을수록 이익이 크다. 무역전환의 가능성이 작기 때문이다.

여섯째, 산업구조가 회원국간에 보완적일 때보다 경쟁적일 때 이익이 크다. 보완적일 경우에는 경제통합을 해도 무역이 창출될 가능성이 작기 때문이다.

일곱째, 회원국간에 지리적으로 근접할수록 또는 경제관계가 긴밀할수록 이익이 크다. 운송비, 교류장벽 등 무역발생을 막는 요소가 작을수록 무역창출이 많아지기 때문이다.

1.3 경제통합의 효과와 차선의 이론

오래전부터 세계의 일부 국가들간에 부분적으로나마 관세가 제거되면 세계의 후생수준은 증가하게 될 것이라고 직관적으로 믿어왔다. 1950년대 관세동맹에 대한 바이너(J. Viner)의 연구는 이러한 막연한 믿음을 바꾸어 놓았다. 세계전체가 관세를 제거하는 것이 아닌, 일부 국가들간만의 관세제거로는 관세제거 이전의 경우보다 세계후생수준이 더 나아진다는 보장이 없다는 것이다. 여기서 발전된 이론이 차선의 이론(theory of the second best)이다. 바이너에 의하여 처음 도입된 이 이론은 이후 미드(J. Meade), 립시(R. Lipsey), 랭카스터(K. Lancaster) 등에 의하여 발전되어 경제이론으로 일반화되었다.[11]

---

11 J. E. Meade, *The Theory of Customs Union* (Amsterdam: North Holland Publishing Co., 1955); R. G. Lipsey and K. Lancaster, "The General Theory of the Second Best," *Review of Economic Studies* (1956), pp. 33~49.

차선의 이론이란 파레토최적(Pareto's Optimum)을 달성하기 위하여, 즉 최상(best)의 자원배분의 효율성을 달성하기 위하여, K개의 조건이 만족되어야 할 때, K-1개의 조건을 만족하는 경우가 K개 다음으로 좋은 차선(second best)이 된다는 보장이 없다는 것이다. 만족하여야 할 조건 전체중에서 어느 하나만이라도 만족하지 못하게 되었을 때에는 만족하는 조건수가 많고 적음이 의미가 없다는 것이다. 그래서 K-1개의 조건을 만족하는 경우가 K-2개의 조건을 만족하는 경우보다 효율성에서 오히려 하위가 될 수도 있다는 것이다.

모든 국가에서 관세가 없는 자유무역은 파레토 최적조건이 충족되고 그래서 자유무역에서 세계후생이 극대화된다. 관세동맹에 의하여 일부 국가들간에 관세가 제거됨으로써 파레토의 최적조건에 좀 더 근접하게 된다고 하더라도 이것으로 후생이 이전보다 증대된다는 보장은 없다는 것이다. 마찬가지로 관세동맹이 늘어난다고 할 때도 그 자체만으로 세계후생의 증가를 기대할 수 없는 것이다. 이것은 앞에서 본 바와 같이 관세동맹의 무역창출과 무역전환 효과에 의하여 발생하는 후생의 증감이 불확실하기 때문이다.

2 동태적 효과

지역경제통합은 자원의 재배분을 통하여 얻는 정태적 효과 이외에도 동태적인 효과가 발생하게 된다. 경제통합의 동태적인 효과는 장기적으로 회원국의 경제구조의 변화를 통하여 발생하게 된다. 일반적으로 경제통합에는 동태적 효과가 정태적 효과보다 더 크다고 할 수 있는데 이러한 동태적 효과는 다음 몇 가지 측면에서 살펴볼 수 있다.

첫째, 역내의 경쟁심화를 통한 기업과 산업의 발전이다. 경제통합 이전에 국내기업간에만 경쟁할 때에는 독과점이나 약한 경쟁관계에서 안주하던 기업도 경제통합이 되면 통합지역내의 전체 기업과 경쟁하지 않으면 안 된다. 이에 따라 기업들은 경쟁에 이기기 위하여 기술혁신, 원가절감, 효율적인 경영으로 생산성의 향상에 노력하게 되고 이러한 과정에서 산업발전과 경제성장이 촉진될 수 있다.

둘째, 확대된 시장속에 대량생산으로 규모의 경제효과를 얻을 수 있다. 경제통합은 외국시장에 대한 불확실성을 제거하고 기업의 활동영역이 국내시장에서 역내시장으로 확대되어, 이전에는 효율적으로 조업하지 못하던 기업들도 규모의 경제를 달성하기 쉽게 되고 이에 따라 생산비용의 절감과 자원배분의 효율성을 높이게 된다.

셋째, 지역내 투자의 증대와 촉진이다. 시장확대에 따른 수요의 증대와 경쟁의 심화는 지역내의 투자를 촉진하게 되는데, 특히 역외국가 기업들은 역내기업들에 불리하지 않도록 역내에 생산기지를 설립하는 경우가 많게 된다. 실제로 EEC 창설 이후 미국을 비롯한 많은 역외지역 기업들에 의한 투자가 크게 증대했던 사실에서도 알 수 있다.

넷째, 경제통합은 지역내 생산요소의 자유로운 이동으로 생산성을 증대시키고 국가간에 생산기술을 확산시킴으로써 기술발전과 경제성장을 촉진시키게 된다.

3 경제통합의 대외적 효과

경제통합지역의 국가는 큰 시장규모와 확대된 경제력을 배경으로 국제무대에서 지위를 향상시킬 수 있고 통상관계에서도 협상력이 커지게 되어 역내국가들의 공동이익을 증대시킬 수 있다.

반면에 역외국가들은 일반적으로 다음과 같은 이유로 불리한 입장에 서게 된다.

첫째, 무역전환효과로 인한 통합지역에 대한 수출의 감소이다. 역외지역의 기업들은 역내시장에서 관세나 무역장벽이 있으므로 역내지역의 기업들에 비해서 불리하게 된다. 게다가 지역경제통합이 결성될 때 역내기업들에게 통합된 시장을 선점할 수 있는 기회를 주기 위하여 역내시장에 대한 보호조치를 강화하는 경향도 있다.

둘째, 역내국간의 교역증가로 역외국가로부터 수입이 감소하는 경우에는 역외국가의 교역조건이 악화된다.

셋째, 역외국은 역내국에 대하여 협상력의 약화를 가져오게 된다.

넷째, 시장확대 등 역내국의 투자여건이 좋아짐에 따라 역외국에 될 수 있었던 투자가 역내국으로 전환되는 경우가 발생될 수 있다.

그러나 한편으로는 경제통합으로 역내지역에 경제성장이 촉진되면 수입수요가 증가하게 되어 역외국가도 수출 및 투자의 기회가 증가하게 된다. 또한 역내의 기술 및 규격 등이 표준화되면 수출비용이 감소되어 역내지역과의 교역이 촉진될 수도 있다.

제4절 주요 지역경제통합기구

1 유럽연합(EU)

1.1 연혁

유럽연합의 역사는 제2차 세계대전 직후까지 거슬러 올라간다. 1950년 프랑스 외상 슈망(Robert Schuman)의 제안에 따라 1951년 서독, 프랑스, 이탈리아, 네덜란드, 벨기에, 룩셈부르크의 6개국이 「유럽석탄·철강공동체(European Coal and Steel Community: ECSC)」를 결성하였다. 그 후 1957년 「로마협약」에 의하여 「유럽경제공동체(European Economic Community: EEC)」가 출범되었고 이와 함께 「유럽원자력공동체(European Atomic Energy Community: EURATOM)」가 설립되었다.

1967년 EEC는 유럽원자력공동체 및 유럽석탄·철강공동체와 통합하여 「유럽공동체(European Community: EC)」로 되었다. 이후 1973년 영국, 에이레, 덴마크, 1981년 그리스, 1986년 스페인, 포르투갈, 1996년 오스트리아, 스웨덴, 핀란드가 가입함으로써 회원국이 15개국으로 되었고, 2004년에는 키프러스, 체코, 에스토니아, 헝가리, 라트비아, 몰타, 폴란드, 슬로바키아, 슬로베니아 등 10개국이 가입하였고, 2007년에는 불가리아, 루마니아가 가입하고, 2013년 크로아티아 가입하여 유럽 대부분의 국가를 포괄하는 거대한 단일경제권을 형성하게 되었다.

EC는 1986년에 「유럽단일법」을 제정하여 이를 근거로 상품, 자본, 용역의 자유로운 이동을 위한 세부적인 조치를 추진하여 1993년 1월 1일 공동시장을 완성하였다. 1993년 11월 1일 「마스트리히트조약」에 의해 「유럽연합(European Union: EU)」을 발족시켜 단일시장에서 더 나아가 보다 강화된 경제통합기구로 되었다. 이후에도 1997년의 「암스테르담조약」, 2000년의 「니스조약」 등으로 통합을 강화하고 확대해왔다.

표 5-1	EU 약사
연도	내용
1950. 5	로베르 슈망의 유럽내 석탄철강공동시장설립에 대한 "슈망선언"
1951. 4	유럽석탄철강공동체(ECSC)조약 체결
1957. 3	로마조약 체결
1958. 1	유럽경제공동체(EEC)와 유럽원자력공동체(Euratom) 출범
1967. 7	유럽공동체(EC)조약 체결(통합조약)
1968. 7	공산품관련 관세동맹 완성
1973. 1	영국, 아일랜드, 덴마크 가입(회원국 9개국)
1979. 3	유럽통화제도(EMS) 출범
1981. 1	그리스 가입(회원국 10개국)
1986. 1	스페인, 포르투갈 가입(회원국 12개국)
1987. 7	단일유럽법(Single European Act) 발효
1992. 2	유럽연합조약(Maastricht조약) 체결
1993. 1	유럽단일시장 출범
1993. 11	EU조약의 발효에 따른 EU 출범
1994. 1	EFTA와 유럽경제지역(EEA) 출범
1995. 1	오스트리아, 스웨덴, 핀란드 가입(회원국 15개국)
1999. 1	단일통화유로(ECU) 출범
2000. 12	니스조약체결(운영조직 개편 및 협력확대)
2002. 1	유로(ECU) 공식통용
2004. 5	키프러스, 체코, 에스토니아, 헝가리, 라트비아, 리투아니아, 몰타, 폴란드, 슬로바키아, 슬로베니아 가입
2007. 1	불가리아, 루마니아 가입
2013. 7	크로아티아 가입(회원국 28개국)
2016. 6	영국 국민투표 탈퇴 가결

EU는 질적·양적으로 계속적인 발전과정에 있다. 1951년 6개국의 「유럽철강·석탄공동체」로 출발하여 계속적으로 통합의 정도를 높이고 회원국을 추가하여 오늘에 이르게 되었으며, 앞으로 더 통합수준을 높여 단일국가와 같은 조직으로 나아감과 동시에 유럽 전 지역의 국가들을 편입시켜 유럽 전역을 포괄하는 기구로 발전하는 것을 목표로 하고 있다.

하지만 2010년 이후 그리스, 포르투갈, 스페인, 아일랜드, 키프러스를 비롯한 유로통화국가의 재정위기, 유럽 남부 및 동부 지역으로부터의 이주민 유입증가, 우크라이나를 둘러싼 러시아와의 갈등 등과 같은 새로운 문제들에 직면하게 되었고, 2016년에는 영국이 국민투표로 EU로부터의 탈퇴를 결정함으로써 EU 발전과정에 새로운 도전을 맞고 있다.

그림 5-8 EU의 발전과정

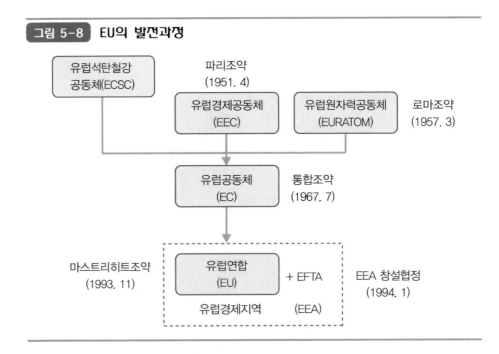

표 5-2	**EU 연왕**						(기준: 2015년)
구분 단위	인구	GDP	상품수출	상품수입	서비스수출	서비스수입	회원국수
수치	510	16,229	1,947	1,875	881	717	28
세계에서의 비중(%)	6.9	22.1	11.8	11.2	18.5	15.5	

참고: 역내무역 제외, 인구단위는 백만 명, 금액단위는 십억 달러.

자료: World Bank, *World Development Indicators*, 2015.

WTO, *International Trade Statistics*, 2016.

EU, *eurostat*, http://ec.europa.eu/eurostat. 2016년 7월 10일 발췌.

그림 5-9 EU국가와 EFTA국가

1.2 유럽연합 경제통합의 주요 내용

① 국경장벽의 완화로 상품, 노동력, 서비스의 이동을 자유롭게 하였다.

② 유럽내의 통화를 단일화하는 「유럽통화제도(European Monetary System:

EMS)」와 [12] 금융제도를 시행하게 되었다.

③ 무역관련제도를 통일시키고 부가세의 대상과 세율을 하향 조정하였다.

④ 역내제품의 규격을 표준화하고 규격 및 인증에 의한 기술적 장벽을 철폐하였다.

⑤ 각국의 공공구매시장의 개방 등 여러 측면에서 국가간 경제장벽을 제거하였다.

1.3 유럽연합의 통상체제

EU의 역외국가에 대한 무역에 있어서는 공동의 통상정책을 취한다. 따라서 통상관계에 있어서 대외적인 통상협정의 체결 및 권한의 행사, 통상정책의 대내적인 입법채택과 정책의 추진이 EU 차원에 의하여 이루어진다. 또 관세, 수입쿼터, 수출자율규제협정, 반덤핑조치, 상계관세조치, 긴급수입제한조치 등은 회원국 공동으로 운영된다.

통상협상은 EU 집행위원회가 하고 협상결과에 대한 비준과 승인을 각료이사회가 하게 되며 개별회원국의 승인절차는 요구되지 않는다. 단, 국경간 서비스거래를 제외한 다른 형태의 서비스거래나 무역관련지적재산권의 경우에는 EU와 개별회원국의 비준을 동시에 받도록 되어 있다.[13] 회원국은 통상협정을 단독으로 체결할 수 있는 권한이 없고 제3국에 대한 통상관계를 독자적으로 도입할 수 없다. 그러나 다음과 같은 경우에 부분적으로 회원국의 독립적인 통상활동이 인정된다.

첫째, 협정이 회원국의 권한사항을 포함하는 경우 혼합협정의 방식에 의하여 협정의 교섭과 체결과정에 참가할 수 있다.

---

12 1993년 11월 「유럽통화연합(European Monetary Union: EMU)」이 체결되고 1994년 1월 EU의 중앙은행역할의 「유럽통화기구(European Monetary Institute: EMI)」가 발족되었고, 1999년 1월 유럽단일통화로서 「유로통화(ECU)」가 발행되었으며, 2002년에는 유로지폐와 동전이 역내 12개국에서 통용됨으로써 유럽통화통합이 완성되었다. 이후 가맹국이 늘어나서 2016년 현재 유럽통화통용국은 19개국에 이르고 있다.

13 EU는 WTO 협정에서 협정의 이행을 위하여 무역정책 및 수입제한조치, 농업, 지적재산권 등 10개의 개별이행법안을 제정하였다. 통합된 단일이행법이 아니고 개별법안으로 나뉘어져 제출된 것은 각 협정별로 유럽연합법제의 법적 근거와 절차적인 차이가 있었기 때문이다.

둘째, 회원국은 EU의 특별한 허가를 받는 경우에는 자율적인 통상제도를 도입할 수 있다.

셋째, 회원국의 기존협정은 공동통상정책에 영향을 주지 않을 것을 전제로 효력을 유지시킬 수 있다.

넷째, EU에서 통일화되지 않은 회원국의 기존통상제도는 공동의 통일제도로 대체될 때까지 인정될 수 있다.

한편 EU가 체결한 국제통상관련 법규의 개별 EU회원국에서의 국내법적인 효력은 각국의 법적 체계와 제도에 따라 다르다.

2 북미자유무역협정(NAFTA)

2.1 연혁

「북미자유무역협정(North America Free Trade Agreement: NAFTA)」은 국내비준절차를 거쳐 1994년 1월 1일에 발효되었다. 1989년에 미국과 캐나다간에 자유무역협정이 체결되었는데, 1992년에는 멕시코도 이에 동참하여 미국, 캐나다, 멕시코 3국을 회원국으로 하는 북미자유무역협정이 체결된 것이다. 북미자유무역협정은 시장접근, 무역규칙, 서비스, 투자, 지적재산권, 분쟁해결절차 등에서 회원국 상호간에 자유무역과 정책협조를 위한 규범을 마련하고 이를 바탕으로 지역내 자유무역을 추진해 나가는 것을 주요 내용으로 하고 있다.

표 5-3	NAFTA 연왕						(기준: 2015년)
단위 \ 구분	인구	GDP	상품수출	상품수입	서비스수출	서비스수입	회원국수
수치	484	20,642	2,294	3,150	789	594	3
세계에서의 비중(%)	6.6	28.1	13.9	18.8	16.6	12.9	

참고: 역내무역 포함, 인구단위는 백만 명, 금액단위는 십억 달러.
자료: World Bank, *World Development Indicators*, 2016.
　　　WTO, *International Trade Statistics*, 2016.

2.2 북미자유무역협정의 주요 내용

(1) 시장접근

회원국가의 상품에 대하여 궁극적으로 모든 관세를 철폐하기로 하였다. 그러나 수입이 국내산업에 미치게 될 영향을 고려하여 관세철폐 대상상품을 즉시 철폐품목, 5년내 철폐품목, 10년내 철폐품목, 그리고 15년내 철폐품목의 4가지 범주로 나누어 단계적으로 관세철폐를 시행해 나가기로 하였다. 또한 역내국가 간에 존재하는 비관세장벽을 제거하며, 역내국가간 통관절차를 간소화하고 정부 조달에서의 규제를 완화하기로 하였다. 그 외 역외국가 상품과 역내국가 상품을 구분하기 위하여 원산지판정기준을 마련하였다.

(2) 무역규칙

반덤핑관세, 상계관세, 긴급수입제한조치 등의 공정한 운용과 표준 및 검사 규정이 통일되도록 각국의 무역규칙을 정비하였다.

(3) 서비스

역내국가의 기업에 대해서는 무차별원칙을 적용하여 자유로운 서비스교역의 확대를 도모하게 되었다. 그러나 개별국가의 사정을 감안하여 항공산업, 해운산업, 통신산업, 금융산업 등의 일부 산업에 있어서는 예외를 허용하고 있다.

(4) 투자

역내국가의 기업에 대해서 내국민대우 및 최혜국대우를 부여하기로 하였으며 투자에 대하여 부과되는 수출실적, 국산부품사용의무, 기술이전 등의 부수의무요건을 폐지하고 투자수익에 대해서 자유로운 본국송금을 허용하기로 하였다.

(5) 지적재산권

지적재산권 보호의 구체적인 대상과 범위를 규정하여 이를 적용토록 하였다.

(6) 분쟁해결절차

역내국가간에 분쟁이 발생할 경우 2국간, 또는 3국간 패널을 구성하여 판정토록 하고 이 판정에 불복하는 국가는 특별패널을 소집하여 재판정을 요청할 수 있도록 하였다.

(7) 기타

환경보호를 위해 역내국가의 환경보호의무를 규정하였고, 간소화된 절차에 의하여 역내기업인들이 임시 입국할 수 있도록 하였다.

3 아세안자유무역지대(AFTA)

3.1 연혁

동남아국가연합(ASEAN)은 1967년 8월 인도네시아, 말레이시아, 싱가포르, 필리핀, 태국의 5개국에 의하여 처음 결성되었다. 그 후 1984년 브루나이, 1995년 베트남, 1997년 미얀마, 라오스, 1999년 캄보디아가 회원국으로 가입함으로써 인구 5억을 넘는 거대한 지역기구로 변모하게 되었다.

원래 ASEAN은 역내국가간의 정치, 경제, 문화, 교육, 행정 등 전 부문에 걸친 협력관계의 구축을 목적으로 하고 있었으며, 특히 공산세력의 확장과 외부세력의 위협으로부터 역내제국의 민족적 독립을 보장하는데 역점을 두고 있었다. 이러한 성격으로 출발하였으나 냉전체제가 무너진 이후 기존의 지역안전과 정치적 안정을 위한 안보협의체로서의 성격에서 탈피하여 서서히 경제중심의 협의체로 변모하게 되었다. 1976년 인도네시아 발리에서 개최된 제1차 ASEAN 정상회의를 계기로 "동남아협력조약"과 "동남아협력선언"을 채택하고 역내경제협력에 치중하게 되었으며, 1992년 1월 싱가포르의 제4차 ASEAN 정상회의에서 「아세안자유무역지대(AFTA)」를 창설키로 합의하였다.

표 5-4	ASEAN 연황							(기준: 2014년)
구분 단위	인구	총면적	GDP	수출	수입	서비스수출	서비스수입	회원국수
수치	625.0	443.6	2,463.3	1,295.3	1,234.7	306	314	10
세계에서의 비중(%)	8.6	3.0	3.2	6.8	6.5	6.0	6.4	

참고: 역내무역 포함, 인구단위는 백만 명, 면적단위는 만 ㎢, 금액단위는 십억 달러.
자료: WTO, *International Trade Statistics*, 2015.
　　　ASEAN, *ASEANstats*, http://aseanstats.asean.org. 2016년 7월 10일 발췌.

3.2 AFTA

AFTA(ASEAN Free Trade Area)는 ASEAN국가들에 의한 자유무역지역이다. 세계적인 경제블록화 추세에 따라 1992년 「아세안경제 협력증진을 위한 기초협정」과 「AFTA창설을 위한 공동실효관세협정」을 체결하게 되었다. 역내국가간에 상품교역에 있어서 공동실효관세(Common Effective Preferential Tariff: CEPT)를 적용하고 이 관세수준을 0~5%의 수준으로 인하함으로써 역내교역을 자유롭게 하고 종국적으로는 무관세화하기로 하였다.

2003년 1월 인도네시아, 말레이시아, 필리핀, 싱가포르, 태국, 브루나이 등 아세안 6개 초기 회원국을 중심으로 AFTA가 공식 출범하게 되었다. AFTA는 순차적으로 역내에 관세를 철폐하고 자본 및 서비스무역을 자유화하여 장차 「아세안경제공동체(AEC)」로 발전해 갈 것을 계획하고 있다.

3.3 특성 및 대외관계

ASEAN은 지역내의 근접성, 친밀성, 정치·경제적인 동질성으로 인하여 순조로운 발전을 하여 왔다. 이 지역은 자원과 노동력이 풍부하여 경제적 잠재력이 크며, 매우 높은 경제성장률을 보이고 있다. 최근 역내교역이 급격히 증가하고 있고 역외지역과의 교역량도 급격히 증가하고 있다. 그러나 아세안의 범위가 확대되면서 국가간의 이질성과 경제발전수준의 격차가 커지게 되어 새로운 문제로 대두되고 있다.

한국과의 경제관계에 있어서는 이 지역이 한국의 주요 교역대상지역으로 되면서 미국, 일본, 중국, EU와 함께 5대 주요 교역지역으로 부상하고 있으며, 건설 및 제조업을 중심으로 상당수의 한국기업들이 진출해 있다. ASEAN은 1997년부터 연례정상회의에 한·중·일 정상을 초청하고 있으며, EU와도 ASEM(Asia-Europe Meeting)을 통하여 협력관계를 유지해 나가고 있다.[14]

한편 2004년에 중국과 물품무역에서의 포괄적경제협력협정을 체결하였고, 2006년에 한국과 물품무역에서의 자유무역협정을 체결하였으며, 2008년에는 일본과 포괄적경제동반자협정을 체결하였다.

제5절 한국관련 지역경제통합기구

1 한국과 지역경제통합

1990년대 이후 세계에는 지역경제통합협정 체결의 추세가 강하게 일고 있다. 세계의 대부분의 국가들이 하나 이상의 지역경제통합기구에 속하게 되어 자유무역협정 체결은 무역양허와 같이 국제무역에서 일상적인 것으로 되었다.

대부분의 국가들이 지역경제통합기구에 속한 상황에서 이에 속하지 못하는 국가는 불리하게 된다. 지리적으로 한국은 주변에 인접한 국가들이 많지 않은데다 일본과는 역사적으로, 중국·러시아와는 정치적으로 경제통합을 하기 어려운 상황에 있기 때문에 지역경제통합협정의 체결에 불리한 여건을 갖고 있었다. 경제활동의 많은 부분을 무역에 의존하고 있는 한국이 세계의 많은 국가들이 자유무역지역 결성으로 무역장벽을 낮춘 상태에서 한국만 자유무역지역에 소속되지 않음으로 인해 높은 무역장벽을 유지하게 되는 것은 바람직하지 않다. 또한

---

14 ASEAN 10개국과 역외대화상대국 10개국(한, 미, 일, 중, 러, 캐나다, 호주, 뉴질랜드, 인도, EU)의 「확대외무장관회의(Post Ministerial Conference: PMC)」가 있으며, 아·태지역국가(21개) 및 EU의장국 외무장관으로 구성되는 「아세안안보포럼(ASEAN Regional Forum: ARF)」도 개최된다.

세계화의 진전으로 국가간에 물리적인 거리의 중요성이 줄어들고 전 세계의 국가들이 서로 자유무역협정을 추구함에 따라 경제통합에 있어서도 지역적 인접성의 중요성이 줄어들게 되었다. 이러한 상황에서 한국도 자유무역협정을 적극 추진하게 되었는데 그 주요 이유는 다음과 같다.

표 5-5	한국의 자유무역협정 체결현황			(2016. 1. 1 기준)
상대국		자유무역협정		
		협상개시	서명	발효
★	칠레	1999. 12	2003. 2	2004. 4. 1
	싱가포르	2004. 1	2005. 8	2006. 3. 2
EFTA	EFTA	2005. 1	2005. 12	2006. 9. 1
	아세안	2005. 2	2006. 8 (상품협정)	2007. 6. 1 (국가별 상이)
	인도	2006. 3	2009. 8	2010. 1. 1
	EU	2007. 5	2010. 10	2011. 7. 1
	페루	2009. 3	2011. 3	2011. 8. 1
	미국	2006. 6	2007. 6	2012. 3. 15
	터키	2010. 4	2012. 8	2013. 5. 1
	호주	2009. 5	2014. 4	2014. 12 .12
	캐나다	2005. 7	2014. 9	2015. 1. 1
	중국	2012. 5	2015. 6	2015. 12. 20
	뉴질랜드	2009. 6	2015. 3	2015. 12. 20
★	베트남	2012. 9	2015. 5	2015. 12. 20

첫째, 세계적인 자유무역지역 형성 추세속에서 한국도 이러한 자유무역지역을 활용할 필요가 있다.

둘째, 한국경제의 지속적인 성장을 위해서는 개혁과 개방이 필요하고 이의 일환으로 자유무역지역 추진이 필요하다.

셋째, 자유무역지역을 통하여 수출에서 안정적인 시장확보와 시장다변화를 할 수 있고, 나아가 한국경제의 구조를 개선할 수 있다.

넷째, 한국기업과 상품의 해외진출 거점지역을 확보할 수 있다.

다섯째, 정치적인 측면에서 자유무역지역으로 우리와 공동의 이해관계를 갖는 세력을 형성함으로써 국제적인 협력을 증대시킬 수 있다.

그래서 2000년 이후 한국은 자유무역협정의 체결에 적극 나서게 되었으며, 2003년 한–칠레 자유무역협정을 시초로 2016년 1월 현재 세계 15개국과 자유무역협정을 체결하였으며, 이중 14개는 발효되었고, 현재에도 여러 나라들과 협상 중에 있어 자유무역협정은 계속 늘어날 것으로 보인다. 이로서 한국은 미국, 중국, EU 등 세계 주요 시장을 비롯한 많은 국가를 자유무역권역에 두게 되어 자유무역권역에서 이루어지는 무역이 한국무역에서 절대적인 비중을 차지하게 되었다. 한편 한국은 그동안 소속된 지역경제통합기구가 없었기 때문에 국제경제 협력체로서의 APEC에 큰 비중을 두어 왔으며, 지금도 적극 참여하고 있다.

2 한국의 자유무역협정

2.1 한–칠레 자유무역협정

한–칠레 자유무역협정은 한국 최초의 지역경제통합협정이다. 1998년 11월 한–칠레 정상회담에서 자유무역협정을 추진하기로 합의하여, 1999년 12월부터 협상이 시작되어 3여 년간의 협상과정을 거쳐 2002년 10월에 타결되어, 2003년 2월에 서명되고, 국내 비준절차를 거쳐 2004년 4월에 발효되었다.

한국이 칠레와 협정을 맺게 된 것은 다음의 이유에서다.

첫째, 한국–칠레의 교역은 한국의 공산품과 칠레의 원자재로 상호보완적인 구조를 갖고 있다. 한국과 칠레의 자유무역협정은 공산품에 경쟁력을 갖고 있는 한국과 농수산품에 경쟁력을 갖고 있는 칠레간에 상호시장을 개방하는 성격이 강하다. 따라서 한국은 이 협정으로 자동차, 전자·전기 제품 등 공산품에서 큰 혜택을 보고, 칠레는 농수산품에서 큰 혜택을 보게 된다. 반면에 한국은 농업의 위축과 피해발생이 가장 우려되는 점이었고, 그래서 농민들의 반대가 작지 않았다. 이론적으로 상호경쟁적일 때 경제통합의 경제적 효과가 크지만 현실적으로는 협정체결당시 이해관계자들의 협력과 반발 같은 요소가 중요하기 때문에 자유무역협정을 처음 체결하는 한국의 입장으로서는 한국과 칠레의 상호보완적인 경제구조가 장점이 된 것이다.

둘째, 칠레는 중남미지역에 거점국가로 활용할 수 있다. 칠레는 중남미지역에서 가장 선진화된 경제구조를 갖고 있고, MERCOSUR, 볼리비아, 멕시코, 베네수엘라, 캐나다, 콜롬비아, 에콰도르, 페루 등 많은 지역과 지역협정을 맺고 있기 때문이다.

셋째, 한국과 칠레는 농산품의 생산시기가 계절적으로 반대여서 한국에 경쟁력이 약한 농업에서 피해를 최소화 할 수 있다.

넷째, 한국과 칠레는 거리가 멀어 공산품에 비하여 농산품의 유입이 상대적으로 어렵다.

2.2 한-싱가포르 자유무역협정

한-싱가포르 자유무역협정은 1999년 고촉통 싱가포르 총리의 제안으로, 2003년 10월 협상개시가 선언되었고, 2004년 1월에 협상이 시작되었다. 2004년 11월에 협상이 타결되어, 2005년 8월에 서명되고, 국내비준절차를 거쳐 2006년 3월에 발효되었다.

한국이 싱가포르와 협정을 맺게 된 주요 이유는 다음과 같다.

첫째, 국제경제활동의 중심지에의 연계 거점 확보이다. 싱가포르는 세계적인 무역, 물류, 금융, 비즈니스 중심지이기 때문에 FTA를 통해 연계를 강화함으로써 한국 대외경제활동을 늘리고 경쟁력을 향상시킬 수 있다.

둘째, 한국기업의 동남아 진출의 기반강화이다. 동남아지역이 거대 경제권으로 부상하고 있고 싱가포르는 이 지역에서 경제허브의 역할을 하고 있기 때문이다.

셋째, 양국간에 다양한 영역에서의 협력강화이다. 한국과 싱가포르는 공동 관심영역이 넓어 무역, 투자, 서비스, 정부조달, 지적재산권, 전자상거래, 기술표준 등 여러 분야에서 협력체제를 구축할 수 있기 때문이다.

2.3 한-EFTA 자유무역협정

한-EFTA 자유무역협정은 2004년 12월 자유무역협정 추진합의로, 2005년 1월부터 협상을 시작하여 같은 해 7월에 타결되었다. 동 협정은 2005년 12월에 서명되고, 2006년 9월에 발효되었다.

EFTA는 스위스, 노르웨이, 아이슬란드, 리히텐슈타인의 4개국으로 구성된 유럽의 자유무역지역으로, 원래 1960년 유럽경제공동체(EEC) 형성에 대응하는 영국, 덴마크, 노르웨이, 스웨덴, 스위스, 오스트리아 및 포르투갈의 유럽 7개국에 의해 결성되었으나, 이후 영국, 덴마크, 스웨덴, 오스트리아, 포르투갈이 EU에 가입하면서 탈퇴하고, 현재와 같은 회원국으로 구성되었다. 이들 국가는 대부분 개인소득수준이 높은 부국들이며, 오일, 가스, 어류, 시계, 의약품, 금융, 해운 등의 산업에서 수출을 많이 하고 있고, 기계장비, 화학제품, 운송장비, 보석 등의 산업에서 수입을 많이 하고 있다.

한국이 EFTA와 협정을 맺게 된 주요 이유는 다음과 같다.

첫째, 한국 상품의 유럽시장 진출확대이다. 현재 그 잠재력에 비해 교역량이 적은 수준에 머물러 있는 이 지역에 무역장벽을 제거함으로써 무역을 증대시킬 수 있다.

둘째, 유럽에서의 한국 상품 인지도 증대이다. 한-EFTA 협정으로 상품교역과 교류를 증대시킴으로써 유럽에서 한국과 한국 상품을 알리고 한국 상품에 대한 편견을 불식시키는 계기가 될 수 있다.

셋째, 선진 경제권과의 자유무역지역 형성으로 한국경제의 선진화를 도모할 수 있다.

넷째, 한국과 EFTA는 무역에서 보완적인 성격이 강하여 자유무역협정 이후의 구조조정문제가 비교적 작기 때문이다.

2.4 한-ASEAN 자유무역협정

한-ASEAN간에는 상품, 서비스, 투자 등 분야별로 나누어서 자유무역협정을 추진하였다. 상품자유무역협정은 2004년 11월 한-ASEAN 정상회의에서 자유무역협상을 시작할 것을 선언하여, 2005년 2월에 협상이 시작되고 2006년 4월에 협상이 타결되어, 2006년 8월에 서명되었다. 그리고 서비스자유무역협정은 2007년 11월에 서명되었다.

한-ASEAN 상품자유무역협정은 한국과 ASEAN 10개국에 공통으로 적용된다는 점에서 양자간 협정인 동시에 복수국간 협정의 성격을 갖고 있다. ASEAN 회원국들의 경제발전수준 차이로 인하여 각국의 이해가 다르기 때문에 협상을 보다 원활하고 효율적으로 진행하기 위해 일반자유무역협정에서 사용되는 단일 협상방식으로 하지 않고, 먼저 기본협정을 체결하고 이를 토대로 상품무역협정, 서비스, 투자협정을 순차적으로 합의해 나가는 방식을 취하였는데, 먼저 상품무역협정과 서비스무역협정이 체결된 것이다.[15]

한국이 ASEAN과 자유무역협정을 맺게 된 큰 이유는 다음 두 가지를 들 수 있다.

첫째, 거대시장의 확보이다. ASEAN은 5억의 인구를 지닌 큰 시장으로 한국에게는 미국, 중국, 일본, EU와 더불어 5대 교역시장중의 하나다.

둘째, 2005년에 중국-ASEAN간의 상품부문 자유무역협정이 발효되었기 때문에 이 시장에서 한국이 중국에 비하여 불리하지 않도록 협정을 체결할 필요가 있었다.

2.5 한-인도 포괄적경제동반자협정

한-인도 포괄적경제동반자협정은 2009년 8월에 체결되고, 2010년 1월에 발효되었다. 포괄적경제동반자협정(Comprehensive Economic Partnership Agreement: CEPA)이란 상품 및 서비스의 교역, 투자, 경제협력 등 경제관계 전반을 포괄하는

---

15 ASEAN 현황은 [표 5-4] 참조.

넓은 범위의 협정이지만 실질적으로는 자유무역협정(FTA)과 큰 차이가 없다.

한국이 인도와 협정을 체결하게 된 주요 이유는 다음과 같다.

첫째, 거대시장의 확보이다. 인도는 2014년 기준 인구 약 13억 명에다 인구 증가율도 높아 조만간 세계에서 인구가 가장 많은 나라로 될 전망이다.

둘째, 인도의 비교적 높은 수준의 수입장벽을 제거할 수 있기 때문이다.

셋째, 인도는 경제개발 초기단계이고 성장잠재력이 크기 때문에 무역증가와 함께 다양한 투자기회도 기대할 수 있기 때문이다.

2.6 한-EU 자유무역협정

한-EU 자유무역협정은 2010년 10월에 체결되고, 2011년 7월에 발효되었다.

한국이 EU와 자유무역협정을 체결하게 된 주요 이유는 다음과 같다.

첫째, 거대시장의 확보이다. 세계 최대 단일경제권인 EU와 자유무역협정을 맺음으로써 거대시장을 이용할 수 있다는 점이다.

둘째, 산업의 고도화와 경쟁력 향상이다. 선진국들인 EU와 시장을 공유함으로써 상품이 질적으로 향상되고, 강화된 경쟁속에서 기업의 효율성이 제고되는 가운데 산업의 고도화와 경쟁력 향상을 기대할 수 있다.

셋째, 경제성장과 고용증가에 대한 기대이다. 한국은 대EU무역에서 흑자를 시현하고 있기 때문에 무역장벽이 낮아지면 국제수지, 국내고용, 경제성장 등에 긍정적인 영향이 클 것으로 예상되기 때문이다.

넷째, 경쟁국가에 대한 우위확보이다. 유럽시장에서 경쟁관계에 있는 일본, 중국 등 다른 아시아국들보다 먼저 자유무역관계에 들어감으로써 선제적 효과를 누릴 수 있다는 점이다.

다섯째, 경제 및 사회의 선진화이다. EU와의 긴밀한 경제관계 형성으로 경제의 투명성이 증가되고, 제도 및 관행이 개선되어 한국 경제 및 사회의 선진화를 앞당길 수 있다는 점이다.

여섯째, 한-미 자유무역지역과 함께 한-EU 자유무역지역을 형성함으로써 국제경제관계의 지역적인 균형과 견제를 이룰 수 있다.

2.7 한-페루 자유무역협정

한-페루 자유무역협정은 2011년 3월에 체결되고, 2011년 8월에 발효되었다. 한국이 페루와 자유무역협정을 체결하게 된 주요 이유는 다음과 같다.

첫째, 천연자원의 안정적인 확보이다. 페루는 은, 아연, 주석, 금, 동 등 지하 광물자원 매장량이 세계 최고수준이다.

둘째, 시장의 확보이다. 페루는 2014년 기준 인구 약 3,000만 명에 면적 약 128만 ㎢로 대한민국의 약 13배에 해당하는 넓은 국토를 갖고 있으나, 자동차, 전자제품 등에 높은 관세를 유지하고 있어 그간 시장진출에 어려움이 있었다.

셋째, 남미시장 진출의 교두보로서의 역할을 할 수 있다. 칠레에 이어서 페루 와의 자유무역협정은 다른 남미국가 또는 남미의 큰 자유무역블록인 MERCOSUR 와의 자유무역협정 체결에도 도움이 될 수 있다.

넷째, 경쟁국가에 대한 우위확보이다. 한국과 경쟁관계에 있는 일본, 중국보 다 먼저 자유무역지역을 형성함으로써 시장선점의 효과를 누릴 수 있다.

2.8 한-미국 자유무역협정

한미 자유무역협정은 2004년 11월 한-미 APEC 통상장관회담에서 자유무역 협정추진 가능성을 위한 사전점검회의 개최가 합의되고, 2006년 2월 자유무역 협정을 추진하기로 합의되어 협상이 시작되었다. 동 협정은 2007년 4월에 협상 이 타결되어, 2007년 6월에 서명되고, 2012년 3월 발효되었다.

한국이 미국과 자유무역협정을 체결하게 된 주요 이유는 다음과 같다.

첫째, 거대시장의 확보이다. 미국은 세계최대의 시장으로 자유무역협정으로 이 시장을 안정적으로 확보하게 된다면 한국의 수출과 경제발전에 매우 큰 긍 정적인 효과를 가져올 수 있기 때문이다.

둘째, 미국시장에서 경쟁국가에 대한 우위확보이다. 최근 한국은 미국시장에 서 일본의 경쟁력을 따라잡지 못한 상태에서 중국이나 다른 개도국으로부터 추 월당할 수 있는 치열한 경쟁을 맞게 되었다. 이러한 상황에서 한국이 미국과 자 유무역관계에 들어가게 되면 한국상품의 경쟁력을 크게 높일 수 있기 때문이다.

셋째, 경제와 산업의 경쟁력 향상이다. 미국과 자유무역협정을 맺게 되면 큰 시장의 강화된 경쟁속에서 기업과 산업의 효율성이 개선되고 발전속도가 빨라지기 때문이다.

넷째, 경제 및 사회의 선진화이다. 선진국인 미국과 공조하고 협력하는 가운데 낙후된 한국의 경제 및 사회 전반의 제도와 환경을 개선하고 발전시킬 수 있다.

다섯째, 한국이 큰 시장의 영역에 들어감에 따라서 안정된 물자공급과 물가수준의 하락을 가져올 수 있고, 선택의 폭을 확대함으로써 소비자 후생수준을 높일 수 있다.

여섯째, 미국과의 경제적인 유대강화는 정치, 외교, 군사적 유대강화로 이어져 국가의 안보와 국력을 증대시킬 수 있다.

일곱째, 세계화의 변화에 유리하게 대처할 수 있다. 미국은 지식과 정보에 앞서 있고 세계의 표준을 선도하는 국가이기 때문에 미국과의 경제적 유대강화는 국제경제활동에서 여러 가지 이점을 가져다 줄 수 있다.

2.9 한-터키 자유무역협정

한-터키 자유무역협정은 2012년 8월에 체결되고, 2013년 5월에 발효되었다. 한국이 터키와 자유무역협정을 체결하게 된 주요 이유는 다음과 같다.

첫째, 시장의 확보이다. 터키는 2012년 기준 인구 약 7,400만 명의 큰 내수시장을 갖고 있다.

둘째, 터키는 지정학적으로 유럽과 아시아를 잇는 위치에 있고, 중앙아시와 아프리카로 진출하는데 교두보 역할을 할 수 있으며, 이슬람문화권에 진출하는데도 활용될 수 있다.

셋째, 터키는 EU와 관세동맹국이어서 EU시장 진출에도 도움이 될 수 있다.

2.10 한-캐나다 자유무역협정

한-캐나다 자유무역협정은 2014년 9월에 체결되고, 2015년 1월에 발효되었다.

한국이 캐나다와 자유무역협정을 체결하게 된 주요 이유는 다음과 같다.

첫째, 시장의 확보이다. 캐나다는 경제규모가 크며 안정된 소비시장을 갖고 있고, 한국과 보완적인 산업구조를 갖고 있어 한국 공산품의 수출증대를 기대할 수 있다.

둘째, 캐나다는 석유, 천연가스, 우라늄 등 천연 에너지자원이 풍부하여 한국의 에너지자원 확보와 개발투자에 도움이 될 수 있다.

2.11 한-호주 자유무역협정

한-호주 자유무역협정은 2014년 4월에 체결되고, 2014년 12월에 발효되었다.

한국이 호주와 자유무역협정을 체결하게 된 주요 이유는 다음과 같다.

첫째, 시장의 확보이다. 호주는 높은 소득수준에 안정된 소비시장을 갖고 있고, 한국과 보완적인 산업구조를 갖고 있어 한국 공산품의 수출증대를 기대할 수 있다.

둘째, 호주는 넓은 국토에 한국이 주로 수입하는 철광, 석탄, 원유와 같은 천연자원이 풍부하기 때문에 한국의 천연자원 확보와 개발투자에 기여할 수 있다.

2.12 한-중국 자유무역협정

한중 자유무역협정은 2015년 6월에 체결되고, 2015년 12월에 발효되었다.

한국이 중국과 자유무역협정을 체결하게 된 주요 이유는 다음과 같다.

첫째, 거대시장 확보이다. 중국은 2015년 현재 13억 7천만 명으로 인구에서 세계 1위이고 GDP규모에서 세계 2위의 거대시장이다. 여기에다 급속한 경제성장을 하고 있어서 잠재력면에서도 매우 크고 유망한 시장이다.

둘째, 중국은 한국의 가장 큰 교역국이어서 자유무역협정은 그만큼 경제적인 이익이 더 많이 발생하게 된다.

셋째, EU, 미국에 이어 세계 3대 경제권인 중국과 자유무역권역을 형성함으로써 한국의 주요 무역상대국들간에 균형을 유지하고 자유무역권역을 크게 넓히게 된다.

넷째, 현재 중국내에 많은 한국기업들이 진출해 있는데 자유무역협정은 이들 기업의 투자와 기업경영활동을 용이하게 한다.

다섯째, 한국과 중국간의 유대강화로 한반도의 평화와 안정에 기여할 수 있다.

2.13 한-뉴질랜드 자유무역협정

한-뉴질랜드 자유무역협정은 2015년 3월에 체결되고, 2015년 12월에 발효되었다.

한국이 뉴질랜드와 자유무역협정을 체결하게 된 주요 이유는 다음과 같다.

첫째, 뉴질랜드는 1인당 GDP 4만 달러 이상으로 구매력이 높은데다 1차산업이 발전한 반면 공산품의 대부분을 수입에 의존하고 있어 한국과 보완적인 관계에서 무역확대를 기대할 수 있다.

둘째, 농림수산분야에서 뉴질랜드의 선진기술의 공유와 협력을 강화할 수 있는 토대를 마련할 수 있으며, 한국의 인력진출 확대에 긍정적인 역할을 할 수 있다.

2.14 한-베트남 자유무역협정

한-베트남 자유무역협정은 2015년 5월에 체결되고, 2015년 12월에 발효되었다.

한국이 베트남과 자유무역협정을 체결하게 된 주요 이유는 다음과 같다.

첫째, 시장의 확보이다. 베트남은 인구 9천만 명에 높은 경제성장으로 향후 소비재수요가 증가될 것으로 기대되는 신흥시장이다.

둘째, 현재 베트남에 많이 진출해 있는 한국기업들의 활동과 한류의 진출에도 긍정적인 효과를 기대할 수 있다.

2.15 한-콜롬비아 자유무역협정

한-콜롬비아 자유무역협정은 2013년 2월에 체결되고, 2016년 7월에 발효되었다.

한국이 콜롬비아와 자유무역협정을 체결하게 된 주요 이유는 다음과 같다.

첫째, 콜롬비아에 대한 수출증가와 함께 콜롬비아가 대서양과 태평양에 걸쳐 있어 한국이 북중미와 남미를 연결하는 전략적 교두보로 활용할 수 있다.

둘째, 콜롬비아는 자원풍부국이기 때문에 한국기업의 자원개발사업 진출을 기대할 수 있다.

3 APEC

아시아 · 태평양경제협력체(Asia Pacific Economic Cooperation: APEC)는 태평양 연안국가로 이루어진 경제협력체이다. 1989년 11월 한국, 미국, 캐나다, 일본, 오스트레일리아, 뉴질랜드, 아세안 6개국(태국, 말레이시아, 인도네시아, 싱가포르, 필리핀, 브루나이) 등 12개국이 결성하였고, 그후 중국, 홍콩, 대만, 멕시코, 파푸아 뉴기니아, 칠레, 러시아, 베트남, 페루 등이 가입하여 21개 회원국으로 되어 있다.

APEC의 목표는, 첫째, 지역내 무역 및 투자의 자유화, 둘째, 지역내 통신, 교통, 인력 등 특정 분야에서 협력과 기술이전, 셋째, 지역내 공동경제정책의 수립과 협력, 넷째, 무역 및 투자의 사업기회에 대한 정보교환과 데이터시스템의 구축 등을 들 수 있다.

1994년 「보고르 선언」에서 선진국은 2010년까지, 개도국은 2020년까지 역내의 무역 및 투자를 자유화하기로 하여 단계별 목표를 설정하였고, 1995년 오사카선언에서 이를 위한 행동지침이 채택되어 각국은 매년 개별행동계획을 제출하여 자발적으로 자유화를 이행해 나가고 있다.

APEC의 특성은, 첫째, 현재로는 경제통합기구가 아니라 하나의 협력체로서 강한 결속력을 가진 것은 아니지만 장기적으로는 이와 같은 기구로 발전할 가능성이 있다는 점, 둘째, 역외국에 대해서도 함께 자유화를 추진하는 개방적 지역주의를 표방하며, 셋째, 전원합의의 의사결정원칙을 따르며, 넷째, 중장기의 자유화계획하에 점진적인 발전을 목표로 한다는 점 등이다.

APEC의 규모는 대단히 크다. 세계경제에서 APEC지역의 비중은 2014년 기준으로 GDP에서는 56.5%, 상품교역량에서는 49.8%, 그리고 인구에서는 38.9%를 차지하고 있다. 게다가 높은 성장세를 보이고 있는 지역이어서 많은 잠재력을 보유하고 있다.

그러나 경제통합에 있어서 중요한 요소인 국가간의 동질성에 있어서 경제, 사회, 문화적인 차이가 심하고 지리적으로도 서로가 먼 거리에 있어 결속력 있는 경제통합체로 발전하는데 전망이 밝은 것만은 아니다.

표 5-6   APEC 연황   (기준: 2014년)

단위＼구분	인구	총면적	GDP	수출	수입	서비스수출	서비스수입	회원국수
수치	2,828	6,235	44,107	9,114	9,390	1,896	1,922	21
세계에서의 비중(%)	38.9	41.9	56.5	49.3	50.4	37.4	39.1	

참고: 역내무역 포함, 인구단위는 백만 명, 면적단위는 만 ㎢, 금액단위는 십억 달러.
자료: APEC, *StatsAPEC*, http://statistics.apec.org. 2016년 7월 15일 발췌.
　　　WTO, *International Trade Statistics*, 2015.

주요용어

개방적 지역주의	폐쇄적 지역주의	자유무역지역	관세동맹
공동시장	경제동맹	완전경제통합	무역전환
무역창출	EU	EEC	EC
마스트리히트조약	EFTA	NAFTA	AFTA
ASEAN	ASEM	APEC	

연습문제

01 지역경제통합에 대한 WTO의 입장을 설명하시오.

02 지역경제통합의 유형을 열거하고 그 내용을 약술하시오.

03 경제통합의 무역창출효과를 설명하시오.

04 경제통합의 무역전환효과를 설명하시오.

05 지역경제통합의 경제적 효과를 논술하시오.

06 지역경제통합의 동태적 효과를 논술하시오.

07 EU의 발전과정을 논술하시오.

08 한국의 지역경제통합에 대하여 논술하시오.

09 한-칠레 자유무역지역협정이 체결된 배경을 약술하시오.

10 한-미국 자유무역협정에 대하여 논술하시오.

11 한-중국 자유무역협정에 대하여 논술하시오.

12 APEC의 특성에 대하여 약술하시오.

CHAPTER 06

무역에서의 환경문제

무역에서의 환경문제

제1절 세계적 환경문제와 국제환경협약

1 세계적 환경문제

18세기 산업혁명 이후 선진국을 중심으로 진행되어온 공업화는 20세기 후반 이후 세계적으로 확산되었고, 이로 인하여 여러 가지의 심각한 환경문제가 발생하게 되었다. 지금 세계적으로 위협이 되고 있는 환경문제는 지구온난화, 대기오존층의 파괴, 동식물의 멸종, 산성비, 자원의 고갈, 자연환경의 파괴 등 다양하다. 이중 주요 환경문제를 개별적으로 살펴보기로 하자.

1.1 지구온난화

지구온난화는 인류의 생존기반에 직접 연관되는 중요한 문제이다. 국제연합

기후변화에 관한 정부간 패널(UN IPCC) 제4차 평가보고서에 의하면 과거 100년간 지구의 평균기온은 0.74℃ 상승되었고, 이러한 상승은 가속되는 추세에 있다고 한다. 지구표면의 온도상승은 해수면상승을 가져오고 홍수와 가뭄 등의 기상이변을 일으켜서 인류를 포함한 모든 생물의 생존에 위협이 된다.

이 지구온난화의 주요 원인은 인간의 활동으로 발생된 이산화탄소, 메탄 등의 가스가 대기권에 쌓이면서 온실효과를 발생시키기 때문인 것으로 추측되고 있다. 지구온난화는 그 원인이 되는 행위가 세계 어느 곳에서 이루어지든 결과는 지구 공동으로 영향을 받게 된다. 그래서 세계가 공동으로 대응하지 않으면 안 된다.

이 지구온난화 문제에 대응하기 위하여 국제협약으로 「기후변화에 관한 국제연합 기본협약(UN Framework Convention on Climate Change: UNFCCC)」, 「교토의정서(Kyoto Protocol)」 등이 체결되었다. 「기후변화에 관한 국제연합 기본협약」은 지구온난화를 막기 위하여 온실기체의 발생을 줄이기 위한 협약으로 1992년 브라질 리우데자네이루에서 체결되었다. 또 「교토의정서(Kyoto Protocol)」는 1997년 12월 일본 교토에서 개최된 지구온난화 방지 교토회의에서 채택된 의정서로 「기후변화에 관한 국제연합 기본협약」의 수정안이다. 이 협약에 따라 각국은 이산화탄소, 메테인, 이산화질소, 과불화탄소, 수소화불화탄소, 육불화황 등 6종류에 대하여 각국의 배출감소목표를 설정하고, 배출량을 줄이지 않는 국가는 무역규제를 받게 된다.

1.2 오존층의 파괴

지구의 대기구조는 대류권(troposphere), 성층권(stratosphere), 중간권(mesosphere), 그리고 열권(thermosphere) 등으로 나누어진다.[1]

성층권내의 오존은 태양으로부터 방출되는 자외선을 흡수하기 때문에 지구의 생명체를 자외선의 피해로부터 보호해주는 역할을 한다. 따라서 오존층이 파

---

[1] 성층권내에서 지상 약 25km 부근에 오존이 밀집되어 있는데 이 층을 오존층(ozone layer)이라고 한다. 성층권의 오존은 산소분자가 태양의 자외선을 받아 두 개의 산소원자로 분해되어 이 산소원자가 다른 산소분자와 결합하여 생성된다.

괴되면 과도한 자외선노출로 피부암, 백내장, 인체면역기능저하, 농수산물 수확
감소, 돌연변이 발생, 기후변화 등이 발생하게 된다.

오존층의 파괴는「염화불화탄소(Chlorofluorocarbons: CFCs)」,[2]「할론(Halon)」,
「4염화탄소(Carbontetrachiloride: CCI₄)」, 「메틸 클로로폼(Methyl Chloroform:
CH_3CCI_3)」 등의 기체가 성층권에서 자외선에 의해 분해되면서 오존을 파괴하는
것으로 알려져 있다. 현재 세계도처에서 오존층이 엷어지고 있는데, 특히 양극
지방의 오존층이 많이 파괴되고 있고 남극에서는 오존홀이라는 오존층 대기에
구멍이 생겨 오존층 파괴가 현저히 나타나고 있다.

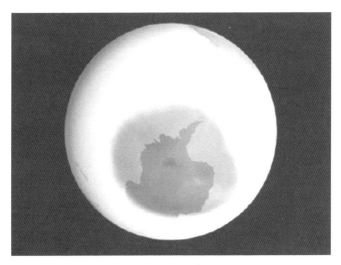

■ 남극의 오존홀 ■

이 문제에 대하여 1985년 오존층보호를 위한 「비엔나협약」이 채택되었고,
1987년 캐나다 몬트리올에서 「오존층파괴물질에 대한 몬트리올의정서」가 채택
되어 CFCs와 Halon의 수출입을 금지하기로 합의하였다.

---

2 보통 프레온가스로 일컫는다.

1.3 산성비

산성비는 아황산가스나 질소산화물과 같은 대기오염물질이 대기중의 수증기와 작용하여 산성의 황산이나 질산을 형성하고 이것이 빗물로 떨어지는 현상이다. 석탄 등의 화석연료에 황이 들어있기 때문에 아황산가스는 화력발전소에서 주로 배출되고, 질소산화물은 열기관이나 자동차의 석탄, 석유 등의 연소에 의하여 생기며, 또 번개의 방전에 의해서 자연적으로 생기기도 한다. 산성비는 인체에 호흡기질병, 암, 피부병을 유발하며, 농작물의 수확감소, 수목피해, 대리석과 석회암으로 된 역사유적의 부식, 건축물과 자동차 등의 물품에 손상을 주게된다.

1.4 열대우림의 감소와 사막화

열대우림은 지구 육지의 약 23%를 뒤덮고 있는데 매년 약 460만ha씩 사라지고 있다.[3] 열대림 감소는 온실가스에 대한 지구 자정능력의 상실, 삼림자원의 감소, 생태계의 파괴로 인한 동식물 서식지 감소 및 생물종 다양성의 감소 등 심각한 환경문제를 일으킨다. 특히 동남아시아, 남미 및 아프리카지역은 위험하리만큼 삼림이 부족하다. 이 지역에서는 벌목속도가 식목속도보다 훨씬 빨라 삼림지역이 급속하게 감소하고 있다. 아직도 전 세계 인구의 3/4이 주연료원을 나무에 의존하고 있기 때문에 이 지역의 인구 증가와 함께 수림은 계속 감소하고 있다.

사막화란 기후변화, 인간활동 등의 요인에 의하여 건조, 반건조, 건조저습지역에서 토양의 질이 저하되어 토양이 점차 사막으로 변하는 현상을 말한다. 사막화가 진행되는 땅은 지구 육지면적의 약 1/3에 달한다. 사막화는 경작지 감소로 식량 생산량을 감소시켜 농촌을 피폐화시키고, 이 결과 환경문제뿐만 아니

---

3 열대림은 아시아에서 매년 220만ha, 남미와 카브리지역에서 매년 190만ha, 아프리카에서 매년 47만ha가 사라진다. 열대림은 지구의 허파 역할을 한다. 열대림은 탄소동화작용에 의해 이산화탄소를 흡수하고 산소를 배출함으로써 해양의 이산화탄소 흡수능력과 함께 온실가스에 대한 지구 자정능력에 있어서 매우 중요한 한 부분이다.

라 기근과 빈곤 등의 사회문제를 일으킨다. 또한 사막화는 생태계를 파괴하는 등 환경문제를 야기시킨다.

사막화의 원인은 자연적인 것과 인위적인 것으로 나눌 수 있는데, 국제연합 환경계획(UNEP)에 의하면 세계 45개 지역의 사막화 현상에서 이상기후나 기상조건의 변화 등과 같은 자연적인 원인에 의해 사막화가 된 경우는 13% 정도이고, 나머지 87%는 인류행위의 영향으로 사막화가 이루어지고 있는 것으로 보고 있다. 대기오염물질에 의한 지구온난화 및 토양산성화, 방목이나 경작, 벌채에 의한 삼림파괴, 경작지 및 방목지 확대, 화전, 관개나 농약 과다사용으로 인한 토질악화 등의 원인에 의해 사막화가 가속화된다. 사막화가 진행되면 식생파괴, 토양침식, 모래의 집적, 토양의 황폐화 등 사막화의 여러 현상이 나타나고, 최종적으로는 식량생산의 기반 그 자체가 파괴되어 최악의 경우 식량난에 의해 인류사회에 큰 재앙을 초래할 수도 있다.

이 사막화문제는 1992년 브라질의 리우데자네이루의 "국제연합 환경개발회의" 이후 국제적인 문제로 다루어지게 되었다.

1.5 동식물 멸종

동식물이 멸종되는 것은 자연적인 현상이다. 그러나 지난 수십 년에 걸쳐 멸종되는 동식물이 많아지고 있고 이것이 인간의 활동과 관련되어 있다는 점에서 문제가 된다.[4]

동식물 멸종의 원인이 되는 인간의 행위는 서식지의 파괴, 남획, 공해 등이다. 동식물의 멸종은 생태계의 변화를 가져올 뿐만 아니라 미래에 약재원료와 같이 인간에 유익하게 사용될 수도 있는 자원을 잃게 된다는 측면에서 큰 손실이 된다. 그래서 동식물의 멸종을 방지하는 적극적인 노력이 요구되고 있다. 멸종되어 가는 동식물을 보호하기 위한 하나의 방법은 동식물 보호지역을 두고 이들을 관리하는 것이다. 또 다른 방법으로는 사람들로 하여금 동식물을 포획

---

4 연구에 의하면 인간활동에 의하여 멸종된 새는 18세기에는 24종, 19세기에는 61종, 1900 ~1987년 사이에는 70종이었고, 인간활동에 의하여 멸종된 포유류는 18세기에는 8종, 19세기에는 29종, 1900~1987년 사이에는 52종이라고 한다.

채취함으로써 생기는 경제적인 이익이 발생되지 않도록 하는 일이다. 예를 들어, 상아의 소비수요와 거래행위를 억제함으로써 야생코끼리에 대한 수렵을 막을 수 있는 것이다.

「멸종위기 야생동식물 국제거래에 관한 협약(Convention on the International Trade in Endangered Species of Wild Fauna and Flora: CITES)」은 멸종위기에 있는 코끼리, 회색고래, 바다거북 등을 비롯한 900여종에 대하여 상거래를 금지하고, 비상업적인 거래라도 수출을 위해서는 정부당국의 허가를 받도록 하고 있으며, 다른 26,000종에 대해서는 제한적인 범위에서 상업적 거래가 가능하도록 하고 있다.

1.6 자원의 고갈

1) 자원의 과소비

현대문명에서의 인간생활은 많은 자원의 소비를 기초로 한다. 그런데 문제는 이들 자원의 부존량은 한정되어 있다는 점과 현재 이들 자원을 너무 많이 소비하고 있다는 점이다. 해당 자원이 없으면 인류의 삶에 큰 영향을 줄 수 있는 자원들이 급속히 소진되어가고 있다.[5] 이것은 그 부존량에 비해서 현재 너무 과도하게 자원을 사용하고 있기 때문이다.

유용자원의 소진은 그것을 더 이상 사용할 수 없음으로 인하여 인류생활에 큰 어려움이 발생할 수 있고, 또 미래시점에 더 유용한 용도로 사용할 수도 있는 자원을 지금 다 소모해 버리는 것이 될 수 있다. 이러한 점에서 현세대의 과도한 자원소비는 당연히 억제되어야 한다.

2) 수산자원의 고갈

수산물은 세계의 중요한 자원이다. 공해상의 어족자원은 어느 누구의 소유도 아니다. 그래서 서로 많이 잡으려고 한다. 어느 한 회사가 어족자원보호를 위하

---

5 주요 자원의 가채년수를 보면 앞으로 석유 40년, 천연가스 60년, 구리 36년, 철광석 240년 등 인류생활에 많은 혜택을 주어왔던 자원들의 부존량이 많이 남지 않았다.

여 적게 잡는다는 것은 다른 회사로 하여금 더 많이 잡도록 해주는 결과로 될 뿐이기 때문에 어족자원보호를 위한 방향으로의 힘이 형성되지 않는다. 이러한 상황에서 산란기나 미성숙어를 잡는 경우도 많기 때문에 더 늘릴 수도 있는 전체 어획고를 스스로 줄이는 결과를 가져오게 된다. 이와 함께 오염과 서식지파괴 또한 어족자원 유지에 중대한 위협이 되고 있다.[6]

이러한 가운데 어업기술이 발달하고 선단이 증가하여 세계는 과도한 조업설비로 전 세계 어로산업계에 손실이 연간 500억 달러에 이르고 있고 정부의 어업보조금은 연간 340억 달러에 이르고 있다. 어족자원을 잘 관리한다면 세계 어획량을 현재보다 10~20% 정도 더 늘릴 수 있을 것으로 추산되고 있다. 세계적인 차원에서의 어족자원관리를 통하여 자원의 고갈을 막는 동시에 어획량을 증대시켜 나가야 한다. 그러기 위해서는 세계적인 차원에서 공동의 노력이 필요하고 어족자원보호를 위한 국제적인 준칙이 마련되어야 한다. WTO에서는 어업보조금 삭감문제가 논의되고 있고, 국제연합 식량농업기구(FAO)를 비롯한 국제기구에서 어족자원보호를 위한 방안을 마련하려고 시도하고 있으나 실효성 있는 조치는 아직 없는 상태이다.

2 국제환경협약

환경오염의 문제에 대처하기 위한 국제적인 협력의 노력이 실질적으로 시작된 것은 1970년대부터이다. 1972년 국제연합은 스톡홀름에서 「국제연합 인간환경회의(UN Conference on Human and Environment)」를 개최하였다. 이는 지구환경문제에 관한 최초의 국제회의로서 여기서 환경보전을 위한 26개 원칙을 담은 스톡홀름 「인간환경선언」을 채택하였는데, 이 선언은 지구환경논의의 기본헌장이라고 할 수 있다.

이후 1973년에는 지구환경문제의 중심기구로서 「국제연합 환경계획(UN

---

6 국제연합 식량농업기구(FAO)에 의하면 지금 세계는 어족자원의 8%는 고갈되었고, 16%는 남획상태에 있으며, 52%는 지속가능한 최대생산량에 도달하여, 단지 23% 정도가 어획량의 증대에 여유가 있는 것으로 조사되고 있다. 그래서 세계의 연간 어획량은 1980년대 후반 이후에 증가세를 멈추고 7,700만 톤에서 8,600만 톤 사이에서 정체되어 있다.

Environment Program: UNEP)」이 설치되었다. 그리고 1992년 국제연합은 리우데자네이루에서 「국제연합 환경개발회의(United Nations Conference on Environment and Development: UNCED)」를 개최하여 리우선언을 채택하였다.[7]

이러한 가운데 경제발전이 이전의 성장위주의 개발에서 지속가능한 개발이라는 개념으로 바뀌게 되었다. 지속가능한 개발은 미래 후손들의 삶의 여건을 저해하지 않으면서 현재의 삶의 여건을 개발한다는 것이다.

1970년대 이후 국제환경협약들이 체결되기 시작하였는데, 먼저 1973년 「멸종위기 야생동식물 국제거래에 관한 협약(CITES)」이 체결되었다. 그리고 1980년대 후반에 들어서면서 환경보전을 위한 각종 국제환경협약이 체결되었다. 대표적으로는 오존층보호를 위한 1985년 「비엔나협약」과 1987년 「몬트리올 의정서」, 1989년 유해폐기물의 국경이동 및 처분에 관한 「바젤협약」, 1992년 「기후변화에 관한 국제연합 기본협약」 등이다.

이후에도 지구환경문제가 점점 더 심각하게 인식되어지면서 이에 대응하는 국제적 협력의 증대와 함께 많은 국제환경협약들이 체결되어, 2016년 현재 이러한 환경관련 협약은 약 250여개나 된다.

3 국제환경협약의 무역관련 조치

환경보호를 목적으로 하는 국제환경협정중에는 국제거래의 금지와 같은 무역관련 조항을 포함하고 있는 협약들도 많다. 대표적으로 다음과 같은 협약들이 있다.

---

7 리우선언은 지구환경보전에 관한 기본원칙을 담은 선언문이다. 이 선언문과 함께 이를 보다 구체화한 「의제21(Agenda21)」도 채택되었다. 이 리우선언은 지구환경과 개발체제의 통합을 목표로 세계가 협력한다는 취지 아래 환경파괴에 대한 책임 부여, 지구생태계 보존, 환경훼손 방지, 환경분쟁의 평화적 해결 등의 내용을 담고 있다. 또 이 선언은 1972년 스웨덴 스톡홀름의 「인간환경선언」이 나온지 20년 만에 채택된 행동지침이라고 할 수 있다.

표 6-1	무역관련 주요 환경협약			
협약명	주요 내용	채택일	발효일	한국가입
CITES	멸종위험 야생동식물종의 국제거래규제	1973.3.3	1975.7.1	1993.10.7
Vienna Convention	오존층 보호를 위한 국제적인 협약	1985.3.22	1988.9.22	1992.5.27
〈Montreal Protocol〉	비엔나협약의 의정서로 염화불화탄소의 생산과 사용 규제	1987.9.16	1989.1.1	1992.5.27
Basel Convention	국제적으로 문제가 되는 유해 폐기물의 국가간 이동 및 그 발생을 억제하기 위한 협약	1989.3.22	1992.5.5	1994.5.29
Rotterdam Convention	인체 및 환경에 유해한 화학물질의 교역시 수출국이 사전에 수입국에게 사전통보와 승인을 받도록 규정	1998.9.10	2004.2.24	2004.2.24
UNCBD	지구상의 생물다양성 보전과 지속 가능한 사용을 위한 협약	1992.5.22	1993.12.29	1995.1.1
〈Cartagena Protocol〉	생물다양성협약의 의정서로 유전자 조작 생물체 이용의 악영향 방지 및 국가간 이동시 사전통보	2000.1.29	2003.9.11	2003.9.11
Stockholm Convention	잔류성 유기오염물질의 제조, 사용 및 수출입의 금지	2001.5.22	2004.5.17	2004.5.17

참고: 〈협약의 정식명칭〉
· CITES(멸종위기 야생동식물 국제거래에 관한 협약): Convention on International Trade in Endangered Species of Wild Flora and Fauna
· Vienna Convention(비엔나협약): The Vienna Convention for the Protection of the Ozone Layer
· Montreal Protocol(몬트리올 의정서)
· Basel Convention(바젤협약): Basel Convention on the Control of Transboundary Movements of Hazardous Wastes and Their Disposal
· Rotterdam Convention(로테르담협약): Rotterdam Convention on the Prior Informed Consent Procedures for Certain Hazardous Chemicals and Pesticides in International Trade(일명 PIC Convention)
· UNCBD(생물다양성협약): UN Convention on Biological Diversity
· Cartagena Protocol(카르타헤나의정서): Cartagena Protocol on Biosafety
· Stockholm Convention(스톡홀름협약): Stockholm Convention on Persistent Organic Pollutants (일명 POPs 협약)

■ 멸종위기 야생동식물 국제거래에 관한 협약(CITES)   멸종위기에 있는 동식물의 상업목적의 국제거래금지
■ 비엔나협약(Vienna Convention)   오존층파괴물질에 대한 수출입금지
■ 바젤협약(Basel Convention)   유해폐기물에 대한 국경간 이동금지
■ 로테르담협약(Rotterdam Convention)   인체 및 환경에 유해한 화학물질의 교역시 수출국의 사전통보와 수입국 승인
■ 스톡홀름협약(Stockholm Convention)   잔류성 유기오염물질의 수출입금지
■ 생물다양성협약(UNCBD)   생물다양성 보전과 유전자 조작 생물체의 국가간 이동규제
■ 기타 동식물 보호협정에서 수출입금지   환경협약도 WTO의 무역에 관한 협약과 동일한 국제협약이므로 각국이 이들 협약에 따라 규제하게 된다. 현재까지 WTO에서는 이러한 환경과 관련되는 무역의 문제에 대하여 자체의 규정속에 포함시키거나 이들에 대한 별도의 조치는 없다. 따라서 이러한 물품의 거래에 대해서 WTO 차원에서 규제를 한다거나 조치를 취하는 것은 없다.

제2절 무역에서의 환경문제

1 무역에서의 환경문제

무역에서의 환경문제는 지구상의 환경오염문제가 심각하기 때문에 국제무역이 환경을 악화시키기보다는 환경을 개선시키는 방향으로 이루어져야 한다는 데서 시작된다. 현재까지 국제경제활동에서는 국내에서와 달리 환경보호를 위한 규제가 체계적으로 마련되어 있지 않다. 그래서 무역에서의 환경문제는 경제활동이 환경요인을 더 많이 고려하면서 행해지도록 무역규범을 정립하는 한편, 이러한 환경을 위한 조치가 무역을 왜곡시키는 수단으로 남용되지 않도록 하는 데에 있다.

무역과 환경의 상호관계가 넓기 때문에 논의의 대상이 되는 무역에서의 환경문제는 매우 다양하다. 그러나 현재 국제무역에서 환경문제의 가장 중요한 부

분은 환경문제에 의한 무역의 왜곡과 무역에 의한 환경악화문제이다. 즉, 환경
오염문제로 인하여 무역의 공정성이 훼손될 수 있는 동시에 국제무역에서 환경
오염문제가 적정하게 통제되지 못함으로 인해서 환경을 악화시킬 수 있다는 사
실이다.

상품의 생산과정에서 환경을 보호하기 위해서는 비용이 발생한다. 기업이 이
러한 비용을 많이 지출할수록 환경은 좋아질 수 있지만 생산가격면에서 국제경
쟁력은 더 떨어지게 된다. 그래서 환경문제가 규율되지 않는 국제무역에서 환경
보호에 더 많은 비용을 지출하는 상품은 불리하고 환경보호에 더 적은 비용을
지출하는 상품은 유리하게 되어 결과적으로 세계적인 차원에서 환경보호가 어
려워지는 현상이 발생할 수 있는 것이다.

여기에 환경보호를 위한 비용을 지출하면서 생산된 제품이 그러지 않은 제
품에 비하여 불리하지 않도록 함으로써 국제무역에서의 공정성이 유지되도록
하고 이를 통하여 환경보호가 이루어지도록 하는 국제무역체제를 마련할 필요
가 있는 것이다.

2 무역과 환경의 관계

무역이 환경에 좋은 영향을 주는가 혹은 나쁜 영향을 주는가에 대하여 서로
상반된 견해가 있어 왔다. 환경보호주의자들은 무역으로 인하여 경제개발과 산
업생산이 증가하고, 각국의 경제가 개발될수록 환경오염이 많이 발생하기 때문
에 무역이 환경보호에 부정적인 영향을 준다고 주장한다. 반면에 자유무역주의
자들은 무역자유화로 국가의 소득이 증가하고, 소득이 증가하면 환경보전에 대
한 투자 여력이 생김과 동시에 환경에 대한 관심이 높아지기 때문에 오히려 환
경보호에 긍정적인 영향을 준다고 주장한다.

그런데 무역이 세계의 생산을 증가시키거나 소득을 증가시킴으로써 환경에
좋은 영향 혹은 나쁜 영향을 줄 수 있다는 식의 논의는 무역 아닌 다른 경제활
동에도 해당되는 것이며, 무역과 직접 관련되는 문제라고 할 수 없다. 그래서
무역에만 해당되는 환경관련문제에 집중해서 검토해볼 필요가 있다.

2.1 무역이 환경에 미치는 영향

1) 나쁜 영향

무역은 다음과 같은 이유로 환경에 나쁜 영향을 줄 수 있다.

첫째, 환경오염을 야기하는 물질의 교역이나 이러한 물질을 사용하여 제조된 제품의 교역에 의하여 환경오염이 확산되고 조장될 수 있다. 위험물질이나 오염물질이 외국에 나가게 되면 국내에 있을 때보다 더 통제하기 힘들다.

둘째, 생산지와 소비지가 멀어질수록 소비자는 생산과정에서 발생하는 환경오염문제를 알기 어렵다. 따라서 국내에서 판매되는 것보다 외국에 수출하는 경우에 상품의 위생이나 오염의 문제를 덜 고려하고 생산할 수도 있다.

셋째, 환경보호에 있어서 자국보다 외국의 경우에 덜 관심을 갖게 된다. 사람들에게는 애국심이 있기 때문이다. 해외에서의 자원채취활동이 국내에서의 자원채취활동보다 환경파괴가 더 많을 수 있는 것이다.

마지막으로, 환경보호비용과 상품의 국제경쟁력의 문제이다. 환경오염을 방지하는 데에는 추가적인 비용이 발생하기 때문에 오염방지비용을 부담하지 않은 제품이 이 비용을 부담하는 제품에 비하여 가격면에서 더 경쟁력을 갖는다. 그런데 자유무역은 경쟁을 더 강화시키기 때문에 기업들로 하여금 환경보호보다는 원가절감에 더 우선순위를 두게 하므로 환경오염을 야기하는 제품이 더 많이 생산될 수 있다. 많은 국가들이 자국산업의 경쟁력을 높이기 위하여 자국의 환경규제를 엄격하게 시행하지 않거나 환경규제 도입을 미루고 있다. 또한 국가마다 환경기준이 다르기 때문에 제품의 경쟁력 제고나 기업이윤의 증대를 위해서 생산설비를 환경기준이 낮은 국가로 옮기거나 이들 국가에서의 생산을 증대시킴으로써 세계적으로 오염발생이 증가할 수도 있다.

그러나 실증적인 연구결과, 실제에 있어서는 기업의 오염방지비용의 비중이 그렇게 크지 않은 것으로 나타나고 있고, 오염과 관련된 사고가 발생하거나 기업이익을 위해서 오염이 발생되는 방법으로 생산을 한다는 사실이 알려지게 되면 기업과 제품의 이미지에 부정적인 영향을 주게 되고, 이 또한 경쟁력의 일부가 되므로 이러한 선택을 하는 기업은 많지 않기 때문에 이 문제가 그리 중요하지 않다는 주장도 있다.

2) 좋은 영향

반면에 다음과 같은 측면에서는 무역이 환경에 좋은 영향을 줄 수 있다.

첫째, 무역은 환경보호를 위한 규율과 기준을 국제적으로 확산시키는 역할을 한다. 상품을 자국에 판매하고 또 외국에 수출하기 위해서는 자국뿐만 아니라 상대국의 환경기준을 넘어야 하기 때문에 일반적으로 내수용의 상품보다 더 높은 환경기준을 적용하게 된다. 더구나 여러 국가에 수출되기 위해서는 환경기준이 가장 까다로운 국가의 기준을 넘어야 하므로 적용기준이 높아지게 된다. 또한 대부분의 상품수출에 있어서 세계에서 큰 시장은 선진국시장이고, 일반적으로 선진국의 환경보호기준이 높기 때문에, 무역은 선진국의 높은 환경기준을 개발도상국에도 확산시키는 역할을 하게 된다.

둘째, 환경오염방지기술 및 환경친화적인 기술이 국제적으로 확산되는데 무역이 중요한 역할을 한다. 그래서 개발도상국들이 과거 선진국 경제발전 당시의 전철을 밟지 않고 환경을 덜 오염시키면서 경제발전을 꾀할 수 있다는 점에서도 무역이 환경보호에 긍정적일 수 있다.

셋째, 무역은 환경보호를 위한 하나의 중요한 도구가 될 수 있다. 환경보호를 위한 협정에 동참하지 않거나 환경협정을 이행하지 않는 국가에 대해서 환경협약의 범위내에서는 이를 제재할 수 있는 방법이 많지 않다. 그러나 환경기준을 미달하는 상품에 수입을 금지키로 한다면, 이것은 국가들이 환경보호를 실제로 이행케 하는 큰 힘으로 작용하게 된다. 무역규제가 환경협정의 이행을 돕는 수단으로 사용될 수도 있는 것이다.

2.2 환경에서의 무역문제와 무역에서의 환경문제

무역이 환경에 미치는 영향들에서 볼 수 있듯이 무역과 환경은 상호 연관성을 지니고 있지만 한편으로는 그 역할과 목적이 다르다. 따라서 오늘날 국제경제활동과 환경오염문제의 관계에 있어서 환경의 측면에서 본 무역의 문제와 무역의 측면에서 본 환경문제는 다음과 같다.

먼저 환경의 측면에서, 첫째, 환경오염을 야기하는 물질, 혹은 이러한 물질을 사용하여 제조된 제품의 교역에 의하여 환경오염이 확산되고 조장될 수 있으며, 둘째, 국내거래와 달리 국제거래에서는 환경에 대한 통제가 없기 때문에 경제활동과정에서 환경을 악화시킬 수 있고, 셋째, 환경오염을 제재하는 수단으로서 무역에서의 조치가 유효한 수단이 될 수 있다는 점이다.

반면에 무역의 측면에서는, 첫째, 국가간 환경규제의 차이 등으로 인하여 무역의 공정성이 훼손될 수 있으며, 둘째, 무역이 환경문제를 야기하는 근본원인이 아니지만 무역이 환경보호를 돕는 결과로 되도록 하는 것이 바람직하고, 셋째, 환경보호를 이유로 한 각종 무역제한조치의 동원은 교역의 자유로운 흐름을 막을 수 있고 보호무역주의의 위장된 수단으로 남용될 수 있다는 점이다.

3 환경오염과 무역

3.1 환경오염에 의한 외부불경제 발생

환경오염은 외부불경제를 발생시키게 된다. 기업이 생산과정에서 유해물질을 배출시킨다면 기업은 공해에 대한 비용을 지불하지 않더라도 사회적으로는 이에 대한 비용이 발생하게 된다. 이렇게 되면 시장의 기능이 작동하지 못하게 되어 시장의 실패(market failure)가 발생하게 된다.

이를 [그림 6-1]에서 보면 사회적 비용은 기업의 사적 비용에다 공해비용(C_p)을 더한 것이 된다. 그래서 사적 비용에 의한 공급곡선이 S_p이면 사회적 비용에 의한 공급곡선은 S_s가 된다. 이때 사적 비용에 기초한 생산과 소비의 균형점(E_p)은 사회적 비용에 의한 균형점(E_s)보다 가격은 더 낮고 생산은 더 많이 이루어지게 된다. 즉, 기업이 공해발생에 대한 대가를 지불하지 않아도 되는 상황에서는 사회적으로 바람직한 생산량 Q_s를 초과하여 Q_p에서 생산이 이루어지게 되는 것이다.

이것을 막을 수 있는 최선의 방법은 공해비용의 기업내부화, 즉 정부의 공해제거시설 설치의무 부과, 공해세 부과 등으로 기업으로 하여금 공해비용을 부담토록 함으로써 사적 비용과 사회적 비용의 괴리가 발생하지 않도록 하는 것이다. 이때 정부가 정책적으로 개입하는데 적용되는 원칙은 특정성의 원칙(specificity

그림 6-1 외부불경제 발생시의 시장균형과 사회적 균형

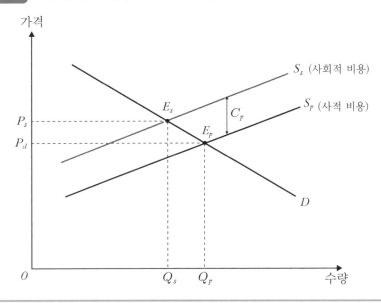

rule)이다. 즉, 사적 비용과 사회적 비용이 다른 왜곡을 시정하는데 가장 효율적인 방법은 그 왜곡이 발생한 특정부위를 시정하는 것이다. 예를 들면, 경유의 매연으로 인한 외부불경제 발생을 시정하기 위해서는 경유생산에서 세금을 부과하는 것이 자동차생산이나 화물운송서비스에 세금을 부과하는 것보다 낫다. 왜냐하면 자동차생산이나 화물운송서비스에 대한 세금부과는 경유생산을 줄이도록 하는 신호를 바로 주지 못하기 때문이다.

3.2 국내 공해와 무역

다음으로 공해로 인한 외부불경제가 발생하는 경우에 무역을 하는 경우를 보기로 한다. [그림 6-2]에서 생산과정에서 공해를 배출하면서도 공해비용을 부담하지 않는 기업이 있다고 하자. 무역이 없을 때 그 기업이 생산하는 사적 측면의 국내균형가격은 P_p가 된다.

그림 6-2   외부불경제 발생시의 국제무역

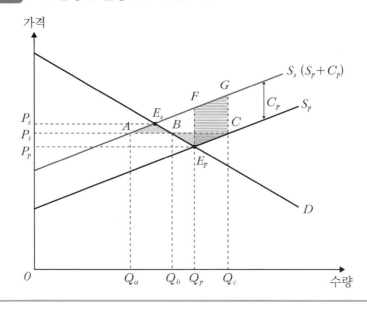

이제 무역을 하게 되었다고 하자. 국제가격이 P_i 라고 하면 Q_c 만큼 생산하게 되고, 이중 Q_b 만큼 국내에서 소비하고, Q_bQ_c 만큼 수출하게 된다. 이를 사적비용 측면에서 수출 이전과 이후의 소비자잉여와 생산자잉여 합계의 변화를 보면 소비자잉여는 $\square P_pE_pBP_i$ 만큼 감소하고 생산자잉여는 $\square P_pE_pCP_i$ 만큼 증가함으로써 $\triangle E_pCB$ 만큼 이익이 발생함을 알 수 있다.

그러나 사회적 비용 측면에서 보면 수출하게 됨으로써 더 생산하게 된 Q_pQ_c 만큼에 대한 단위당 공해비용 C_p 가 더 발생하게 되었으므로 수출로 인해 $\square E_pCGF$ 만큼의 비용이 발생하게 된다. 따라서 수출에 따른 순이익은 이익 $\triangle E_pCB$ 와 손실 $\square E_pCGF$ 의 크기에 의하여 결정된다. $\square E_pCGF$ 가 $\triangle E_pCB$ 보다 큰 경우에는 수출을 많이 할수록 국가의 손실이 더 커지는 것이다.

이렇게 볼 때 사회적인 비용을 기준하여 본다면 상품의 국제가격(P_i)이 사회적 비용에서의 균형가격(P_s)보다 낮은 경우에는 국내생산은 Q_a 만큼만 하고 오히려 Q_aQ_b 만큼 수입하여 사용함으로써 ABE_s 만큼의 이익이 발생함을 알 수 있다. 비용이 제대로 반영되었다면 수입해야 할 국가가 오히려 수출하게 됨으로써 국가적 손실을 보게 된 것이다.

그렇기 때문에 개별기업이 공해비용을 부담하지 않아 사적 비용과 사회적 비용이 괴리될 때 국제경쟁력과 국제분업구조를 왜곡시켜 무역으로 인하여 국가 또는 사회적인 차원에서 손실만 보게 되는 경우가 발생하게 된다. 국가가 공해에 대해서는 규제하지 아니하고 수출에 대해서만 지원한다면 외국이 부담해야 할 공해비용을 자국이 부담하면서 자국내에 공해비용을 축적하는 것이 된다.

여기서도 마찬가지로 이러한 손실을 막는 최선의 방법은 공해비용의 기업내부화이다. 기업으로 하여금 공해비용을 부담토록 함으로써 사적 비용과 사회적 비용의 괴리가 발생하지 않도록 하는 것이다.[8]

3.3 공해와 국제경제활동

환경오염문제를 해결하는 최상의 방법은 정부가 환경비용발생기업으로 하여금 이에 대한 비용을 부담하게 하는 환경비용의 내부화이다. 그런데 국내경제활동은 국가행정의 통제속에 있기 때문에 환경비용의 외부성을 내부화시킬 수 있지만 국제경제활동은 이를 내부화시킬 수 있는 장치가 없다. 국가가 외국기업에 대해서도 자국기업처럼 환경비용을 내부화하는 규제를 하기가 어렵기 때문이다.

그런데 공해의 성격을 몇 가지로 나누어 볼 수 있다. 먼저 공해의 영향이 자국내에만 미치는 경우와 공해가 외국에 영향을 주는 경우의 두 가지로 나누어진다. 여기서 앞의 경우는 국제적인 문제가 될 수 없고 뒤의 경우만 국제적인 문제로 될 것이다. 문제되는 이 뒤의 경우, 즉 공해가 외국에 영향을 주는 경우는 공해의 유형에 따라 다음 세 가지로 나눌 수 있다.

첫째, 외국에서 수입되어 들어온 제품의 유해성으로 인하여 오염되는 경우이다.

둘째, 국경간 환경오염(transborder pollution)이다.[9] 이는 오염물질이 강, 바다, 대기, 땅 등을 통하여 국경을 넘어 인접하는 국가에 환경피해를 주는 경우

---

8 T. A. Pugel, *International Economics*, 16th ed. (New York: McGraw-Hill, 2016), pp. 185~288.

9 월경성 환경오염이라고도 한다.

이다.

셋째, 지구적 환경오염(global pollution)이다. 이는 세계 모든 국가가 공유하는 지구 공공재에 오염의 피해를 주는 경우가 된다. 오존층 파괴물질의 배출, 기후변화 유해물질의 배출, 생물다양성의 훼손, 멸종위기 동식물의 남획 등이 여기에 해당한다.

따라서 환경오염의 국제적인 문제를 이 세 부류로 나누어서 보다 구체적으로 보기로 한다.

1) 수입상품에 의한 환경오염

외국으로부터 유입되어온 상품에 의하여 국내의 환경이 오염되거나 국민의 생명이나 건강에 위협이 되는 경우에는 당연히 수입을 제한함으로써 이러한 물품의 유입을 막을 수 있다. 한국에 수입되어 들어온 자동차가 허용기준치 이상으로 과도하게 매연을 배출함으로써 한국의 환경을 오염시킬 때, 한국은 해당 외국자동차의 수입을 규제할 수 있는 것이다. 마찬가지로 허용기준치를 초과하는 잔류 농약에 오염된 농산물이 미국으로 수입됨으로써 미국 소비자의 건강을 해할 위험이 있을 때, 미국은 해당 농산물의 수입을 금지할 수 있다.

WTO 규범에서도 이러한 경우에 무역제한을 할 수 있도록 하는 규정을 두고 있다.

2) 국경간 환경오염

한 국가에서의 행위가 다른 국가를 오염시키는 경우이다. 이는 오염원이 강, 바다, 대기 등을 통하여 타국으로 이전되는 경우에 해당된다. 이때 국제적으로 해결할 수 있는 최선의 방법은 국제환경협정 또는 국가간 협력을 통하여 해결하는 것이고, 차선의 방법은 무역제한을 하는 것이다.

이에 대한 예를 들어 보기로 한다. 독일의 펄프공장에서 오염물질을 라인강에 방류한다고 하자. 독일의 제지업자는 오염에 대한 비용을 부담하지 않는 대신 하류에 있는 네덜란드주민들이 피해를 입음으로써 비용을 부담하게 된다. 독일주민들의 피해에 대해서는 독일정부가 해당 기업에 오염방지시설로 오염이 발생되지 않도록 하든지 오염에 대한 세금부과로 기업에 오염비용을 부담하게 함으로써 사회적 비용이 반영되는 생산이 이루어지도록 할 수 있다. 그리고 이 세금으로 피해지역주민에 보상을 할 수 있다.

그러나 독일의 오염행위로 네덜란드가 피해를 입는 경우에는 네덜란드정부 독자적으로는 독일기업의 공해발생에 대한 규제나 조치를 취할 수 없다. 따라서 이런 상태에서는 독일과 독일기업은 이익을 보는 반면, 네덜란드와 네덜란드주민은 피해를 입게 되고 제품은 사회적 비용을 반영하지 않고 과다생산됨으로써 자원의 비효율적인 사용과 오염의 과잉생산이 발생하게 된다. 이를 해결하는 방법은 독일정부와 네덜란드정부가 환경에 대한 협약 등을 통하여 협력하는 것이다. 독일정부는 자국기업에서 오염발생이 일어나지 않도록 하든지 공해에 대한 세금을 부과하여 사회적 비용을 반영한 생산이 이루어지도록 하고 또 이 세금으로 네덜란드주민의 피해에 대한 보상을 하면 된다.

그런데 이 경우는 국가간 협력이 이루어질 때 가능한 것이다. 만약 독일과 네덜란드 사이에 환경에 대한 협정이 없고 독일이 네덜란드를 위하여 행정적으로 협력해주지 않는다면 네덜란드로서는 별도리가 없다. 이때 네덜란드가 할 수 있는 방법은 독일로부터 펄프수입을 금지하는 것이다. 펄프수입을 금지함으로써 독일의 생산이 줄게 되면 오염발생도 줄어들 것이다. 보다 적극적으로 네덜란드의 펄프생산에 보조금을 지급하여 독일에 수출을 한다면 독일의 펄프생산은 더욱 줄게 되고 공해발생도 그만큼 줄게 될 것이다. 하지만 현실적으로 볼 때 현재의 WTO 규범에서는 이러한 환경보호를 위한 무역조치는 정당화되는 무역규제의 범위에 포함되지 않는다. 따라서 현재의 상황에서는 사용하기가 쉽지 않다.

3) 지구적 환경오염

한 국가에서 발생하는 환경오염으로 인하여 전 세계가 피해를 입는 경우이다. 공해방지시설의 설치에는 비용이 발생한다. A국의 기업들은 공해방지시설을 설치하여 이산화탄소를 최소한으로 줄이는 방법으로 생산하는 반면에, B국의 기업들은 공해방지시설 없이 이산화탄소를 그대로 배출하면서 상품을 생산하고 그래서 상품생산원가도 매우 낮다고 가정하자.

먼저 각국이 생산한 제품을 자국에서 소비하고 무역은 하지 않는다고 하면 각국은 자국내의 환경오염문제로서 규제하게 될 것이다. 그리고 환경관련 국제 협약에서 이산화탄소 배출을 규제하고 있으므로 이 국제협약들에 따라 각국은 자국기업의 공해배출을 규제하게 될 것이다.

다음으로 무역이 있다고 할 때 환경관련 무역문제가 발생하게 된다. 오염방 지비용으로 인하여 A국 상품가격은 비싼 반면, B국 상품가격은 싸다. 그래서 제 삼국인 C국 시장에서 가격이 낮은 B국 상품만 수입된다. 더 나아가서 A국 시장 에서도 B국 상품이 수입되어 소비됨으로써 A국 기업은 더 이상 상품생산이 어 려워지게 된다. 이렇게 되면 공해방지를 하는 기업은 소멸하고 공해방지를 하지 않는 기업은 남게 되어, 결국 세계적으로 이 제품생산은 공해방지를 하지 않는 생산방식에 의하게 된다. 그리고 더 큰 문제는 이러한 상황이 될 때 세계적으로 환경오염방지를 위한 노력이 위축될 수밖에 없다는 점이다.

물론 국가자체의 기준이나 국제환경협약에 따라 환경오염방지를 위하여 기 업의 공해배출을 규제한다. 그러나 이러한 규제가 있다고 하더라도 국가마다 규 제수준의 차이가 있기 때문에 문제는 여전히 존재한다. 환경문제를 두고 국제무 역에서의 공정성이 훼손됨과 동시에 악화가 양화를 구축함으로써 환경문제는 악화된다는 점이다.

그런데 WTO 규범에서는 이러한 경우에 무역제한을 할 수 있는 규정을 두 지 않고 있다. 따라서 개별국가는 현재 이 같은 환경오염문제를 근거로 하여 무 역규제를 할 수 없는 상태이다.

4 WTO와 환경문제

4.1 WTO의 환경관련 무역규칙

환경보호주의자들중에는 WTO는 환경보호에 나쁜 역할을 한다고 생각하는 경우가 많다. 그 이유는 환경보호는 무역을 제한하고 규제함으로써 가능한 경우 가 더 많은데, WTO는 무역의 제한을 제거하여 무역을 자유화하고 활성화시키 는 기관이기 때문이다. 그래서 WTO는 본질적으로 환경보호주의자의 노선과 다 를 수밖에 없다.

그렇지만 WTO가 무역자유화만 고려하고 다른 부분을 무시하는 것은 아니다. 무역과 관련되는 여러 다른 분야를 고려하고 있다. 그중 환경에 관한 사항으로서 무역과 관세에 관한 일반협정(GATT) 제20조 일반적 예외 (b), (g), 그리고 서비스무역 일반협정(GATS) 제14조 일반적 예외 (b)가 있다. 이들 조항의 내용을 요약하면 다음과 같다.

■ GATT 제20조   회원국들은 무역자유화의 의무를 이행하여야 하지만 다음의 목적으로 조치를 취하는 것은 허용된다.
　(b) 인간, 동물, 식물의 생명과 건강 보호
　(g) 고갈성 자원의 보존
■ GATS 제14조   회원국들은 무역자유화의 의무를 이행하여야 하지만 다음의 목적으로 조치를 취하는 것은 허용된다.
　(b) 인간, 동물, 식물의 생명과 건강 보호

GATT는 환경문제에 대한 인식이 현재와 달랐던 1940년대 중반에 마련되었기 때문에 환경보호를 고려하는 조항으로서 충분하지 못한 것이었다. 그러나 위의 규정을 바탕으로 이를 확장하여 해석함으로써 지금까지 무역에서의 환경관련문제를 처리해 왔다.

4.2 규제의 대상

환경관련 무역문제에 대하여 어떤 것을 규제하고 어떤 것은 규제하지 않는지에 대하여 GATT 및 WTO가 지금까지 보여온 기본적인 입장은 다음과 같다.
　첫째, 상품 소비과정에서 환경위해를 발생시키는 물품에 대해서는 수입국이 이를 이유로 무역규제를 할 수 있다는 것이다. 수입국이 자국을 오염시키는 물품이라든가 자국민의 생명, 건강, 안전을 위협하는 물품에 대하여 수입을 제한하는 것은 당연한 것이다.
　둘째, 상품 생산과정에서 환경위해를 발생시키는 물품에 대해서는 수입국이 이를 이유로 무역규제를 할 수 없다는 것이다. 생산과정에서의 위해발생은 수출국에서 발생하는 문제이므로 수출국에서 알아서 할 일이다. 이것은 더 우선적으로 존중되어야 할 가치라고 할 수 있는 개별국가의 주권보호와 국제적인 평화 유지와 관련되는 문제이기 때문이다.

그런데 환경보호를 위한 규제대상은 제품자체와 생산방식에 대한 것으로 나눌 수 있다. 제품자체에 대한 규제는 제품자체의 특성에 의해서 소비단계와 폐기단계에서 환경문제를 발생시키는 제품에 대하여 규제하는 것이다. 이것은 유해화학물질, 매연배출자동차, 멸종위기 동식물 등과 같이 무역통관시 쉽게 확인할 수 있어 환경보호목적의 무역조치중 가장 일반적인 형태라고 할 수 있다.

다음으로 생산방식에 대한 규제이다. 생산방식에 대한 규제는 공정 및 생산방식(process and production methods: PPMs)이라고 하여, 여기에는 제품관련 PPMs와 제품무관련 PPMs의 두 가지가 있다. 먼저 제품관련 PPMs는 제품의 특성을 좌우하는 PPMs를 말하며, 제품무관련 PPMs는 제품의 특성과는 전혀 무관한 순수한 공정 및 생산방식을 말한다.

제품관련 PPMs는 공정이나 생산방식이 제품의 특성에 영향을 미치기 때문에 제품의 소비나 폐기과정에서 환경효과를 유발하게 된다. 여기에 해당되는 예로는 우유살균법, 육우의 성장호르몬 사용, 농업살충제의 사용, 목재의 화학처리 등이 있다. 반면에 제품무관련 PPMs는 공정 및 생산방식이 생산과정상에서만 오염이 발생하여 생산지에서만 환경을 악화시키고, 제품의 특성에는 아무런 영향을 미치지 않아 소비지에서는 아무런 해를 주지 않는다. 여기에 해당되는 예로는 제품생산과정의 CFCs사용, 생산과정의 SO_2배출, 어업에서의 유자망 사용 등이다.

이렇게 볼 때 현재까지 WTO의 원칙은 소비지에서 위해를 발생시키는 경우에만 규제의 대상이 되므로 환경문제로 규제가 가능한 경우는 제품자체 또는 제품관련 PPMs에서 위해를 발생시키는 경우가 된다.

반면에 제품무관련 PPMs는 수출지의 환경에 영향을 미칠 뿐 수입국에는 영향을 주지 않으므로 수입국에서 이를 규제할 근거가 없다. 하지만 제품무관련 PPMs에서도 인접국 또는 세계 전체의 환경에 위해를 줄 수 있다. 또 엄격한 환경규제하에서 생산된 제품이 환경규제 없이 생산된 제품에 비해서 경쟁에서 불리해질 수 있어, 이로 인하여 국가들의 환경기준이 하향평준화될 수 있고, 환경규제수준의 국가간 차이가 공정한 경쟁을 저해하는 것 또한 바람직하지 않다.

이러한 측면에서 제품무관련 PPMs의 경우에도 규제할 수 있는 규범설정이 필요하고, 이는 앞으로의 WTO 다자간 무역협상에서 해결해야 할 중요한 과제중의 하나이다.

표 6-2 WTO 규범에서의 환경보호를 위한 규제

위해발생지 / 구분	소비지		생산지
적용대상	제품자체	제품관련 PPMs	제품무관련 PPMs
내용	제품이 환경문제 발생	소비과정에서 환경위해가 발생할 수 있는 방법으로 생산된 제품	생산과정에서 환경위해가 발생하는 방법으로 생산된 제품
예	유해제품, 매연배출, 멸종위기 동식물	우유살균법, 육우의 성장호르몬 사용, 살충제의 사용	CFCs사용, SO_2배출, 유자망 사용
통관시 확인	쉬움	어려움	어려움
환경효과	소비외부효과		생산외부효과
WTO 규제	인정		불인정
규제가능 여부	가능		불가

4.3 환경세의 국경세조정

환경보호를 위하여 환경기준과 같은 직접적인 규제외에도 환경세, 부과금, 보조금 등의 조세수단이 사용될 수 있다. 이때 국가간에 환경세가 다를 수 있고 이 환경세의 차이가 상품가격에 영향을 줄 수 있으므로 공정한 무역을 위해서는 국가간에 이를 조정해 줄 필요가 있다. 즉, 무역시 환경세에 대한 국경세조정(border tax adjustment: BTA)의 문제가 생기게 되는 것이다.[10] 현행 WTO 무역규범은 국가간에 조세수준의 차이가 있는 경우 국경세조정을 인정하고 있긴 하지만 그 대상을 간접세에 한정하고 있어 직접세는 대상이 되지 않는다.

---

10 국경세조정에 대한 자세한 내용은 조영정, 「국제통상법의 이해」, 제3판 (무역경영사, 2009), pp. 90~91 참조.

그런데 제품자체에 부과되는 환경세는 간접세로 분류되기 때문에 조정관세를 부과할 수 있지만, 생산과정에 부과되는 환경세는 직접세로 분류되어 조정관세를 부과할 수 없다. 즉, 현재에는 수입상품에 있어서 생산과정에 부과되는 환경세에 대해서는 자국의 동종상품이 부담하는 환경세와 동등하도록 하는 조정관세를 부과할 수 없는 것이다. 이러한 결과로 생산과정에서 환경세를 많이 부과하여 환경을 보호하는 국가의 상품은 그만큼 불리해진다. 환경오염은 주로 생산과정에서 많이 발생한다는 점을 감안하면 환경보호를 위해서는 국경세조정에 환경세를 포함시키는 것이 바람직하다. 그래서 이 문제도 환경관련 무역문제의 주요 논의대상중의 하나이다.

표 6-3   환경세의 국경세조정에 대안 WTO 규범

특성 ＼ 구분	제품에 부과되는 환경세	생산과정에 부과되는 환경세
조세성격	간접세	직접세
국경세조정	가능	불가능

4.4 WTO 환경관련의제

1970년대 이후 환경보호의 중요성이 부각되면서 국제연합에서는 1972년 「인간환경선언」을 하는 등 국제기구를 중심으로 환경문제가 논의되기 시작하였다. 때를 같이하여 GATT에서도 1972년 무역과 환경에 대한 작업반이 설치되었다. 1986년 시작된 우루과이라운드의 협상과정에서 환경문제가 논의되기 시작하여 1991년 1월 GATT는 이에 대한 검토를 위하여 「환경조치와 무역에 관한 작업반(Group of Environmental Measures and International Trade)」을 설치하였다.

이후 WTO가 출범하면서 WTO 협정 전문에 환경보호를 위한 노력과 지속가능한 개발속에서 세계자원을 가장 적합하게 이용해야 함을 명시하는 한편, 마라케시 각료회의에서 「무역과 환경에 관한 결정(Decision on Trade and Environment)」이 채택되었다. 그리고 WTO에 무역환경위원회가 설치되고 이 위원회를 중심으로 무역과 환경에 관한 문제를 다루고 있다.

그간 WTO 무역환경위원회는 국제환경협약 내용과의 관계를 포함하여 환경
관련 무역문제들을 검토하여 왔는데 여기서 제시하고 있는 주요 의제들을 살펴
보면 [표 6-4]와 같다.

2001년 시작된 도하라운드에서도 환경관련 무역문제를 논의의 대상으로 하
고 있다. WTO에서 다루게 되는 무역과 환경의 문제는 기본적으로 무역을 중심
으로 하는 논의이다. 환경문제를 해결하기 위한 국제환경협정은 별도로 있으므
로 여기서는 환경과 관련되는 무역의 문제를 논의대상으로 하는 것이다.

표 6-4 WTO 무역환경위원회의 의제

무역관련 환경의제	
의제 1	국제환경협약상의 무역조치를 포함한 환경관련 무역조치
의제 2	현저한 무역효과를 동반하는 환경정책 및 조치
의제 3	환경목적부과금, 국경세조정 및 기술규정, 환경마크, 포장 등 환경관련 제품요건
의제 4	환경목적의 무역조치와 환경조치의 투명성에 관한 국제무역규범
의제 5	국제무역규범과 국제환경협약(MEA)의 분쟁해결절차
의제 6	개도국의 시장접근에 대한 환경조치의 영향과 무역제한제거에 따른 환경효과
의제 7	국내판매금지물품의 수출문제
의제 8	지적재산권협정과 환경
의제 9	서비스무역일반협정의 환경관련 조항 검토
의제 10	민간단체와의 관계 및 문서배포관련 투명성 증진방안

자료: 조영정, 「국제통상론」, (법문사, 2009), p. 500.

5 환경관련 무역문제에 대한 국가간 입장차이

5.1 소득수준과 환경

환경오염의 종류에 따라 국가의 소득수준에 비례하여 어떤 오염은 점점 증가
하기도 하고, 어떤 오염은 점점 감소하기도 하며, 또 어떤 오염은 증가하다가 소

득수준이 더 올라가면 다시 감소하기도 한다. 그렇지만 전체적으로 보면 대체로 국가의 소득수준이 증가함에 따라 증가하다가 일정한 수준 이상에서는 다시 감소하는 경향을 보이는 것으로 알려져 있다. 이를 환경쿠츠네츠곡선(Environmental Kuznets Curve)이라고 한다.[11]

먼저 소득수준이 낮은 단계에서 경제개발을 하게 되면 산업화에 따라 오염의 발생수준이 증가하게 된다. 이때 국가의 당면문제는 경제발전으로서 경제발전의 효용이 오염발생의 비효용보다 월등히 크다. 그래서 환경오염에 대한 문제의식도 적고 오염방지를 위한 투자재원도 없다.

그러나 경제개발이 되면서 공해문제가 발생하기 시작하면서 환경보호에 대한 의식도 싹트기 시작한다. 소득수준이 높아지게 되면 건강과 보건에 대하여 더 많이 의식하게 되면서 환경에 대한 관심이 커지게 된다. 다른 한편으로는 경제가 어느 정도 발전하게 되면 오염방지에 투자를 할 만큼 경제적인 여력도 생기게 된다. 이때부터 환경오염은 점차 줄게 되는데 경제의 발전과 함께 기술수준이 향상되면서 이러한 오염감소의 추세는 계속된다.

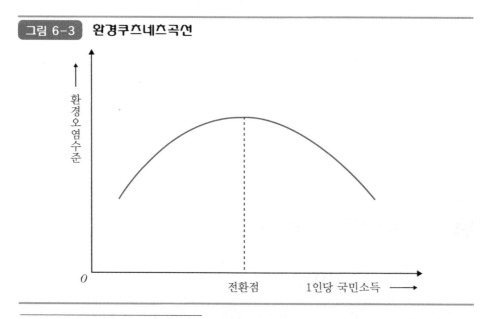

그림 6-3 **환경쿠츠네츠곡선**

---

11 소득수준과 환경오염과의 관계를 나타내는 궤적이 쿠츠네츠곡선, 즉 Kuznets(1955)의 소득불평등곡선을 닮았다하여 환경쿠츠네츠곡선(Environment Kuznets Curve)이라고 한다.

5.2 선진국과 개발도상국의 입장차이

선진국과 개발도상국간의 경제발전수준의 차이는 크다. 소득수준과 환경의 관계에서 본다면 선진국은 환경오염이 줄어드는 단계에 와있는 반면 개발도상국은 환경오염이 늘어나는 단계에 있다.

선진국은 경제가 어느 정도 발전했기 때문에 좋은 환경과 친환경 재화에 대한 욕구가 강하고 이를 창출하기 위한 경제적인 여유가 있지만, 개발도상국의 경우는 좋은 환경과 친환경 재화를 찾을 만한 경제적인 여건이 되지 않는다. 맑은 공기와 깨끗한 물이 선진국에서는 보통재이지만 개발도상국에서는 사치재인 것이다. 선진국 사람들에게는 나무를 땔감으로 사용하는 것이 삼림을 황폐화시키고 대기를 오염시키는 일이지만, 어떤 개발도상국 사람들에 있어서는 나무로 지피는 불이 아니면 밥도 못 먹고 추위에 떨어야 한다.

그렇기 때문에 국제적인 환경문제에 있어서 선진국과 개발도상국간의 입장차이가 클 수밖에 없다. 선진국은 높은 수준의 환경보호조치를 주장하는 반면, 개발도상국은 이러한 환경보호조치가 경제발전을 더 어렵게 할 수 있기 때문에 낮은 수준의 환경보호조치를 주장한다. 국제무역에서도 환경보호를 위한 규제를 도입하게 되면 수출이나 다른 경제활동에 있어서 환경보호수준이 높은 선진국은 유리한 반면에 개발도상국은 불리해지게 될 것이므로 환경관련 무역문제의 논의에 있어서 선진국은 적극적인 반면 개발도상국은 소극적인 입장을 보이고 있다.

주요용어

국제연합 인간환경회의	국제연합 환경기구	국제연합 환경개발회의	국경간 환경오염
CITES	비엔나협약	몬트리올의정서	비엔나협약
바젤협약	기후변화협약	외부불경제	리오선언
지구적 환경오염	제품관련 PPMs	제품무관련 PPMs	국경세조정

연습문제

01 오늘날 세계가 직면하고 있는 주요 환경문제에 대하여 논술하시오.

02 오늘날 무역과 환경관계에서 가장 중요한 문제는 무엇인가?

03 무역이 환경에 미치는 영향에 대하여 논술하시오.

04 생산과정의 공해발생으로 외부불경제가 발생하는 재화를 수출하는 경우의 경제적인 효과를 설명하시오.

05 중국의 제철공장에서 배출된 대기오염으로 한국이 피해를 입고 있다고 하자. 그런데 중국이 철강제품을 한국에 수출한다면 한국은 어떤 조치를 취할 수 있는가?

06 환경오염에 있어서 현재 WTO가 규제대상으로 삼고 있는 범위는 어디까지인가?

07 환경세의 국경세조정에 대하여 약술하시오.

08 환경관련 무역문제에 대한 선진국과 개발도상국의 입장을 기술하시오.

CHAPTER 07

국제요소이동

국제요소이동

1 현재의 국제경제와 국제요소이동

전통적인 무역이론에서는 재화만 국제적으로 이동이 가능하고 생산요소는 국제적으로 이동하지 않는 것을 가정해왔다. 이러한 가정은 국가와 지역마다 차이가 있겠으나 20세기 중반 이후 세계적으로 자본이동이 자유화되면서부터 현실과 다르게 되었다.

그리고 시간의 흐름에 따라 자본뿐만 아니라 노동에 있어서도 생산요소의 이동이 점점 더 활발해지고 있다.[1] 세계가 하나의 시장으로 되어가는 가운데 생산요소의 이동에 대해서도 국경장벽이 낮아지고 있고, 교통·통신의 발달로

---

1 주요 국제이동 생산요소로서 자본, 노동, 기술 등이 있겠으나 여기서는 자본과 노동을 중심으로 살펴보기로 한다.

노동과 자본의 이동과 관리가 용이해지고 있기 때문이다. 특히 최근에 지역마다 경제통합이 많이 결성되고 있는데 이중 공동시장은 생산요소에서도 국가간 이동제약을 제거하므로 국제 생산요소이동의 자유화 추세를 가속화시키고 있다.

생산요소에서의 국가간 이동은 재화에서의 무역과 마찬가지로 큰 경제적인 효과를 발생시킨다. 먼저 국제자본이동을 보면, 생산에는 자본과 노동이 결합되어야 하는데 자본은 선진국에 많고 노동은 개발도상국에 많다. 선진국은 자본이 많이 축적되어 있지만 노동력이 부족하고, 개발도상국은 자본이 부족하여 노동력은 많으나 경제활동을 하지 못하고 있는 것이다. 만약 개발도상국에서 선진국의 자본을 가져와서 경제활동을 하게 된다면 선진국은 높은 자본수익을 올릴 수 있고 개발도상국에서는 유휴노동력을 활용하여 경제활동을 크게 증가시킬 수 있는 것이다.

국제노동이동 또한 재화무역 이상으로 큰 경제적인 효과를 발생시킨다. 예를 들어, 미국과 멕시코간의 무역을 생각해 보자. 비교우위이론에 기초하여 상식적으로 판단하면 농산물과 기계중 미국은 기계를 더 많이 생산하여 수출하고 멕시코는 농산물을 더 많이 생산하여 수출하게 된다. 그러나 멕시코의 노동자들이 미국의 비옥한 땅에 가서 농산물을 생산하고 미국의 기계생산에도 참여하게 된다면 미국과 멕시코 두 나라를 합한 생산량은 무역을 할 때보다 훨씬 더 많아지게 되는 것이다.

여기서 무역으로 발생되는 이익은 각국이 상대적으로 더 싸게 생산할 수 있는 재화에 특화생산하고 이를 교환함에 따라 발생하는 이익이다. 반면에 생산요소이동으로 발생되는 이익은 어떤 재화를 생산하기에 좋은 입지에 그 재화생산에 필요한 생산요소가 이동하여 생산함으로써 더 많이 생산할 수 있음에 따라 발생하는 이익이다. 무역의 경우는 각국의 생산가능곡선을 변화시키지 않고 생산가능곡선상의 생산점만 달리함으로써 이익을 발생시키는 반면, 요소이동은 생산가능곡선을 변화시킨다. 즉, 생산요소가 경제적 효율성이 낮은 나라에서 높은 나라로 이동함으로써 요소유출국의 생산가능곡선 축소보다 요소유입국의 생산가능곡선 확대가 훨씬 더 크게 변화되고, 결과적으로 세계 전체의 생산확대가 발생하게 되는 것이다.

그런데 국제요소이동은 재화의 국제이동에 비하여 훨씬 복잡한 문제를 갖고 있다. 자본의 이동으로서의 해외직접투자는 현지국에서 현지인을 고용하고 현지 기업과 경쟁을 하기 때문에 상품과 달리 현지인과 직접적으로 접촉하는 가운데 더 복잡하고 다양한 형태의 이해관계가 형성되고, 그만큼 문제와 갈등도 더 많이 야기할 소지가 있다.

또한 국제노동력의 이동도 외국의 노동력이 현지 노동력 일자리를 나눠가지게 된다는 점에서 현지 노동력으로부터 환영받기 어렵다. 경제적인 목적으로 함께 일을 할 뿐, 인종, 문화, 가치관, 언어 등 많은 면에서 이질적인 사람들간에 발생할 수 있는 사회적인 갈등 또한 결코 작은 문제가 아니다. 현재의 정치·사회구조가 국가를 중심으로 이루어지고, 국가는 국민을 기초로 형성되기 때문에 세계화의 현재 단계에서 현지인으로서의 국민과 외국인으로서의 비국민간의 문제를 자연스럽게 소화해 내기에는 어려움이 많을 수밖에 없다.

따라서 이런 이유로 국제적 이동자유화에서 생산요소는 재화에 비하여 훨씬 느리게 진행되어 왔지만 그래도 점점 더 자유화되는 방향으로 움직이고 있는 것은 틀림없다. 세계화와 함께 자본이동에 있어서 뿐만 아니라 노동이동에 있어서도 국제적 이동자유화의 변화추세가 곳곳에서 감지되고 있다. 한국에 수십만의 외국인 노동자가 국내노동자와 함께 일하고 있다는 사실이나 미국에 불법체류노동자 수가 천만 명을 넘는다는 사실, 그리고 이주노동자와 관련된 문제가 유럽사회의 가장 큰 사회문제가 되고 있는 사실 등에서도 쉽게 발견할 수 있다. WTO에서도 현재 진행되고 있는 「도하개발어젠다(Doha Development Agenda: DDA)」협상에서 「자연인의 이동(movement of natural person: mode 4)」이라는 의제하에 근로자의 국제적인 이동문제가 논의되고 있다.

2 국제무역과 국제요소이동의 관계

제1차 세계대전 이후 한때 세계경제관계가 점점 더 긴밀해져 기술이나 생산요소가 국제적으로 자유롭게 이전될 때 무역은 소멸할 것이라는 예측도 있었다. 재화의 생산기술이 세계적으로 확산되어 모든 나라에서 같은 재화를 같은 비용으로 생산하게 되면 모든 나라들이 국내에서 필요재화를 생산할 수 있으므로 군이 무역을 할 이유가 없다는 것이다. 그러나 이러한 예측과는 반대로 세계의 무역량은 점점 더 확대 발전되어 왔다.

같은 맥락에서 생산요소의 이동은 무역을 대체하는 효과를 가져올 것이라고 예상하기 쉽지만 그런 것만은 아니다. 생산요소의 이동은 상품무역을 때로는 대체하기도 하고 때로는 촉진시키기도 한다. 예를 들면, 자본이 상대적으로 풍부한 한국이 자본이 빈약한 중국에 자본집약재를 수출한다고 하자. 한국 수출업체가 중국에 자본을 투자하여 이 자본집약재를 현지에서 생산 판매하게 된다면 현지생산으로 인하여 수출은 감소하게 되고 이는 수출을 대체하는 결과가된다.

그러나 현지생산을 하는 과정에서 중국 현지생산에서 필요한 부품이나 원자재를 한국으로부터 수입하여 조달한다면 한국의 대중 완제품 수출은 감소하지만 부품 및 원자재 수출은 증가하게 된다. 또 한국기업이 완성재에 대한 중국의 수입장벽을 피하기 위하여 중국에 자본을 투자하여 현지에 공장을 세워 한국으로부터 부품 및 원자재를 수입하여 조립하여 판매하게 된다면 해외투자를 함으로써 지금까지 없었던 무역이 창출될 수도 있는 것이다. 지금까지의 무역과 해외직접투자와의 관계에 대한 여러 실증분석결과를 보면 무역과 해외직접투자가 상호대체적인 경우도 있지만 오히려 상호보완적인 성격을 갖는 경우가 많은 것으로 나타나고 있다.

요소가격과 소득분배에 미치는 면에서는 상품무역과 생산요소이동은 서로 대체적인 역할을 하는 가운데 동일한 효과를 가져다준다. 예로서, 한국의 중국에 대한 자본집약재수출은 한국내 자본수요를 증가시킴으로써 자본수익률을 높이게 되는데, 한국의 중국에 대한 자본이동도 한국내 자본공급량을 줄임으로써 자본수익률을 높이게 된다. 반대로 중국의 한국에 대한 노동집약재수출은 중국내 노동수요를 증가시킴으로써 임금을 높이게 되는데, 중국의 한국에 대한 노동이동도 중국내 노동공급량을 줄임으로써 임금을 높이게 된다.

제2절 국제자본이동

1 국제자본이동의 유형

국제자본이동은 국제투자로써 이루어지는데 국제투자는 해외간접투자와 해외직접투자로 나눌 수 있다.

해외간접투자는 포트폴리오 투자라고도 하며 주식이나 채권 등의 수익증권에 투자하여 배당, 이자, 시세차익 등의 투자수익을 목적으로 행하는 투자를 말한다. 반면에 해외직접투자는 경영에 참가하는 투자를 말한다. 경영의 참가는 주식의 일정부분을 취득함으로써 가능한데, 작은 비율의 주식지분으로서는 경영권을 행사할 수 없기 때문에 해외간접투자가 되고, 일정수준 이상의 주식을 취득하여 경영권행사가 가능하게 되면 해외직접투자가 된다. 그렇다면 어느 수준의 주식지분을 취득할 때 경영권행사가 가능한가는 상황에 따라 다를 것이나 대부분의 국가에서 10~25% 사이에서[2] 기준을 정하고 이 이상의 지분일 때 해외직접투자로 보게 된다.

해외직접투자는 기업이나 생산설비를 신규로 설립하는 설립투자(greenfield investment)와 기존기업을 인수하는 인수·합병투자(mergers and acquisitions: M&A)가 있다. 또한 투자가가 기업 전체를 소유하는 단독투자(wholly-owned investment)와 일부분을 소유하는 합작투자(joint venture investment)가 있다. 또 기간에 따라 국제투자는 1년 미만의 단기자본투자와 1년 이상의 장기자본투자로 구분할 수 있다.

2 국제자본이동의 현황

2014년 세계의 연간 해외직접투자 규모는 유입기준으로 12,283억 달러로서 세계상품수출액 184,940억 달러의 약 6.6%에 해당하는 수준이다. 세계 해외직

---

2 한국과 미국의 경우에는 10%를 기준하고 있다.

접투자의 누적량은 246,265억 달러로 세계 연간상품무역량의 약 1.33배에 해당한다. 지난 40여년 동안 세계의 해외직접투자는 연평균 15% 내외의 높은 성장률을 보이면서 빠른 속도로 증가해 오고 있다.

2014년을 기준으로 볼 때 해외직접투자 유입의 경우는 선진국이 약 40.6% 정도를 점하고, 개발도상국이 약 55.5%, 체제전환국이 약 3.9% 정도를 차지하고 있다. 반면에 유출의 경우는 선진국이 약 60.8% 정도를 점하고, 개발도상국이 약 34.6%, 체제전환국이 약 4.7% 정도를 차지하고 있다.

세계의 자본이 선진국에 몰려있기 때문에 선진국은 자본을 유출하는 반면에 개발도상국은 유입하는 입장에 있다. 그래서 자본의 유입에 있어서보다 자본의 유출에 있어서 선진국과 개발도상국의 점유비의 차이가 많이 난다. 자본의 유입에 있어서는 선진국은 다른 선진국에서의 투자유입이 많고, 개발도상국은 선진국으로부터 투자를 받는 반면, 유출에 있어서는 선진국에서는 다른 선진국이나 개발도상국에 투자를 많이 하지만 개발도상국에서는 해외투자가 적기 때문이다. 이러한 현상은 이전에는 매우 심했으나 1990년대 이후부터는 개발도상국에서도 해외투자가 늘어남에 따라 점차 완화되어 가고 있다.

표 7-1 세계의 해외직접투자 규모   (단위: 10억 달러)

유입						지역	유출					
1970	1980	1990	2000	2010	2014		1970	1980	1990	2000	2010	2014
	701.2	2,197.8	7,203.8	19,607.4	24,626.5	세계 누적투자		559.0	2,253.9	7,298.2	20,414.1	24,602.8
13.3 (100)	54.4 (100)	204.9 (100)	1,363.2 (100)	1,328.2 (100)	1,228.3 (100)	세계	14.1 (100)	52.1 (100)	243.9 (100)	1,166.1 (100)	1,366.2 (100)	1,354.3 (100)
9.5 (71.6)	47.0 (86.4)	170.2 (83.1)	1,125.2 (82.5)	673.2 (50.7)	498.8 (40.6)	선진국	14.1 (99.7)	49.4 (94.8)	230.8 (94.6)	1,073.9 (92.1)	963.3 (70.5)	823.1 (60.8)
3.8 (28.4)	7.4 (13.6)	34.6 (16.9)	232.2 (17.0)	579.9 (43.7)	681.4 (55.5)	개발 도상국	0.0 (0.3)	2.7 (5.2)	13.1 (5.4)	89.0 (7.6)	340.9 (25.0)	468.1 (34.6)
	0.0 (0)	0.1 (0)	5.8 (0.4)	75.1 (5.7)	48.1 (3.9)	체제 전환국				3.2 (0.3)	62.0 (4.5)	63.1 (4.7)

참고: 세계누적투자 외의 모든 항목은 연간투자임 / ( )는 점유비임.
　　　체제전환국은 동구 및 독립국가연합(CIS) 국가임.
자료: UNCTAD, *Handbook of Statistics*, 2015.
　　　UNCTAD, *World Investment Report*, 2015.

3 국제자본이동의 동기

3.1 해외간접투자

해외간접투자를 하게 되는 동기로는 다음 세 가지를 들 수 있다. 첫째, 국내에서보다 해외에서의 투자수익률이 더 높을 때, 더 큰 수익을 얻기 위하여 해외에 투자하게 된다는 것이다. 일반적으로 해외투자는 국내투자보다 더 큰 위험을 수반하기 때문에 국내보다 더 큰 수익이 확보되지 않으면 투자되기 어렵기 때문이다. 이것은 자본이 풍부한 선진국에서 자본이 빈약한 개발도상국으로 가는 투자에 잘 맞는다. 하지만 선진국 상호간의 투자나 개발도상국 상호간의 투자 또는 개발도상국에서 선진국으로의 투자에 대해서는 설명력이 없다.

둘째, 본국과 외국 또는 여러 국가에 분산투자함으로써 같은 위험에서 더 높은 수익을 거둘 수 있기 때문에 국제투자를 하게 된다는 것이다. 국가마다 경기나 경제상황의 변화가 다르기 때문에 국가를 달리하는 분산투자를 함으로써 투자위험을 최소화할 수 있는 것이다.

이상의 첫째와 둘째 설명은 투자자가 자신의 투자에 대한 수익을 정확히 알 수 있다는 가정에 기반을 둔 논리이다. 그러나 미래에 실현될 투자수익을 현재의 투자시점에서 완전히 알 수는 없다는 점을 감안하면 투자수익률을 기준으로 해서 모두를 설명할 수 없다.

셋째, 각 투자자마다 판단이 다르기 때문에 각기 다른 국가에 투자하게 된다는 것이다. 투자자는 미래에 발생하는 수익을 예측하고 투자하게 되는데 개인마다 예측이 다르기 때문에 어떤 미국사람은 영국기업에 투자하고, 어떤 영국사람은 미국기업에 투자하게 되는 것이다. 마찬가지로 같은 미국에서도 어떤 사람은 국내에 투자하고 어떤 사람은 국내와 해외에 나누어 투자하고, 해외에 투자하는 경우에도 어떤 사람은 한국에 투자하고 어떤 사람은 중국에 투자하게 되는 것이다.

3.2 해외직접투자

해외직접투자는 해외간접투자와 달리 기업경영의 문제이다. 즉, 해외직접투자의 동기란 왜 해외에 나가서 기업경영을 하느냐의 문제이다. 이에 대해서 다양한 설명이 있는데 이것은 국제기업경영의 문제이므로 본장 제3절 다국적기업의 해외투자이론에서 살펴보기로 한다.

4 국제자본이동의 경제적 효과

자본이 자본풍부국에서 자본희소국으로 이동하게 되면 양국의 자본사용량의 변화와 함께 자본수익률이 변하게 된다. 이에 따라 양국 자본가와 노동자의 소득배분이 달라지고 각국 또는 세계차원에서의 후생수준에 변화를 가져오게 된다. [그림 7-1]을 이용하여 이러한 변화를 살펴보기로 하자.

먼저 그림에서 A국은 자본이 풍부하고 B국은 자본이 희소하다고 하자. 생산물시장과 요소시장이 완전경쟁적이며, 생산요소가 완전고용된다고 가정하면, 자

그림 7-1 양국의 자본량과 자본수익률의 결정

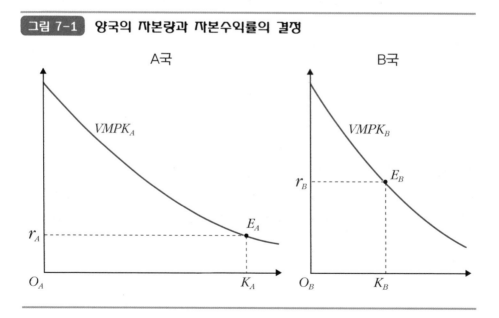

본에 대한 실질보수는 한계생산과 일치한다. 그래서 자본의 이동이 있기 이전에 A국은 자본량 K_A와 자본의 한계생산가치 $VMPK_A$에 의해서 자본수익률 r_A가 결정되고, B국은 자본량 K_B와 자본의 한계생산가치 $VMPK_B$에 의해서 자본수익률 r_B가 결정되는데, r_A가 r_B보다 낮다. A국이 B국보다 자본이 풍부하기 때문이다.

세계는 A, B 양국으로 구성된다고 하면, 두 국가의 그림을 마주보도록 하여 합쳐서 그린 그림인 [그림 7-2]와 같이 나타낼 수 있는데, A국은 원점 O_A에서 시작하여 오른쪽으로 펼쳐지고, B국은 원점 O_B에서 시작하여 왼쪽으로 펼쳐져 있다. A국의 자본량 $O_A K^0$과 B국의 자본량 $O_B K^0$의 합으로 이루어지는 세계 전체의 자본량, 그리고 양국의 수익률 r_A^0, r_B^0가 [그림 7-1]과 동일하게 표시되고 있다.

이제 양국간에 자본이 자유롭게 이동할 수 있게 되었다고 가정하자. 그러면 A국의 자본은 수익률이 더 높은 B국으로 이동하면서 A국의 자본수익률은 상승하고 B국의 자본수익률은 하락하게 된다. 이동이 계속되면 양국은 수익률에서

그림 7-2   국제자본이동의 경제적 효과

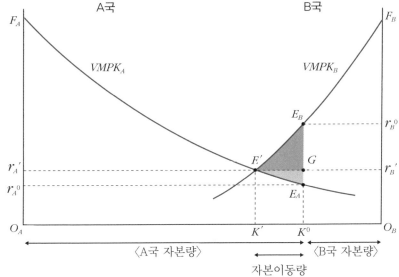

차이가 없어지게 될 것이고 이때 이동은 멈추게 된다. 그 점이 E'이고, 이동된 자본량은 $K'K^0$이며, 따라서 이때 A국에서 사용되는 자본량은 O_AK'이고, B국에서 사용되는 자본량은 O_BK'로 된다. 그리고 양국의 수익률은 r_A', r_B'로 같게 된다.

다음으로 자본이동의 생산에 대한 효과이다. 당연히 자본사용이 감소하는 A국은 생산이 줄고, 증가하는 B국은 생산이 늘게 되며, 세계적으로는 생산성이 더 높은 곳에 사용되는 자본이 많아짐에 따라 생산이 증대한다. 총생산가치는 한계생산가치를 합한 것이므로 그림에서 이에 대한 변화를 볼 수 있다. A국의 경우 총생산가치가 자본이동 이전에는 $O_AK^0E_AF_A$이다가 자본이동 이후에는 $O_AK'E'F_A$로 되어 $K'K^0E_AE'$만큼 줄어들게 된다. 반대로 B국은 총생산가치가 자본이동 이전에는 $O_BK^0E_BF_B$이다가 자본이동 이후에는 $O_BK'E'F_B$로 되어 $K'K^0E_BE'$만큼 늘어나게 된다. 이런 결과로 세계 전체로는 E_AE_BE'만큼의 생산가치가 증가하게 된다.

다음으로 분배에 대한 효과이다. 자본의 이동은 각 국가, 각 집단마다 다른 소득분배효과를 가져다준다.

먼저 A국 자본가들은 국내의 자본량 감소로 자본수익률이 높아짐에 따라 이익을 보게 되고, B국 자본가들은 국내자본량 증가로 자본수익률이 낮아짐에 따라 손해를 보게 된다. 그림에서 A국 자본가들은 자본이동 이전에는 $O_AK^0E_Ar_A^0$에 해당하는 소득을 갖다가 자본이동 이후에는 $O_AK^0Gr_A'$의 소득을 갖게 되는데, 이것은 국내소득 $O_AK'E'r_A'$와 해외소득 $K'K^0GE'$로 이루어진다. 결과적으로 $r_A^0E_AGr_A'$만큼 소득이 증가한 것이다. 또 B국 자본가들은 자본이동 이전에는 $O_BK^0E_Br_B^0$에 해당하는 소득을 갖다가 자본이동 이후에는 $O_BK^0Gr_B'$의 소득을 갖게 되면서 $r_B'GE_Br_B^0$만큼의 소득을 잃게 된다.

다음으로 A국 노동자의 경우 자본의 해외유출로 인한 노동의 한계생산성 저하로 국내임금이 하락하여 손해를 보게 되고, B국 노동자들은 자본유입으로 인한 노동의 한계생산성 증가로 임금이 상승하게 되어 이익을 보게 된다. 그림에서 A국 노동자들은 자본이동 이전에는 $r_A^0E_AF_A$에 해당하는 소득을 갖다가 자본이동 이후에는 $r_A'E'F_A$의 소득을 갖게 되면서 $r_A^0E_AE'r_A'$만큼 소득이 감소함을 알 수 있다. 또 B국 노동자들은 자본이동 이전에는 $r_B{}^0 E_B F_B$에 해당하는 소득을 갖다가 자본이동 이후에는 $r_B{}' E' F_B$의 소득을 갖게 되면서 $r_B{}' E' E_B r_B{}^0$ 만큼의 소득증가가 있게 된다.

국가간의 이익배분을 보면 자본가와 노동자의 소득의 합에서 A국은 자본이동 이전의 $O_A K^0 E_A F_A$에 해당하는 소득에서 $O_A K^0 G E' F_A$에 해당하는 소득으로 되어 $E_A G E'$만큼 증가하게 된다. 또 B국은 $O_B K^0 E_B F_B$에 해당하는 소득에서 $O_B K^0 G E' F_B$에 해당하는 소득으로 되어 $E' G E_B$만큼의 소득증가가 있게 된다. 양국중 어느 국가가 더 많은 이익을 갖게 되는가는 $E_A G E'$와 $E' G E_B$의 크기에 달려있고, 이는 양국의 한계생산가치곡선의 기울기에 의하여 결정됨을 알 수 있다. 그리고 세계 전체를 보면 전체소득은 자본이동 이전의 $O_A K^0 E_A F_A + O_B K^0 E_B F_B$에서 $O_A K' E' F_A + O_B K' E' F_B$로 되어 $E_A E_B E'$ 만큼 증가하게 된다.

제3절 다국적기업

지난 수십 년간 국제경제관계의 발전과 함께 국제경제활동의 주요 주역으로 떠오른 것이 다국적기업이다. 「월마트」, 「로열더치쉘」, 「폭스바겐」 등으로 대표되는 다국적기업은 그 경제활동의 규모가 매우 커서 연간 매출액이 어지간한 국가의 국내총생산(GDP)보다 많을 정도이다. 상품무역에서는 세계 500대 기업의 무역이 세계무역의 3/4를 차지하고, 서비스무역에서는 세계 500대 기업의 무역이 세계무역의 4/5를 차지하고 있다. 또한 세계무역의 1/3 이상이 이러한 다국적기업의 본지사간 혹은 지사 상호간의 기업내 무역이다. 본절에서는 이러한 다국적기업을 대상으로 그 발생원인과 다국적기업 활동에 대한 국가의 이해관계를 검토해보고자 한다.

1 다국적기업의 정의

다국적기업은 여러 나라에 걸쳐 경영활동을 하는 기업이다. 다국적기업은 본국 이외의 국가에 현지국적을 가진 현지법인으로서의 제조 또는 판매회사를 갖고 있으며, 본사의 전략에 따라 현지회사들이 활동하며, 자본, 인력, 기술 등의 제반자원을 공동의 풀(pool)로 사용하는 국제적인 조직체제에서 운영되는 기업이다.[3]

그런데 실제 다국적기업의 범주를 정확하게 정하기는 어렵다. 국내기업도 어느 정도는 외국과 관련된 경영활동을 할 수 있으므로 외국에서의 경영활동이 어느 정도 또는 어떠한 내용으로 이루어질 때 다국적기업이라고 할 수 있는지를 규정하기가 쉽지 않기 때문이다. 다국적성에 대하여 해외사업운영 국가의 수, 매출, 생산, 자산, 고용 등에서 해외사업이 차지하는 비중, 모기업 주주들의 국적분포, 최고 경영자들의 국적 등 다양한 기준이 있을 수 있고, 어떤 기준을 사용하느냐에 따라 다국적기업의 범주가 달라지게 되는 것이다. 그래서 학자들이 여러 가지 정의를 하고 있으나, 아직까지는 다국적기업에 대한 통일된 기준이나 일반화된 정의는 없는 상태이다.

2 해외직접투자이론

다국적기업을 구성하는 현지 자회사의 설립은 해외직접투자를 통하여 이루어지므로 다국적기업의 발생동기에 대한 이론은 해외직접투자이론이 된다. 지금까지 알려진 주요 해외직접투자이론들을 살펴보면 다음과 같다.

2.1 제품수명주기이론

제품수명주기이론(product life cycle theory)은 버논(R. Vernon)이 제품의 수명주기에 기초하여 해외직접투자의 발생을 설명한 이론이다.[4] 제품도 생명체

---

3 다국적기업을 부르는 용어도 다양하다. 일반적으로 많이 사용되는 용어는 다국적기업(multinational enterprise, multinational company), 국제기업(international company), 초국적기업(transnational company, supranational company), 세계기업(global company) 등이다.

4 R. Vernon, "International Investment and International Trade in Product Cycle," *Quarterly Journal of Economics* (May 1960).

와 마찬가지로 그 출생에서 소멸까지 단계를 밟게 된다. 제품이 생성되어 소멸되기까지 신생기, 성숙기, 표준화기의 각 단계에서 최적의 생산지가 달라지게 되어 최적 생산지에서 생산하기 위하여 해외직접투자가 발생하게 된다는 것이다.

■ 신생제품기(new product stage) 신제품은 주로 선진국에서 출현하게 된다. 선진국에서 새로운 제품을 만들 수 있는 기술과 신제품에 대한 잠재적인 수요를 갖기 때문이다. 그래서 제품출현후 일정 기간까지는 제조기술이 가변적인 상태에서 제품과 생산과정 개량과 이를 위한 기술이 필요하므로 선진국내에서 생산하게 된다.

■ 성숙제품기(maturing product stage) 성숙제품기에 이르게 되면 생산체제가 안정된다. 시장이 확대되어 수요가 안정되고, 생산체제도 안정되는 가운데 대량생산에 의한 규모의 경제를 추구하게 된다. 해외에서도 수요가 증가함에 따라 수요가 많은 여타 선진국에서 생산하기 위한 국제투자가 이루어진다. 해외투자를 하는 이유는 주로 판매가격이나 생산원가 및 부대비용을 감안하여 현지에서의 생산이 수출보다 더 큰 이윤을 가져오거나, 여타 선진국에서의 모방생산이나 이들 국가의 국내생산을 보호하기 위한 무역장벽에 대응하기 위해서이다.

■ 표준화제품기(standardized product stage) 표준화제품기에는 제품이나 생산공정이 표준화되어서 세계 어느 곳에서 생산하나 제품에 큰 차이가 없다. 이때는 가격이 경쟁력의 가장 중요한 요소로 되고, 따라서 저임금국이 가장 유리한 생산입지로 되어 선진국이나 여타 선진국의 기업은 저임금 개발도상국으로 직접투자를 하여 생산지를 이전하게 된다.

제품수명주기이론에 의하면 성숙제품기와 표준화제품기에 선진국에서 여타 선진국 또는 개발도상국으로의 해외직접투자가 발생할 수 있음을 설명하고 있다. 그런데 현대에는 국가상호간에 다국적기업들이 외국에 진출하고 신제품이 출시될 때도 전 세계의 본-자회사에서 동시적으로 생산 및 판매를 하는 경우가 많기 때문에 이 이론의 설득력은 크지 않다.

그림 7-3 제품수명주기에 따른 무역패턴과 해외직접투자

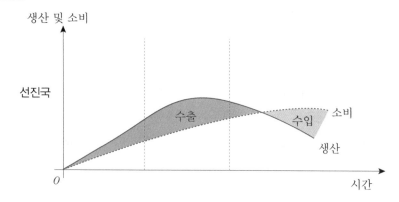

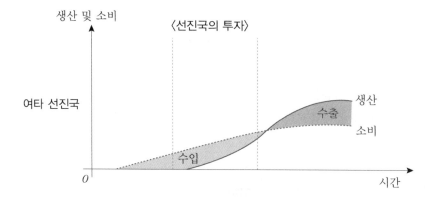

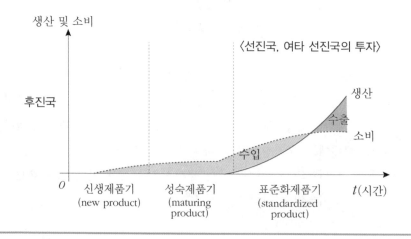

2.2 독점적 우위이론

독점적 우위이론(monopolistic competition theory)은 어느 기업이 다른 기업이 갖지 못한 그 기업특유의 우위요소를 갖고 있을 때 해외직접투자를 하게 된다는 것이다. 독점적 우위이론은 하이머(S. Hymer), 킨들버거(C. P. Kindleberger), 케이브스(R. E. Caves) 등에 의하여 제시되었다.

기업이 타국에 가서 영업을 할 때 현지기업에 비하여 불리한 입장에 설 수밖에 없는데 이를 외국비용이라고 할 수 있다.[5] 이러한 외국기업으로서의 비용부담에도 불구하고 해외직접투자를 하는 것은 이 비용을 상쇄하고도 남을 만한 우위요소를 그 기업이 갖고 있기 때문이다. 여기서 우위요소는 그 기업만이 갖고 있는 기업특유의 독점적 우위요소이며, 여기에는 생산기술, 특허 및 상표권, 경영노하우, 자본조달능력 등이 포함될 수 있다. 기업이 이미 확보하고 있는 이러한 자원들은 다른 시장에서도 사용할 수 있으며, 이때 비용은 지불하지 않고 수익만 얻을 수 있으므로 해외시장에도 진출한다는 것이다.

이와 같이 기업이 해외에 진출하기 위해서는 기업특유의 우위요소를 갖고 있어야 함은 당연하다. 그런데 한 기업이 다른 기업이 갖지 못한 우위요소를 갖고 있을 때 이것을 활용하는 방법은 반드시 해외직접투자를 통해서만 가능한 것은 아니다. 해외직접투자 말고도 외국기업에 이를 라이센스(license)하는 방법으로도 수익을 낼 수 있고 제품수출로서도 대가를 취득할 수 있는데 굳이 해외직접투자를 하게 되는가 하는 물음이 남게 된다. 이렇게 볼 때 기업특유의 우위요소는 해외직접투자의 필요조건은 되지만 충분조건은 되지 못한다고 할 수 있고, 이 점이 독점적 우위이론이 갖는 한계이다.

2.3 내부화이론

내부화이론(internalization theory)은 시장을 통하여 기업외부에서 이루어지는 해외사업 거래를 기업조직내로 내부화하기 위하여 해외직접투자를 하게 된

---

5 여기서 외국비용은 현지인보다 불리한 제반요소가 다 포함되며, 주요 요소로서 현지에 대한 지식 및 정보, 언어문제, 사회제도 및 관습 차이, 애국심 등을 들 수 있다.

다는 것이다.

내부화이론은 원래 코오스(R. H. Coase)가 제시한 이론으로 시장이 불완전하여 거래비용이 많이 발생할 때 기업은 시장에서 거래를 하는 대신 이를 기업조직내에서 이루어지도록 기업내부로 흡수한다는 것이다.[6] 여기서 시장불완전성은 ① 특허권 등의 지적재산이 대가 지급 없이 사용될 수 있는 경우, ② 규모의 경제가 발생하는 경우, ③ 재화가 지식과 같이 어느 한 사람이 사용한다고 해서 다른 사람이 사용할 수 있는 양이 줄지 않는 공공재적 성격을 갖는 경우, ④ 사적 비용과 사회적 비용에 괴리가 있는 경우 등에서 발생한다. 또 거래비용은 상대방을 찾는 문제, 계약체결의 문제, 계약이행의 감시문제 등 거래상의 제반 어려움 등이 여기에 해당된다. 내부화 또한 이익뿐만 아니라 전문적 관리력 확보, 내부의사소통 및 조정 등 내부화된 조직의 관리와 같은 비용도 발생하게 되는데, 내부화의 이익이 이러한 비용보다 클 때 내부화를 하게 된다.

버클리(P. Buckley)와 카슨(M. Casson) 등은 이 내부화이론을 적용하여 해외직접투자의 발생을 설명하였다.[7] 즉, 해외사업에서의 거래를 내부화하기 위하여 해외직접투자를 하게 된다는 것이다. 국제시장은 국내시장보다도 시장불완전성의 요인이 더 많아 그만큼 내부화의 유인이 더 강하기 때문에 내부화이론은 해외직접투자에서 더 설득력을 갖는다. 해외직접투자를 하게 하는 시장불완전성 요인으로는 독점적 우위의 공공재적 성격, 국내거래에서보다 더 큰 거래 불확실성, 관세 및 비관세장벽과 같은 정부규제 등을 들 수 있다.

내부화이론은 그 어느 이론보다 설득력 있는 이론으로서 해외직접투자의 모든 경우를 포괄적으로 설명할 수 있는 장점을 갖고 있다. 하지만 시장불완전성의 존재만으로 해외직접투자가 발생한다는 것은 그 동기설명이 다소 추상적이라는 비판도 있다.

---

6 R. H. Coase, "The Nature of the Firm," *Economica*, Vol. 4 (1937).

7 P. J. Buckley and M. Casson, *The Future of Multinational Enterprise* (London: Macmillan, 1976).

2.4 절충이론

절충이론(eclectic theory)은 해외직접투자에 관한 기존의 이론들을 합하여 만든 이론으로 더닝(J. Dunning)에 의하여 주장되었다.[8]

더닝에 의하면, ① 어떤 기업이, ② 왜, ③ 어떤 국가에 투자를 하는가를 중심으로, ① 기업특유의 우위요소, ② 내부화 유위요소, ③ 입지특유의 우위요소가 있을 때 해외직접투자를 하게 된다는 것이다.

기업특유의 우위요소(ownership-specific advantage)란 현지에서 경쟁적 우위를 갖게 하는 그 기업만의 기술, 특허, 노하우 등의 독점적 자산을 말한다.

내부화 우위요소(internalization advantage)란 기업이 자사가 보유하고 있는 우위요소를 외부시장을 통하여 이용하기보다는 내부화하여 직접 활용함으로써 얻을 수 있는 우위요소를 말한다.

입지특유의 우위요소(location-specific advantage)란 투자를 받아들이는데 있어서 투자대상 현지국이 갖는 장점을 말한다.

절충이론은 위 세 요소의 글자를 따서 OLI 패러다임이라고도 하는데, 독점적 우위이론의 독점적 우위와 내부화이론의 내부화 우위에다 입지특유 우위를 추가한 것이다.

더닝은 독점적 우위요인만으로 보았을 때 기업이 수출이나 라이센스도 할 수 있는데, 왜 하필 해외직접투자를 하는지에 대한 설명을 할 수 없다는 점에서 독점적 우위이론으로는 부족하고, 내부화 요인만을 보았을 때 왜 어느 특정 국가로 진출하느냐를 규명할 수 없다는 점에서 내부화이론만으로도 부족하기 때문에, 기업특유 우위, 내부화 우위, 입지특유 우위 세 요소를 포함해야만 해외직접투자를 완전하게 설명할 수 있다고 주장하였다.

절충이론은 해외직접투자에 대한 여러 주요 이론들의 설명력을 포괄하는 유용한 이론으로 평가된다. 반면에 독자적인 설명력을 가진 이론이라기보다는 문자 그대로 여러 이론의 절충에 불과하다는 비판을 받고 있다.

---

8 J. H. Dunning, *International Production and Multinational Enterprise* (London: George Allen & Unwin, 1981).

표 7-2	절충이론의 우위요소
우위요소	내용
기업특유 우위	• 독점적 기술 및 특허 • 독점적 경영노하우 및 경영자원 • 원료와 시장에서의 유리한 접근
내부화 우위	• 거래비용 감소 • 정부규제의 회피 • 가격차별과 이전가격 설정
입지특유 우위	• 현지의 생산자원 활용 • 현지의 시장 활용 • 정부의 지원

3 다국적기업의 유리한 점

다국적기업이 존재하고 발전하는 이유는 다국적기업이 갖는 유리한 점들이 있기 때문이다. 다국적기업이 가질 수 있는 유리한 점들은 대개 다음과 같다.

첫째, 세계의 각 지역의 특성을 이용하여 보다 효율적인 경영을 할 수 있다. 다국적기업은 세계에서 가장 싸게 만들 수 있는 곳에서 생산을 하고, 세계에서 가장 비싸게 팔 수 있는 곳에서 판매를 하며, 가장 저렴한 비용으로 차입할 수 있는 지역에서 자본을 조달하며, 양질의 기술인력이 있는 곳에서 제품개발을 하며, 세금을 최소화 할 수 있는 지역에 이익을 집중시키는 등 국내기업으로서는 가질 수 없는 이점을 누릴 수 있다.

둘째, 해외의 원료와 시장을 안정적으로 확보할 수 있다. 다국적기업은 해외의 원료나 중간재 생산단위를 기업내에 흡수함으로써 원자재의 안정적인 확보와 이윤을 증대시킬 수 있고, 현지법인을 통하여 해외시장을 직접 관리함으로써 기업의 독점력을 유지할 수 있으며, 제품의 질을 유지하고 현지실정에 맞게 제품을 개량할 수 있다.

셋째, 규모의 경제에 따른 이익이다. 다국적기업은 경영활동의 규모가 크기 때문에 규모의 경제효과를 누릴 수 있고, 규모가 크기 때문에 생산, 금융, 연구개발 등의 업무를 특성별, 지역별로 분화하여 분업과 특화에 따른 이익을 가져올 수 있다.

넷째, 본사나 한 자회사에서 개발된 기술이나 경영노하우를 추가비용 없이 다른 자회사에서 사용할 수 있으며, 정보의 측면에서도 한 자회사가 구축한 정보를 다른 모든 자회사들이 함께 사용할 수 있다.

4 다국적기업이 국가에 미치는 영향

4.1 본국에 미치는 영향

1) 긍정적인 영향

(1) 국민소득의 증대

해외에서의 사업이 기업의 이윤을 향상시키고, 기업의 이윤증대는 주주와 기업 종사자들의 소득을 증대시키기 때문에 해외에서의 소득을 감안하면 국민소득이 증가된다. 달리 말하면 자본의 한계생산력이 높은 해외에 투자함으로써 자본가들의 자본수익이 증가하고 이에 따라 국민소득이 증대하게 되는 것이다. 물론 해외로의 투자가 국내생산을 감축시키고 국내에서의 노동소득 및 자본소득의 감소가 해외에서의 소득증가보다 크다면 국민소득이 감소할 수도 있다.

(2) 해외경제자원의 확보

기업이 필요로 하는 천연자원과 원자재가 풍부한 현지에 진출하여 이를 직접 개발·조달함으로써 안정적인 공급기반을 마련할 수 있고, 노동력이 풍부한 지역에 진출함으로써 생산비용을 절감할 수 있다.

(3) 국내사양산업의 해외이전

국내에서 경쟁력을 상실한 부문을 해외투자를 통하여 해외에 이전함으로써 기업과 산업의 구조조정에 따른 문제를 완화할 수 있다. 경우에 따라서는 국내에서의 설비나 생산라인을 해외로 이전하여 사용하는 등 국내에서 사용하던 기업자원을 해외에서 활용할 수 있다.

(4) 관련산업의 수출과 생산 및 고용증대

해외자회사가 필요로 하는 부품이나 중간재를 본국에서 공급하는 경우, 이들 부품 및 중간재산업에서의 수출증가에 따라 본국의 생산과 고용이 늘어날 수 있다.

(5) 국제수지의 개선

해외투자수입의 본국송금, 관련산업의 수출증가로 인한 외환유입 등은 국제 수지에 긍정적인 효과를 가져올 수 있다.

2) 부정적인 영향

(1) 국내생산감소

해외에 투자가 증가하여 국내에 투자가 줄게 되면 국내생산이 줄어들게 된다. 본국에서의 수출이 현지생산으로 대체된다면 수출량만큼 생산이 감소되겠지만, 해외에서 생산하여 국내로 반입하게 되면 국내생산은 더욱 크게 감소하여 국내에서는 산업공동화현상도 발생하게 된다.

(2) 국내고용의 감소

국내에서 생산이 감소하게 되면 국내에 고용도 줄게 된다.

(3) 국내자본의 감소

자본이 해외로 유출됨에 따라 국내 가용자본이 줄어들게 되고 자본수지가 나빠지게 된다.

(4) 본국정책과의 마찰

본국의 정책과 기업활동간에 이해관계가 서로 배치되는 경우가 발생하기도 한다. 예로서, 국가가 외화자금이 부족할 때 기업이 해외자금유출을 해야 하는 경우, 본국이 경제제재조치를 행하고 있는 국가에 대해서 기업이 사업진행을 해야 하는 경우, 본국의 세금을 피하기 위하여 국내로 이익송금을 하지 않거나, 조세회피지역을 이용하여 본국의 세금을 회피하는 경우 등 다양한 경우에 본국과 다국적기업간에 마찰과 갈등이 발생할 수 있다.

4.2 현지국에 미치는 영향

1) 긍정적인 영향

(1) 자본유입과 투자증대
다국적기업의 현지진출은 현지에 자본과 투자를 증대시킨다. 개발도상국의 경우는 만성적인 자본부족을 완화시켜 줄 수 있다.

(2) 생산의 증대
다국적기업의 현지투자는 생산을 증가시키고 경제성장에 기여한다.

(3) 고용의 증대
다국적기업의 현지투자로 생산이 증가함에 따라 고용이 증가한다. 특히 개발도상국의 경우는 유휴노동력이 많기 때문에 고용증대효과가 클 수 있다.

(4) 기술의 유입
기술이나 경영관리능력에서 앞선 다국적기업의 현지경영은 이들의 기술과 경영관리 노하우를 현지국에 전파하게 된다.

(5) 국민소득의 증대
다국적기업의 현지투자로 인한 생산증가, 고용증대, 기술발전 등과 함께 국민소득도 증가하게 된다.

(6) 국제수지의 개선
다국적기업에 의한 현지생산이 현지국의 수입을 감소시켜 국제수지를 개선시키게 되고, 또 현지생산된 상품을 본국 또는 제3국에 수출하는 경우에 국제수지를 개선시킨다.

2) 부정적인 영향

(1) 국내기업발전 저해

다국적기업은 기술, 자금, 경영관리 등 여러 측면에서 강한 경쟁력을 갖춘 경우가 많기 때문에 경쟁력이 약한 현지의 국내기업은 시장을 빼앗기거나 자생적으로 육성될 수 있는 기반을 상실할 수가 있다.

(2) 자연환경의 파괴

선진국에 비하여 공해 및 자연환경보존에 규제가 약한 개발도상국에 선진국의 공해산업을 이전하거나, 공해발생방지나 자연보존을 위한 조치를 하지 않음으로써 환경을 파괴하는 경우가 있다.

(3) 부존자원의 고갈

석유, 광물, 임산물 등의 채취산업에서 이들 천연자원의 확보를 위한 해외진출이 많은데 외국기업의 과다채취로 자원이 고갈되는 경우도 있다.

(4) 경제주권의 약화

외국기업은 자국민기업에 비하여 국가에 덜 속박된다. 외국기업이 현지국의 경제정책을 따라주지 않을 경우에는 그만큼 현지국 정부의 경제관리력이 약화된다. 특히 현지국이 개발도상의 약소국이고 다국적 대기업이 그 국가내에서 큰 영향력을 행사할 수 있는 경우에는 국가의 경제주권이 위협받는 경우도 발생하게 된다. 다국적기업은 기업의 이권을 위해서 정부관리에 뇌물을 제공하거나 정치인에 정치자금을 제공하기도 하고, 경우에 따라서는 본국의 힘을 빌리기도 한다.

(5) 국제수지의 악화

다국적기업은 현지국에 국제수지를 좋게 하는 측면만 있는 것이 아니라 나쁘게 하는 측면도 있다. 본국으로 과실송금을 과다하게 하거나 생산과정에서 부품 및 중간재 수입을 과다하게 하는 경우 현지국의 국제수지를 악화시키는 요인이 된다.

(6) 이전가격 조작
다국적기업은 자사계열의 기업내 거래에서의 거래가격을 정상가격보다 높거나 낮게 책정함으로써 관세나 세금을 포탈하기도 한다.

4.3 세계에 미치는 영향

1) 긍정적인 영향

(1) 세계후생수준의 증대
다국적기업은 세계적인 차원에서 자원배분의 효율성을 높이고 후생수준을 증대시킨다. 다국적기업은 자본수익이 높은 곳에 투자를 하고, 임금이 낮은 곳에서 생산이 이루어지게 함으로써 세계적인 차원에서 각 생산요소의 한계생산성이 낮은 지역에서의 사용을 줄이고 한계생산성이 높은 지역에서의 사용을 늘리기 때문이다.

(2) 기술의 개발과 확산
자본력이 큰 다국적기업은 기업의 경쟁우위와 독점적 이윤창출을 위해서 연구개발에 많은 투자를 하고 기술개발을 한다. 새로운 기술은 세계 각지의 자회사의 생산과정이나 기술수출을 통하여 세계적으로 확산된다.

(3) 독점의 완화
일반적으로 국내기업들만 존재하는 경우 소수의 기업에 의해서 지배되거나 카르텔이나 담합에 의하여 경쟁이 제한되는 경우가 많다. 이런 국내시장의 경우 다국적기업의 진입은 경쟁을 도입시킴으로써 산업의 발전과 함께 소비자후생 증대에 기여하게 된다. 물론 경우에 따라서 다국적기업이 현지시장을 석권할 때에는 반대의 경우도 발생할 수 있다.

2) 부정적인 영향

(1) 개발도상국의 경제발전 저해

많은 다국적기업들의 본국은 선진국이다. 개발도상국은 다국적기업의 시장 또는 천연원자재의 공급지로서만 역할을 하는 경우가 많다. 이렇게 되면 개발도상국은 국내기업과 민족자본의 육성이 어려워지고, 자원고갈과 환경이 파괴되기 쉽다. 다국적기업이 기업의 이익만 추구하거나 본국 중심으로 경영을 하게 될 때, 이런 현상은 더욱 심해질 수 있다.

(2) 현지국과의 갈등

다국적기업이 현지에서 영업을 하는 과정에서 현지정부와 이해의 대립이 생길 수 있고 이로 인해 마찰과 갈등이 발생하기도 한다. 다국적기업이 현지에서 과도한 이익을 누린다고 생각하거나 현지국의 경제적 이익을 침해하거나 경제발전을 저해한다고 생각할 때 현지정부는 다국적기업에 대해서 규제하려 할 것이고, 다국적기업은 정당한 기업의 이익과 권리를 정부가 박탈하려 한다고 생각할 경우에는 이에 반발하게 될 것이다. 이 같은 현지국과 다국적기업간의 갈등은 본국과 현지국간의 국가간의 대립으로 번지면서 국제적인 갈등을 낳기도 한다.

(3) 경제력의 집중과 경제민주화에 역행

다국적기업은 경제력이 집중된 거대기업인 경우가 대부분이다. 경제에서 다국적기업의 비중이 커져갈수록 중소기업의 역할과 비중이 줄어들게 된다. 다국적기업이 발전할수록 선진국과 거대기업에 경제력이 더욱 집중된다는 점에서 국가간·사회계층간 경제력의 격차를 확대하는 가운데 경제민주화를 저해하는 역할을 할 수 있다.

제4절 국제노동이동

1 국제경제와 국제노동이동

오늘날 국제경제의 발전에 따라 모든 분야에서 국제경제활동이 점점 자유롭고 활발하게 이루어져 가고 있다. 이미 상품과 자본은 자유화가 많이 진척되어 거의 국경의 제약을 받지 않고 있다. 이에 비하여 노동력의 이동은 자유화가 덜 진척되어 상대적으로 국경의 제약을 많이 받고 있는 편이다.

재화나 생산요소 중 노동력만 유독 국제적 이동에 제약이 많은 것은 노동이 갖는 특성 때문이다. 노동력의 이동에는 사람이 이동되어야 하는데 사람의 국제적 이동은 국가의 통치문제와 직결된다. 사람은 국가의 3대 요소중의 하나로서 국가의 주체이자 통치대상이기 때문에 상품과 달리 국가의 영역을 자유롭게 나가고 들어갈 수가 없다. 또한 사람의 이동에는 정치적·사회적인 문제가 수반된다. 상품과 자본은 사용대상일 뿐이지만 사람은 그 나라에 새로 들어오는 사람이나 살고 있던 사람이나 모두 사회의 공동구성원으로서 함께 경제적 자원을 나눠 쓰면서 살아가야 하는 입장에 서기 때문이다.

이러한 가운데서도 노동력의 국제이동이 최근 크게 증가하고 있다. 세계는 지금 경제활동이 많은 선진국 지역에서는 출산률이 낮아 노동력이 희소하고 경제활동이 작은 개발도상국 지역에서는 인구가 많아 노동력이 풍부하기 때문에 개발도상국의 노동력이 선진국으로 이동하려는 유인이 항상 작용하고 있다. 이런 상황에서 교통과 통신의 발달로 사람의 국제이동이 크게 용이해지고 국제화로 국민들간에 벽이 많이 허물어짐에 따라 국제노동력이동이 급속히 증가하고 있는 것이다.

현재까지는 국제노동이동의 욕구에 국제적인 제도가 따라가지 못하여 합법적인 국제노동력이동뿐만 아니라 불법적인 국제노동력이동도 매우 많은 수에 이르고 있다. 해외노동력이 몰리는 미국이나 유럽 선진국들에서는 이주노동자 유입으로 인한 인종적·종교적·문화적 갈등이 심각한 사회문제로 되고 있다. 이러한 가운데 국제노동이동은 점차 제도화되는 방향으로 발전해가고 있다.

2 국제노동이동 현황

2015년말 현재 세계 이주민의 숫자는 243.7백만 명으로 세계 전체인구의 3.3%가 다른 나라로 이주해 살고 있다. 이는 1960년의 75.9백만 명에 비하여 3.2배 증가한 것이다. [표 7-3]에서 보듯이 이주민 숫자는 줄곧 증가하고 있다. 1970년대에는 세계 인구의 증가로 인하여 세계 인구에 대한 이주민 인구의 비중이 줄기도 하였지만 이주민의 절대적 숫자는 계속 증가해 왔었고, 이후에는 그 비율에 있어서도 증가하고 있다.

선진국과 후진국을 나누어서 보면 이주민은 선진국에서 계속 증가하고 있음을 알 수 있다. 1960년에는 세계 이주민의 57.73%가 개발도상국에 있었고, 선진국은 42.27%에 불과하였던 반면에, 2015년에는 개발도상국은 42.35%에 불과하고, 선진국이 57.65%를 점하게 된 것이다. 이는 이주민의 이동방향이 제2차 세계대전 이전과 이후가 서로 반대방향으로 움직이고 있음을 보여주는 결과이다. 제2차 세계대전 이전에는 유럽의 선진국 사람들이 비유럽 식민지국가를 통치하기 위해서 개발도상국으로 많이 이주하였기 때문에 1960년대에는 개발도상국에 이주민이 많았고, 제2차 세계대전 이후에는 개발도상국 사람들이 일자리 또는 좋은 생활여건을 찾아서 선진국으로 많이 이주했기 때문에 2010년대에는 선진국에 이주민이 많이 살고 있는 것이다.

국가 인구에 대한 이주민의 비중을 볼 때에도, 선진국들에서는 인구증가는 완만한 반면 이주민 인구는 크게 증가하여 1960년부터 2015년 사이의 55년 동안 전체 인구에 대한 이주민 인구의 비중이 3.3배나 증가하였다. 반면에 개발도상국에서는 이주민 인구의 비중이 0.8배로 감소하였다. 개발도상국에서도 이주민 인구의 절대적인 수에 있어서는 증가를 계속하고 있지만, 전체인구에 대한 이주민 인구의 비율은 감소하다가 2000년 이후에는 증가세를 보이고 있다.

한편 세계 노동력의 측면에서 보면 세계 노동력 인구 3,390백만 명중 이주 노동력 인구는 150.3백만 명으로 전체의 4.4%를 차지하고 있다. 이는 인구에 대한 비중(3.22%)보다 약간 높은 수치이다. 이로서 세계의 인구이동은 노동력의 이동문제와 밀접하게 연관되어 있음을 알 수 있다.

| 표 7-3 | 세계 인구 및 이주민 인구의 시기별 지역별 구성 | | | | | | | | (2015년 기준/인구단위: 천 명) |

구분 / 연도		세계 전체			선진국			개발도상국		
		총인구	이주민인구	%	총인구	이주민인구	%	총인구	이주민인구	%
1960	인구	3,021,475	75,901	2.51	949,622	32,085	3.38	2,071,853	43,816	2.11
	%	100	100		31.43	42.27		68.57	57.73	
1970	인구	3,692,492	81,527	2.21	1,053,054	38,283	3.64	2,639,438	43,244	1.64
	%	100	100		28.52	46.96		71.48	53.04	
1980	인구	4,434,682	99,783	2.25	1,138,630	47,727	4.19	3,296,051	52,056	1.58
	%	100	100		25.68	47.83		74.32	52.17	
1990	인구	5,263,593	154,005	2.93	1,215,803	89,656	7.37	4,047,789	64,349	1.59
	%	100	100		23.10	58.22		76.90	41.78	
2000	인구	6,070,581	174,934	2.88	1,266,608	110,291	8.71	4,803,973	64,643	1.35
	%	100	100		20.86	63.05		79.14	36.95	
2010	인구	6,929,725	220,729	3.19	1,233,376	129,737	10.52	5,696,349	90,992	1.60
	%	100	100		17.80	58.78		82.20	41.22	
2015	인구	7,349,472	243,700	3.30	1,251,351	140,481	11.2	6,098,121	103,218	1.7
	%	100	100		17.0	57.65		83.0	42.35	

자료: United Nations, *Trends in International Migrant Stock*, 2016.
　　　United Nations, *World Population Prospects*, 2016.

| 표 7-4 | 세계의 이주민 인구와 이주민 노동력 | | | | | (2013년 기준/인구단위: 백만 명) |

구분	세계인구			세계 노동력		
	총인구	이주민인구	%	총인구	이주민인구	%
인구	7,181.7	231.5	3.22	3,390	150.3	4.4

자료: United Nation, *Trends in International Migrant Stock*, 2016.
　　　ILO, *Global Estimates on Migrant workers*, 2015.

3 국제노동이동의 유형

3.1 이민노동력과 비이민노동력 이동

노동력의 국제적 이동은 이민에 의한 노동력이동과 비이민에 의한 노동력이동으로 나눌 수 있다. 이민이란 어느 한 나라의 국민이 다른 나라에 영구히 또는 오랜 기간 동안 살 목적으로 이사하는 것 또는 이사하여 사는 사람을 말한다.[9] 비이민 노동력이동은 노동자가 일정한 기간 동안 외국에 머물면서 노동을 제공하고 다시 본국으로 돌아가는 것을 말한다. 이민의 경우는 일단 이민을 가게 되면 그 나라의 주민이 된다는 점에서 다른 나라의 국민이면서 해당국에 노동서비스만을 제공하게 되는 외국인 고용노동자와 그 지위가 다르다.

제1차 세계대전 이전까지는 국제노동력이동의 대부분이 이민의 형태로 이루어졌지만, 제1차 세계대전을 기점으로 이민을 받던 국가들이 더 이상 대규모의 이민을 받지 않게 됨으로써 이민을 통한 국제노동이동은 그 중요성이 줄어들게 되었다. 반면에 비이민에 의한 노동력이동이 증가하게 되었다. 제2차 세계대전 이후 유럽 선진국들이 전후복구로 경제적인 붐을 맞으면서 인력이 크게 부족하게 되었고, 이를 메우기 위하여 외국에서 근로자를 모집하여 고용하게 되었다. 여기서는 이전의 이민형태의 노동력이동과는 크게 달랐다. 노동력 소유자와 그 부양가족이 영구적으로 이동하는 이민과는 달리, 순수한 노동력만 일시적으로 이동하는 것으로서 교통·통신의 발전과 더불어 더욱 긴밀해진 국제경제관계를 반영하는 것이었다.

이후 1970년대에 들어 선진국들이 경기침체와 고실업의 경제난을 맞게 됨에 따라 해외로부터의 노동력 유치는 대폭 줄게 되었다. 대신에 중동지역 산유국들의 외국인 인력유입이 크게 늘어나게 되었다. 유가의 인상으로 많은 부를 유입하게 된 중동지역 산유국들은 대규모 건설사업을 위한 인력수요와 경제적 풍요로 인한 인력서비스 수요를 충당하는데 외국인력을 대거 사용하게 되었다. 그리

---

9 이주는 거주지역을 옮긴다는 넓은 의미를 가지고 있고 먼 옛날부터 있어온 것이지만, 이민은 국가를 달리하는 이주이고 국가 출입국의 통제절차를 통해서 이루어지는 하나의 근대적인 제도이다.

고 1980년대 이후 일본과 싱가포르, 홍콩, 대만, 한국 등 아시아 신흥공업국들에서 경제발전과 함께 임금수준이 크게 높아지면서 아시아 지역 이웃 국가들의 저임금 단순노동력이 이들 국가로 이동하게 되었다.

지금도 미국을 비롯한 선진국들에서는 전문기술자를 비롯한 고급인력에 대해서는 국내유입이 용이하도록 이민 및 단기취업을 위한 이동에 대한 문호를 비교적 넓게 열어 두고 있어서 여기서의 국제노동력이동도 상당수에 이르고 있다.

3.2 단기노동력이동 제도

현재 국제체제에서 국가간에 사람 및 노동력의 이동은 원칙적으로 금지된 상태에서 제한된 범위에서 허용되는 형태이다. 즉, 사람의 이동은 외국인이 자국내에 입국하거나 체류하는 것을 허가함으로써 이루어지므로, 노동의 이동은 자국내에서 일하는 것을 허가함으로써 가능하게 되는 것이다. 현재 국제적으로 시행되고 있는 외국의 노동자들을 받아들이는 제도는 다음 몇 가지로 나누어진다.

첫째, 연수취업제도이다. 이 제도는 외국의 인력을 산업연수 목적으로 국내로 오게 하여 일정기간 산업연수교육을 시킨 이후에 일정한 시험을 거쳐 자격을 부여받은 사람에게 국내업체 취업을 허용하는 제도이다. 이 제도는 외국노동자들이 자국에서 근무하는 데에는 작업과 현지생활에 대한 기본적인 소양이 필요하므로 이에 대한 교육과정을 거친 이후에 고용한다는 것, 외국에 대한 기술이전을 한다는 것 등의 취지를 갖고 있다. 이는 과거 일본, 한국 등에서 시행되었다.[10]

둘째, 고용허가제도이다. 이 제도는 국내의 일정한 사업주에게 외국인을 고

---

10 한국은 1993년 4월 「외국인 산업연수제도」를 시행하였고, 2000년 4월 산업연수생의 노동을 허가하는 「연수취업제도」가 시행되었으며, 「외국인 근로자의 고용 등에 관한 법률」에 의하여 2004년 8월부터 「고용허가제」를 도입하였다. 과거 한국의 산업연수제도는 사업주들이 해외인력을 실제 연수과정은 거의 생략한 채 단순기능인력으로 사용하였다. 형식적인 연수기간 동안 사실상 근로자로서 일을 하면서도 연수생이라는 신분 때문에 권리와 대우에 제한이 주어지는 문제점이 있었다.

용하는 것을 허가하고, 이를 바탕으로 특정 사업주에게 고용되는 것이다. 이 제도에서는 특정 사업주가 외국인을 고용하는 것을 허가받는 것이기 때문에 채용된 외국근로자는 직장이동의 자유가 없다. 이는 노동수요자 중심의 제도이며 한국, 미국, 싱가포르, 홍콩, 대만 등의 국가에서 시행되고 있다.

셋째, 노동허가제도이다. 이 제도는 외국인에게 국내에서 일정 기간 동안 취업하는 것을 허용해 주는 것이다. 외국인은 허가기간중 국내 어느 사업장이든 자유롭게 선택하고 이전할 수 있는 자유를 갖게 된다. 이는 노동공급자 중심의 제도로서 지금까지 노동의 국제이동에서 가장 개방적인 제도라고 할 수 있으며, 독일에서 시행하고 있다.

4 국제노동이동의 동기

국제노동이동이 발생하는 이유는 크게 두 가지가 있는데 하나는 경제적 요인이고 다른 하나는 생활환경적 요인이다. 경제적 요인은 국가간의 임금수준의 차이 때문이다. 이 경제적 요인은 원거리의 지역적 이동, 국경장벽 등과 같은 물리적 장애요인과, 정치, 사회, 문화, 언어 등 여러 측면에서의 큰 제약요인에도 불구하고 노동력이 국가간에 이동되도록 하는 강한 동인이다. 또 생활환경적 요인은 자국보다 외국이 살기 좋기 때문이다. 특히 개발도상국의 사람들은 사회인프라나 자녀교육 등에서 월등하게 좋은 환경을 갖고 있는 선진국으로 가서 살고 싶어한다.

현재 국제노동이동에 있어서 선진국은 노동수요국, 개발도상국은 노동공급국으로 거의 양분된다. 제2차 세계대전 이후 지금까지 선진국에는 많은 자본축적이 있었지만 낮은 인구증가율로 노동력이 부족하다. 반면에 개발도상국은 자본은 없는 상태에서 높은 인구증가율로 노동력이 남아돈다. 세계화가 진행됨에 따라 선진국은 전 세계에서 소비될 상품을 생산하는 생산기지의 역할을 하게 된 반면, 개발도상국은 생산활동을 할 수 있는 영역이 크게 늘어나지 않고 있다.

이러한 결과로 선진국은 개발도상국에 비하여 일자리도 훨씬 많고 임금수준도 월등하게 높게 되었다. 이 같은 상황에서 개발도상국의 근로자는 선진국에 가서 일하고 싶어한다. 한편 선진국의 높은 임금수준은 자국산업의 국제경쟁력을 약화시키는 결과를 가져오게 되었고, 이에 선진국의 사업주들은 임금비용을 줄일 수 있는 방법으로 개발도상국의 근로자를 고용하기를 원하게 되었다. 그래서 다른 국가 일자리에 대한 노동공급과 다른 국가노동자에 대한 노동수요가 만나서 국제노동이동을 발생시키게 되는 것이다.

그런데 노동의 이동은 노동자 자신의 삶과 관련되는 것이므로 단순히 임금 하나의 요인에서 결정될 수는 없다. 노동자가 해외에서 취업을 할 때는 좋은 요인도 있고 나쁜 요인도 있게 되는데, 이 좋은 요인의 효익과 나쁜 요인의 비용에서 전자가 후자보다 클 때 해외로 나가게 된다. 일반적으로 노동자들에 효익이 될 수 있는 것으로는 ① 높은 보수, ② 자녀의 교육, ③ 선진기술의 획득, ④ 선진문물과 지식의 전수, ⑤ 선진국의 좋은 사회인프라 사용 등을 들 수 있다. 반면에 비용이 될 수 있는 것으로는 ① 언어와 관습 등이 다른 낯선 외지에서의 적응 부담, ② 이주 및 여행비용, ③ 정착을 위한 초기비용, ④ 외국에서의 구직의 어려움과 실직시의 큰 위험부담, ⑤ 정든 가족 및 친지와의 이별 등을 들 수 있다.

그렇기 때문에 노동자의 이동은 초기에 몇 사람이 해외에 나가게 되면 다른 사람들도 이를 따라 꼬리를 물고 계속 나가거나, 같은 동포들끼리 집단을 형성하는 경향이 강하다. 또한 환경에 대한 적응력이 높으며, 해외에 나갔을 때 더 오랫동안 일할 수 있고, 선진지식을 더 유용하게 활용할 수 있는 젊은 계층에서 더 많이 해외로 진출하게 된다.

5 국제노동이동의 경제적 효과

5.1 국제노동이동의 효과

[그림 7-4]는 노동력의 국제적인 이동이 유입국과 유출국에 미치는 경제적 효과를 보여주고 있다.[11] 선진국인 A국과 개발도상국인 B국을 상정하여, B국의

---

11 자본이동과 노동이동은 같은 요소이동으로서 효과분석이 거의 동일하다. 자본이동에서 사용되었던 [그림 7-2]와 같은 모형으로도 설명할 수 있지만 여기서는 다른 모형으로 분석해 보기로 한다.

노동자가 A국으로 이동하는 경우를 보기로 한다. 먼저 노동의 이동이 없는 상태에서 A국의 노동의 공급곡선과 수요곡선을 S_A, D_A라고 하고, B국에서의 노동의 공급곡선과 수요곡선을 S_B, D_B라 한다. 이때 A국에서의 국내 균형공급량은 L_{A0}, 균형임금은 W_{A0}가 되고, B국에서의 국내 균형공급량은 L_{B0}, 균형임금은 W_{B0}로 될 것이다.

여기서 양국간에 노동의 이동이 가능하게 되었다고 가정하자. B국에 비하여 A국의 임금수준이 훨씬 높으므로 B국의 노동자들은 A국에 가서 취업하고자 할 것이다. 이러한 국제이동을 원하는 노동공급량을 S_M이라고 한다면, 해외에서 유입된 노동공급을 합산한 선진국의 노동공급곡선은 $S_A + S_M$이 되고, 해외로 유출된 노동공급을 제외한 개발도상국의 노동공급곡선은 $S_B - S_M$이 될 것이다.

그런데 노동자가 외국에서 일을 하게 되는 것은 자국에서 일하는 것보다 더 많은 희생을 치뤄야 하기 때문에 자국에서의 임금과 타국에서의 임금이 그 희생비용을 보상하고 남을 정도로 일정한 수준 이상 차이가 나야만 외국에 취업하고자 할 것이다. 여기서 희생비용은 타국생활에서의 어려움, 이동관련 비용 등에 대한 대가를 반영하는 것으로 이를 외국취업비용이라고 하자. B국의 노동

그림 7-4 국제노동이동의 경제적 효과

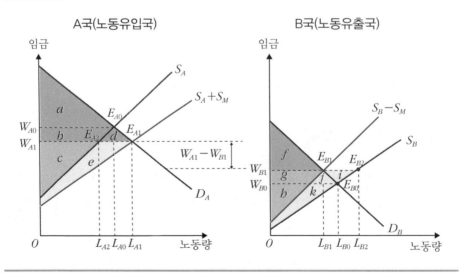

자는 A국에서의 임금에서 외국취업비용을 제한 금액이 자국에서의 임금액수보다 크다면 A국으로 이동하게 될 것이다. 이 상황에서 B국 노동자의 A국으로의 계속적인 유입은 A국 임금을 점차 낮추고 B국 임금을 점차 상승시킬 것이기 때문에, 노동이동은 A국 임금에서 외국취업비용을 제한 금액이 B국 임금과 같아지는 시점까지 계속될 것이다. 그러다가 이 점에 다다르면 B국 노동자의 이동은 멈춰지고 양국 노동시장에 안정적인 균형이 이루어지게 될 것이다.

이것을 그림에서 보면 A국은 노동의 균형공급량 L_{A1}에, 임금수준은 W_{A1}로 되고, B국은 노동의 균형공급량 L_{B1}에, 임금수준은 W_{B1}로 된다. 이때 $W_{A1} - W_{B1}$은 외국취업비용을 나타내며, 노동의 국제이동량은 $L_{A2}L_{A1}$ 또는 $L_{B1}L_{B2}$로 될 것이다. 노동력이 국제적으로 이동됨에 따라 발생하는 변화를 보면 먼저 고용량은 A국은 전체 고용량이 L_{A0}에서 L_{A1}으로 증가하게 되는데, 여기에는 국내노동자 L_{A2}와 외국인노동자 $L_{A2}L_{A1}$로 구성되고, 반면에 B국은 국내고용량이 L_{B0}에서 L_{B1}로 감소하게 된다. 이에 따라 임금수준이 A국은 W_{A0}에서 W_{A1}으로 하락하게 되고, B국은 W_{B0}에서 W_{B1}으로 상승하게 된다.

이와 같은 국제노동이동이 발생한 상황에서 이 양국과 당사자들이 갖게 되는 경제적인 이해관계를 살펴보기로 한다. 그림에서 $a, b, c, d, e, f, g, h, i, j, k$는 해당 영역의 면적을 표시하는 기호로서 당사자들의 후생을 나타내고 있다.

■ **노동유입국**　노동유입국의 경우에 노동의 국제이동 이전에는 노동 소비자잉여 a와 노동 공급자잉여 $b+c$를 갖게 되고 전체로서 $a+b+c$의 후생을 시현할 수 있었다. 그러나 노동의 국제이동이 가능해짐에 따라 노동 소비자잉여 $a+b+d$와 국내 노동 공급자잉여 c를 갖게 되어 전체로서 $a+b+c+d$의 후생을 시현하게 되었다. 이것은 이전보다 d만큼의 후생증가를 가져오게 된 것이다.

■ **노동유입국 사용자**　노동시장 개방의 결과로 국내적으로 당사자들의 이익 배분에서 변화를 가져오게 된다. 노동수요인 사업자들은 노동이동 이전에는 소비자잉여가 a이었으나 노동이동 이후에는 $a+b+d$로 되어 $b+d$만큼의 이익을 보게 된다.

■ **노동유입국 노동자**　노동유입국 노동자들은 노동이동 이전에는 공급자잉여

가 $b+c$ 였으나 노동이동 이후에는 c 로 되어 b 만큼의 손실을 보게 된다.

■ **노동유입국 국제수지**   국제수지 측면에서 노동유입국은 해외 전체 노동자임금으로 사각형 $L_{A2}L_{A1}E_{A1}E_{A2}$ 만큼의 수지 감소를 가져오게 된다.

■ **노동유출국**   노동유출국의 경우에 국내총생산 측면에서 국제이동 이전에는 노동 소비자잉여 $f+g+j$ 와 노동 공급자잉여 $h+k$ 를 갖게 되고, 전체로서 $f+g+j+h+k$ 의 후생을 시현할 수 있었다. 그러나 노동의 국제이동이 가능해짐에 따라 노동 소비자잉여 f 와 국내노동 공급자잉여 $g+h$ 를 갖게 되어 전체로서 $f+g+h$ 의 후생을 시현하게 되었다. 이것은 이전보다 $j+k$ 만큼의 후생감소를 가져오게 된 것이다. 그러나 국민총생산 측면에서는 국내총생산에 해외에서 시현되는 노동자의 공급자잉여 e 를 더하게 되는데, e 는 유출국 입장에서는 $i+j+k$ 에 상응하므로 이전보다 오히려 i 만큼 증가하게 된다.

■ **노동유출국 사용자**   노동유출국의 노동수요인 사업자들은 노동이동 이전에는 소비자잉여가 $f+g+j$ 이었으나 노동이동 이후에는 f 로 되어 $g+j$ 만큼의 손실을 보게 된다.

■ **노동유출국 노동자**   노동유출국 노동자들은 노동이동 이전에는 공급자잉여가 $h+k$ 이었으나 노동이동 이후에는 $g+h+e$ 로 된다. 그런데 e 는 유출국 입장에서는 $i+j+k$ 에 상응하므로 노동이동 이후의 공급자잉여는 $g+h+i+j+k$ 가되고, 결국 노동유출국 노동자들은 $g+j+i$ 만큼의 이익을 갖게 되는데, 이중 국내노동자는 g 만큼, 해외노동자는 $i+j$ 만큼의 이익을 보게 된다.

■ **노동유출국 국제수지**   국제수지 측면에서 노동유출국 B국은 해외 전체 노동자임금으로 사각형 $L_{A2}L_{A1}E_{A1}E_{A2}$ 만큼의 수지 증가를 가져오게 된다. 이중에서 해외 전체 노동자들의 이동비용 등 해외취업으로 인한 비용지출이 $(W_{A1}-W_{B1})$ $\times L_{A2}L_{A1}$ 과 같다면 이를 공제한 사각형 $L_{B1}L_{B2}E_{B2}E_{B1}$ 이 순수지 증가로 될 것이다.

■ **세계후생**   노동의 국제이동에 따라 A국에는 d 만큼의 이익이 창출되고, B국은 i 만큼의 이익이 창출되어, 세계 전체로는 $d+i$ 만큼의 이익이 창출된다.[12]

---

12 Thomas A. Pugel, *International Economics,* 16th ed. (New York: McGraw-Hill, 2016), pp. 361~363.

5.2 각 경제주체들에 대한 영향

1) 노동유입국의 노동사용자

국제노동이동에 따라 노동유입국 사용자의 이익은 크게 증가하게 된다. [그림 7-4]에서도 노동공급자의 잉여영역이던 b영역이 노동사용자의 잉여영역으로 바뀌게 되어 노동사용자는 이전에 노동공급자가 누리던 b영역만큼 이익을 보게 될 뿐만 아니라 새롭게 창출되는 잉여 d도 갖게 되는 데서도 잘 나타나고 있다.

국제노동이동은 유입국 노동사용자의 임금비용을 절감하게 한다. 개발도상국의 상품에 경쟁력을 상실한 선진국의 사양산업의 경우, 선진국이 개발도상국보다 불리한 가장 큰 부분은 임금수준 차이이다. 선진국은 임금수준이 개발도상국에 비하여 월등히 높기 때문에 좀처럼 상품의 가격경쟁력을 갖기 힘들다. 그러나 임금 이외의 다른 요인들에 있어서는 선진국이 개발도상국에 비하여 대부분 유리한 입장에 있기 때문에 선진국이 개발도상국 노동자를 사용하여 임금비용을 줄인다면 경쟁력을 가질 수도 있다. 선진국은 기존의 시설이 있고 사회간접자본이 잘 갖추어져 있으며 자본비용이 싼데다 임금까지 개발도상국수준으로 맞출 수가 있다면 선진국이 개발도상국에 비하여 불리할 요인이 없는 것이다.

물론 선진국 기업이 개발도상국 노동자를 부분적으로 사용한다고 하더라도 개발도상국 생산에서의 임금비용수준까지 낮출 수는 없을 것이다. 그렇다고 하더라도 외국인노동자의 사용은 가변비용을 크게 감축시킬 수 있기 때문에 개발도상국의 상품에 비하여 장기적으로 경쟁력을 확보하는 경우가 아니라고 해도 지금까지 사용해 오던 기존시설을 바로 폐기하지 않고 일정한 기간 더 사용할 수 있게 함으로써 경제적 손실을 줄인다거나 급속한 사양화를 방지함으로써 경제적 이익을 도모할 수 있다.

2) 노동유입국의 노동자

해외에서 노동력이 유입되면 그들과 경쟁관계에 있는 국내의 노동자는 불이익을 당하게 된다. 외국노동자의 유입으로 해당 업종에서는 그만큼 임금의 하락이 발생하고 실업의 위협이 커지게 되기 때문이다. 외국노동자는 3D업종이나 하급 단순노동직에 고용되는 경우가 많은데 외국노동자의 유입은 이들 직종에 있는 국내의 하층 근로자에 경제적으로 큰 어려움을 주게 되어, 이것이 선진국의 빈부격차 증대의 한 원인이 되기도 한다.

미국의 경우 외국노동자 유입이 이들과 경쟁관계에 있는 하층 노동자들의 임금수준을 하락시켰는가에 대하여 임금수준을 하락시키지 않았다는 연구결과들도[13] 있고, 하락 또는 지속적인 상승억제의 영향을 주었다고 하는 연구결과들이[14] 있으나 후자의 경우가 다수를 차지하고 있다.

그러나 외국노동자들이 주로 담당하는 작업영역과 다른 영역의 경우에는 외국노동자의 유입으로 인하여 오히려 고용이 늘어날 수도 있다. 3D작업이나 하급의 업무영역에서 작업인력을 구하지 못해서 제품생산을 못하는 경우에 이 영역에서의 인력보충은 제품생산을 가능하게 하고, 이로써 다른 작업영역에 일거리를 제공하는 결과를 주기 때문이다. 이러한 측면 때문에 외국인의 유입이 오히려 고용창출효과를 발생시킬 수도 있다. 이러한 고용창출효과는 국제시장에서 국내산업이 직면하고 있는 상황이나, 국내노동자들의 고용상황, 외국노동자들이 투입되는 산업이나 직무의 특성에 따라 달라질 수 있다.

3) 노동유출국의 노동자

노동유출국 노동자는 노동력의 국제적 이동으로 큰 경제적인 이익을 갖게된다. [그림 7-4]에서도 노동사용자의 잉여영역이던 $g+j$가 노동공급자의 잉여영역으로 바뀌게 되어, 노동공급자는 이전에 사용자가 누리던 $g+j$를 얻게 될뿐만 아니라 새로 창출되는 잉여 i도 얻게 되는 데서 잘 나타나고 있다.

외국에 취업하는 노동자는 취업의 기회를 가질 뿐만 아니라 자국에서는 받기 어려운 높은 수준의 실질임금을 받을 수 있다. 또한 외국에서의 취업으로 국내에서 갖기 힘든 기술과 경험을 획득하게 된다. 개발도상국의 노동자가 선진국의 생산활동에 참여하는 과정에서 산업생산에서의 기술과 경영방법을 배우게

---

13 J. Smith and B. Edmonston, eds., *The New Americans: Economic Demographic, and Fiscal Effects of Immigration*, National Research Council (Washington DC), 1997.

14 G. J. Borjas, "The Labor Demand Curve is downward slopping: Reexamining the Impact of Immigration on the Labor Market," *Quarterly Journal of Economics*(2003), pp. 1167~1177.

되는데 여기서 체화된 지식은 본국으로 돌아가서 유용하게 활용될 수 있다.

다음으로 외국에 나가지 않고 국내에서 머무는 노동자에게도 경제적인 이익을 준다. 노동의 해외유출은 국내에서의 노동공급량을 줄이므로 국내임금을 상승시키게 된다. 이에 따라 외국에 진출하는 노동자 외의 일반노동자들도 국내노동유출의 혜택을 누리게 되는 것이다.[15]

4) 노동유출국의 노동사용자

해외로의 노동력의 유출은 유출국 사용자 입장에서는 불리하게 된다. 노동력의 감소는 임금수준을 상승시키고 인력확보를 어렵게 하기 때문이다. 그러나 유휴노동력이 많은 경우에는 노동력 일부의 외국진출이 국내노동시장에 큰 영향을 미치지 않을 수 있는데, 특히 해외에 진출하는 노동력이 단순노동일 경우에 그러하다. 그렇지만 고급인력의 경우는 개발도상국일수록 고급인력이 부족하기 때문에 인력수급과 임금수준에 영향을 줄 수 있다. 또 개발도상국의 경우 특정 분야에서는 전문인력이 부족하여 임금수준과 상관없이 그 분야 산업형성이 불가능한 경우도 많기 때문에 고급인력의 이동은 매우 중요한 영향을 미칠 수 있다.

5) 노동유입국

노동유입국은 경제적인 면에서 유리한 점이 많다. 외국인 노동자의 유입은 국내 임금수준을 내려가게 할 것이고 고용량 증가로 국내총생산은 증가하게 될 것이다. 국민총생산은 국내총생산에서 외국노동자들이 자국에 송금한 부분만큼 차감된다. 국민총생산은 외국인 노동유입으로 일자리를 잃게 되는 국내노동자의 임금만큼 감소되는 요인이 있지만 기업의 외국인 노동자고용으로 인한 수익증가가 이로 인한 임금비용증가보다 클 것이므로 이 부분에서 증가요인도 있다.

단순하게 보면 해외에서 노동력이 유입되면 이와 경쟁관계에 있는 국내노동

---

15 이것은 국내의 유휴노동의 크기와 산업생산의 정도, 그리고 업종에 따라 달라질 수 있다. 지금의 대다수 개발도상국과 같이 산업생산은 작은 반면에 노동인력은 매우 많은 상태에서는 국내의 노동력이 일부 외국으로 나간다고 할지라도, 국내에는 여전히 유휴노동력이 많기 때문에 임금이 상승될 가능성은 작기 때문이다. 반면에 일부 전문분야에서는 전문인력이 많지 않기 때문에 임금이 상승할 수 있다.

자들이 일자리를 잃게 되므로 본국 국민들의 고용량이 감소하게 된다. 그러나 국가 전체적으로 국내노동자의 고용수준이 하락하게 되느냐의 문제는 앞에서 노동유입국 노동자의 이해관계와 관련하여 설명한 바와 같이 상황에 따라 달라질 수 있어서 결론을 내기 어렵다. 또한 외국노동자의 고용은 앞에서 노동유입국 노동사용자의 이해관계와 관련하여 설명한 바와 같이 산업생산설비의 사용측면에서 이득을 줄 수 있고, 산업의 급속한 사양화를 방지함으로써 사회적인 충격을 완화시킬 수 있다.

국제수지에 있어서는 국내에 고용된 외국인이 본국에 송금하는 임금만큼의 이전수지 지출증가가 발생하게 된다. 그러나 외국인의 국내고용으로 인하여 국내산업의 경쟁력이 증가함으로써 상품수출이 증가하거나 상품수입이 감소할 수 있고 이에 따라 무역수지도 오히려 개선될 수 있다.

노동유입국의 입장에서 외국노동자의 유입으로 인해 치러야 할 가장 큰 비용은 경제외적인 비용으로서 정치적·사회적·문화적 문제 등과 같은 것이다. 이러한 비용은 경제적으로 환산할 수 없을 만큼 큰 비용으로 발생하고 장기적으로 발생하기 때문에 단기적이고 경제적인 요인만으로 판단하기는 어려운 면이 있다.

6) 노동유출국

노동유출국은 자국민의 경제활동을 늘릴 수 있기 때문에 경제적인 이익을 가져올 수 있다. 자국의 근로자가 외국에 나가 획득한 임금을 본국에 송금하게 되면 그만큼 외화수입이 된다. 많은 개발도상국에서는 기초적인 재화의 수입이나 개발을 위한 사업 등에 필요한 외화수요는 많지만 외화를 획득할 수 있는 수단이 많지 않기 때문에 해외진출 노동자의 본국송금이 경제에 큰 보탬이 될 수 있다.

경제개발의 시작단계에서는 산업의 기초를 위한 투자재원 마련이 매우 어렵고도 중요하다. 이는 과거 한국의 경제개발의 과정에서도 예를 찾을 수 있다. 1960년대 독일에 광부 및 간호원 파견, 월남전 참전, 1970년대 중동지역 건설인력의 파견 등이 경제개발을 위한 투자재원 마련에 크게 기여하였다. 현재에도 많은 개발도상국에서는 해외진출 근로자들의 본국송금이 외화획득에 있어서 매우 중요한 역할을 하고 있다. 예를 들면 필리핀의 경우에 2015년 해외진출 근로자들의 본국송금은 258억 달러로서 국내총생산의 약 9.8%에 해당하는 큰 규모이다.[16]

그리고 개발도상국 노동자의 선진국 취업은 선진지식과 기술을 습득하게 하는 기회를 제공하기 때문에 이러한 측면에서의 긍정적인 효과 또한 매우 크다.

6 고급인력 유출

오늘날 개발도상국이 인력유출로 겪는 부정적인 측면중의 하나가 두뇌유출(brain drain)문제이다. 고급인력의 해외유출은 이 인력이 경제발전에 매우 소중한 자원임에도 불구하고 국내에서 활용되어질 수 없다는 측면에서 본국의 입장으로서 큰 손실이 된다. 또 고급인력이 양성되기까지는 많은 투자가 있어야 하는데 이러한 투자는 본국에서 이루어지고, 수확은 타국에서 하게 되면 본국은 부당하게 손해를 보는 것이 된다.

두뇌유출의 경로를 보면, 하나는 개발도상국의 의사와 간호원 등 특수한 전문적인 기술자들이 선진국에 취업을 하는 경우이고, 다른 하나는 개발도상국의 우수한 학생들이 자국에서 대부분의 교육과정을 이수하고, 대학원 또는 그 이후의 과정을 선진국에서 이수하고 거기서 취업하게 되는 경우이다. 이 두 경우 모두 특별하게 우수한 인적자원에 해당되는 경우가 많고, 산업발전을 위해서는 고급두뇌의 역할이 매우 중요하기 때문에 개발도상국의 입장에서는 매우 큰 손실이 된다.

두뇌유출과 관련하여 당사자들의 이해관계를 살펴보면 다음과 같다.

첫째, 유출국의 입장에서는 위에서의 설명과 같이 큰 손실이 된다.

둘째, 유입국의 입장에서는 이들 고급두뇌의 유입이 거의 불노소득에 해당하는 이득이 된다. 그래서 선진국들은 자국으로의 유입에 엄격한 제한을 가하는 일반인과는 달리 이들 고급인력에 대해서는 제한을 크게 완화하고 있다.

셋째, 고급인력의 입장에서 보면 선진국은 사회인프라가 개발도상국에 비해

---

16 Bangko Sentral NG Pilipinas, *Economic and Financial Statistics* (Philippine Manila, 2015).

서 월등하게 낫기 때문에 대부분의 사람들이 선진국에 살고 싶어 한다. 그런데
다 첨단의 지식이나 기술을 가진 고급인력의 경우, 본국에서는 자신의 능력을
활용하거나 발전시켜 나갈 수 있는 여건이 안 되기 때문에 선진국에서 활동하
기를 원하는 경우도 있다.

　마지막으로, 세계적인 차원에서는 고급두뇌들이 본국에 머물면서 이를 활용
할 곳이 없어 그 두뇌를 사장하는 것보다 선진국에서 활동하면서 이를 활용할
수 있는 기회를 갖는 것이 이익이 된다. 그러나 이것은 세계경제발전의 지역간
불균형을 더욱 심화시키는데 큰 역할을 하게 된다. 선진국은 자본과 인력과 지
식 모두 축적되는 반면에 개발도상국은 이러한 자원이 점점 줄어들게 되기 때
문이다.

주요용어

해외직접투자	해외간접투자	제품수명주기이론	기업행태이론
과점적 반응이론	독점적 우위이론	내부화이론	절충이론
연수취업제도	고용허가제도	노동허가제도	두뇌유출

📋 **연습문제**

01 해외간접투자의 동기를 논술하시오.

02 국제자본이동의 경제적 효과를 논술하시오.

03 제품수명주기이론을 설명하시오.

04 독점적 우위이론을 설명하시오.

05 내부화이론을 설명하시오.

06 절충이론을 설명하시오.

07 다국적기업이 본국에 미치는 영향을 논술하시오.

08 다국적기업이 현지국에 미치는 영향을 논술하시오.

09 단기노동력이동제도에 대하여 설명하시오.

10 국제노동이동의 경제적 효과를 논술하시오.

11 두뇌유출에 대하여 논술하시오.

CHAPTER 08

국제무역과 경제발전

국제무역과 경제발전

제1절 무역과 경제발전

1 경제발전에서 무역의 역할에 대한 경험

1.1 선진국의 경우

오늘날 선진국들이 다른 국가들과 달리 선진국으로 된 것은 18~19세기 산업화를 통하여 경제발전을 먼저 이루었기 때문이다. 이들 국가들이 산업화를 이루는 과정에서 대부분의 경우에 국제무역의 역할이 작지 않았다.

대표적 자유무역국가인 영국은 그 경제발전과정에서 무역이 절대적인 역할을 하였다. 영국은 다른 나라보다 먼저 산업혁명을 이룩함으로써 공업생산에서 우위를 갖게 되었고, 이러한 우위를 바탕으로 비교우위에 따라 공산품을 수출하고 원료 및 1차상품을 수입하면서 공업생산에 집중할 수 있었고 빠른 속도로 경제발전을 이룩할 수 있었다.

영국에 뒤이어서 산업혁명을 거치게 된 프랑스, 독일을 비롯한 대다수의 서유럽 국가들도 영국과 같이 중동부 유럽, 아메리카, 아시아, 아프리카 지역에 공산품을 수출하고 원료나 1차상품을 수입하는 가운데 공산품생산에 집중함으로써 공업화를 이룰 수 있었다. 후발국가가 공업화를 이룩하는 데에는 초기에는 발전이 앞선 국가로부터 새로운 상품이나 기계설비 등을 수입해야만 하고 이를 위해서는 외환을 마련하지 않으면 안 된다. 외환을 마련하기 위해서는 자국의 경쟁력 있는 상품을 수출해야 하므로 자연히 공업화의 과정에 무역이 중요한 역할을 하게 되는 것이다. 미국은 산업화 초기에 원면을 비롯한 1차상품 수출이 외화재원을 확보할 수 있는 주요 통로로서의 역할을 하였고, 러시아는 밀을, 일본은 섬유류를 수출함으로써 산업화를 위한 외환을 마련할 수 있었던 것이다.

19세기 선진국으로 발전한 또 하나의 국가부류는 신개척지 국가들이다. 유럽인들의 이주정착지역으로서의 특성을 갖고 있는 미국, 캐나다, 호주, 뉴질랜드, 남아프리카 공화국 등은 유럽지역의 주요 무역상대국으로서 1차상품을 수출하는 대신에 공산품을 수입하고, 유럽의 앞선 기술과 자본, 그리고 노동력을 받아들임으로써 산업화를 이룩할 수 있었다. 이들 지역의 산업화에 있어서 중요한 특성은, 하나는 비옥한 토지와 삼림 및 광물자원으로 풍부한 1차상품 자원을 보유하고 있었다는 점이고, 다른 하나는 유럽사람들의 이주지역이라는 점이다. 이들 지역은 1차상품 자원이 풍부했기 때문에 당시 유럽에서 필요로 했던 농산물과 공업원자재를 공급하고 유럽의 공산품을 수입할 수 있었다. 또한 인구과잉의 유럽으로부터 많은 사람들이 이 지역에 이주하면서 유럽의 기술과 노동력이 유입되었고, 유럽의 자본투자를 받아들일 수 있었으며, 인구증가로 국내시장과 경제규모가 확대되었다. 이렇게 수출과 투자유입으로 마련된 재원과 외부로부터 유입된 기술과 노동력으로 철도, 도로, 운하, 항만 등의 사회간접자본을 확충하고 산업설비를 도입함으로써 산업화를 이룩할 수 있었던 것이다.[1]

---

1 A. G. Kenwood and A. L. Lougheed, *The Growth of the International Economy*, 4th ed. (London: George & Unwin Ltd, 1983), pp. 121~147.

1.2 개발도상국의 경우

19세기 각국의 경제발전과정에서 무역은 "성장의 엔진"으로 불릴 정도로 지대한 역할을 하였다. 그래서 개발도상국이 경제발전을 이룩하는 데는 비교우위원리에 따라 무역을 하는 것이 가장 효과적인 방법이라고 생각되어 왔다.

그런데 이후 국제무역에 많이 의존했던 대다수의 국가들이 선진국과 같은 산업화를 이루지 못하였을 뿐만 아니라 경제상황도 별로 나아지지 않았다. 이러한 결과를 두고 왜 많은 개발도상국들이 국제무역에 적극 참여하였음에도 불구하고 계속적으로 후진국의 위치에 머물 수밖에 없게 되는지, 또 과연 비교우위원리에 따른 무역이 경제발전에 기여하는 것이 맞는지에 대한 의문이 생기게 되었다. 이러한 문제와 관련하여 다음과 같은 측면에서 연구와 논의가 활발하게 이루어지게 되었다.

첫째, 유럽에서 먼저 산업화가 됨에 따라 세계의 다른 국가들은 유럽국가들의 산업활동에 이끌려 유럽국가들의 무역파트너로서 무역을 하게 되면서 수동적으로 국제경제관계에 편입되었다. 이들의 대부분은 비교우위원리에 따라 1차상품을 수출하고 유럽의 공산품을 수입하였다. 그런데 공산품을 수출하는 선진국과는 반대로 개발도상국들이 수출하는 상품들은 주로 1차상품이었기 때문에 무역이 경제발전에 도움이 되지 않았다는 것이다. 1차상품은 교역조건이 장기적으로 불리하게 변동되는 점이나 가격변동이 심하여 안정된 수출소득을 확보하기 어려운 점 등 여러 측면에서 1차상품이 갖는 불리함으로 인하여 무역이 경제발전에 도움을 주지 못하였다는 것이다.

둘째, 19세기 후진국들이 선진국으로 산업화하는 과정에서 무역이 많은 도움이 되었다고 하더라도 무역이 경제발전에 결정적인 역할을 하였다고 하기는 어렵다. 이들 국가의 경제발전에는 외부적인 요인보다 오히려 내생적인 요인이 더 중요했으며 국제무역이 경제발전을 도왔다고 하더라도 이는 보조적인 역할에 불과했다고 볼 수 있다. 신개척지 국가인 미국만 하더라도 국내생산기반의 확충과 국내시장의 형성이 경제발전에 매우 중요한 역할을 하였고, 무역은 국내총생산에 비하여 그 비중이 크지 않았고 또 주요 수출품이 농산물이었기 때문에 경제발전에서의 역할이 제한적이었다. 전반적으로 볼 때, 내생적인 요인들에서 경제발전의 여건을 갖춘 국가들은 선진국으로 발전할 수 있었던 반면, 이러한 여건이 구비되지 않은 국가는 여전히 후진국으로 남게 된 것으로 보는 것이 타당하다고 할 수 있다.

셋째, 개발도상국의 이중경제(dual economy)의 문제이다. 개발도상국은 많은 경우에 수출부문이 여타 경제부문과 괴리된 포령경제(enclave economy)의 형태를 띠고 있다. 수출산업은 외국자본에 지배되는 경우가 많았고 토착민 소유의 경우에도 소수 특권계층에 독점되었기 때문에 수출에 따른 이익이 노동자나 국가 전반에 돌아가지 않았고, 소수계층에 집중된 수출소득이 전시효과(demonstration effect) 등으로 경제발전에 유익하게 사용되지 못하고 저축과 투자로 이어지지 않았기 때문에 수출에서의 소득증가와 수출산업의 발전이 다른 산업의 발전을 이끌고 국가경제 전체의 발전으로 이어지지 않았다.

넷째, 1차상품의 수출로 높은 소득을 올린다고 하더라도 공업이나 서비스산업의 발전 없이는 선진국이 되기 어렵다. 국가경제가 안정적으로 발전하기 위해서는 1차산업의 어느 한 부분에 치우쳐서 여기에만 의존되어서는 안 되고 산업 여러 부문에서의 자립적인 생산능력이 중요하다. 특히 공업의 경우는 1차산업에 비하여 경제 전반에 미치는 파급효과가 크고 동태적인 효과가 크기 때문에 경제발전을 위해서는 공업화의 과정이 반드시 필요한 것으로 인식되고 있다.

2 국제무역의 경제발전에 대한 효과

경제발전에서 무역의 역할에 대하여 무역낙관론과 무역비관론의 상반된 두 견해가 있다. 무역낙관론은 무역이 경제발전과정에 가져다 줄 수 있는 여러 긍정적인 측면에 무게를 두고 있는 반면, 무역비관론은 부정적인 측면에 주안점을 두고 있다. 따라서 무역낙관론은 경제발전을 위한 방안으로서 비교우위의 무역원리와 무역을 통한 경제발전을 강조하는 반면에, 무역비관론은 무역보다는 내향적인 경제발전에 역점을 두게 된다. 여기서 무역낙관론과 무역비관론의 주장 근거를 보다 자세히 살펴보기로 하자.

2.1 무역낙관론

베릴(K. Berrill), 허쉬먼(A. O. Herschman), 하벌러(G. Haberler), 케언크로스(A. Cainrcross) 등은 무역이 경제발전에 줄 수 있는 긍정적인 효과들을 적시하였다.[2] 이들이 적시하고 있는 측면들은 다음과 같다.

1) 경제의 효율성 증진

미개발상태에 있는 후진국들은 자국이 가진 부존자원을 효율적으로 사용하지 못하는 경우가 많은데, 무역은 이러한 자원을 효율적으로 사용하게 한다. 무역을 통하여 국내에서 충분히 활용하지 않는 천연자원 등의 잉여자원을 수출하

그림 8-1 국내생산요소와 수입생산요소가 보완적인 경우

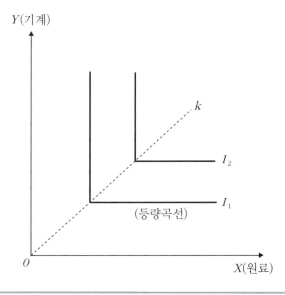

2 A. O. Hirschman, *The Strategy of Economic Development* (New Haven: Yale University Press, 1958); G. Harberler, *International Trade and Economic Development* (Cairo: National Bank of Egypt, 1959); A. K. Cairncross, *Factors in Economic Development* (New York: Goerge Allen & Unwin, 1962), pp. 214~220.

거나 남아도는 노동을 활용하여 노동집약적인 상품을 수출하고, 이에 대한 대가로 국가가 필요로 하는 재화를 수입할 수 있게 되는 것이다. 무역은 휴면상태에 있는 경제에 새로운 자극을 주어 그 활동을 촉발시키며 이러한 결과로 국내생산이 늘어나고 후생수준은 증대하게 된다.

이를 [그림 8-1]에서 보기로 하자. 국내에 어떤 재화생산에 필요한 원료가 많이 있다고 하더라도 기계설비나 기술이 없으면 생산할 수 없다. 그래서 원료와 기계가 재화생산에서 생산요소로서 완전한 보완관계에 있다고 가정하자. 그러면 기계와 원료로서 산출되어질 수 있는 생산량을 나타내는 등량곡선은 원점을 향해서 직각의 형태를 갖게 된다. 기계와 원료의 투입비율이 k라고 하면 등량곡선 I_1에서 더 많은 양의 I_2 수준으로 높이기 위해서는 투입비율 k에 따라 두 요소를 함께 투입해야 하며, 하나의 생산요소만으로는 아무리 많이 투입해도 생산량을 증가시키기 어렵다는 것을 알 수 있다.

후진국에는 생산자원중 일부만 갖고 있는 경우가 일반적이기 때문에 국내조달이 어려운 생산요소를 무역으로 해외에서 보충함으로써 유휴화되어 있는 국내

그림 8-2 무역에 의안 비효율성 탈피

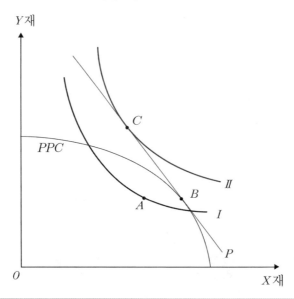

자원을 활용할 수 있는 것이다.

이러한 결과를 [그림 8-2]를 통하여 볼 수 있다. 대부분의 개발도상국들은 주어진 자원을 효율적으로 활용하지 못하고 있기 때문에 A점과 같은 생산가능 곡선 내부에서 생산과 소비가 이루어지게 된다. 국제무역을 하게 되면 생산은 B점과 같이 생산가능곡선상에서 생산을 하고, C점과 같은 점에서 소비할 수 있게 된다. 무역을 하게 되면 후생수준은 I에서 II로 되어 무역 이전보다 훨씬 높은 수준의 후생을 달성할 수 있게 되는 것이다.

2) 분업이익과 규모의 경제달성

후진국은 국내시장규모가 작기 때문에 생산에서의 경제성을 확보하기 어려워 국내생산을 못하는 경우가 많다. 무역을 하게 되면 자국시장에다 외국시장까지 활용할 수 있으므로, 수출을 통한 생산규모의 확대는 분업을 가능케 하고 규모의 경제가 실현되어 생산에 있어서 경제성을 확보할 수 있게 된다. 그래서 무역이 없는 상태에서는 불가능했던 국내생산이 무역을 함으로써 가능하게 되는 것이다.

3) 수출산업외의 경제부문 발전촉진

수출산업에서의 생산증대는 다른 산업과 경제 전반에 파급효과를 가져온다. 수출의 파급효과는 크게 두 가지 측면으로 나누어진다.

첫째, 수출과 관련되는 산업에의 연관효과(linkage effect)이다. 연관효과는 전방연관효과(forward linkage effect)와 후방연관효과(backward linkage effect)로 나누어진다. 전방연관효과는 수출산업의 활동이 다른 산업의 요소투입면의 개선에 기여하는 효과이다. 수출산업에서 생산성의 향상, 기술발전, 규모의 경제 등을 통하여 제품의 품질이 향상되고 가격이 낮아지면 이 제품을 중간투입재로 사용하는 국내산업들의 경쟁력이 향상되는 것이다. 전방연관효과의 예를 들면, 엔진산업을 발전시키게 되면 자동차산업이 발전하고, 자동차산업이 발전하면 운송산업이 발전하는 식으로 되어 산업발전이 이후단계의 산업으로 연쇄적으로 파급되는 경우이다.

반면에 후방연관효과는 수출산업의 활동이 다른 산업의 수요면의 개선에 기여하는 효과이다. 수출산업이 발전함에 따라 수출산업에 중간투입재를 공급하는 산업에서 생산물 수요가 증대하면서 이들 산업 또한 발전하게 되는 것이다. 후 방연관효과의 예로서는 엔진산업의 발전에 따라 기계부품산업이 발전되고, 기계 부품산업의 발전에 따라 금속소재산업이 발전되는 식으로 되어 산업발전이 이 전단계의 산업으로 연쇄적으로 일어나는 경우이다.

둘째, 수출소득의 파급효과이다. 수출소득은 대부분 국가내에서 소비되거나 저축된다. 수출소득증대에 의한 소비의 증가는 국내소비재에 대한 수요를 증대시 켜 다른 국내산업의 공급을 증대시키고 이로 인한 소득을 발생시키게 된다. 이렇 게 발생한 한 산업에서의 소득은 또다시 다른 산업에 소득을 낳게 하여 이러한 과정속에 소득발생이 연쇄적으로 계속 이어져서 승수효과(multiplier effect)에 의 한 소득증가가 발생하게 된다. 한편 저축은 후진국에서 절실한 자본의 축적을 가 능하게 하며, 이것이 투자될 때 경제는 확대 발전하게 된다.

4) 신지식과 기술의 전수

국제무역은 새로운 지식과 기술이 전달되는 중요한 통로이다. 후진국은 상품 수입, 설비수입, 기술이전계약, 경영관리계약, 해외투자유입 등 여러 가지 국제 거래의 과정에서 선진국의 새로운 지식과 기술을 전수받을 수 있게 된다.

5) 신상품도입에 의한 산업발전

무역을 통한 새로운 상품의 도입은 잠재되어 있던 국내수요를 촉발시키고 국내생산을 유발하게 된다. 이러한 가운데 투자가 촉진되고 산업이 발전하게 된다.

6) 자본유입촉진

국제무역은 해외로부터의 자본유입을 촉진시킨다. 일반적으로 무역이 없는 상태에서 바로 국제투자가 이루어지기는 어려우며 무역이 활발할수록 국제투자 도 많아지게 된다. 간접투자의 경우는 자본만 유입하게 되지만 직접투자의 경우 는 선진국 기업의 국내경영활동으로 인하여 자본유입과 함께 앞선 생산기술과 경영노하우도 흡수할 수 있게 된다.

7) 국내독과점의 방지

국제무역은 국내독과점 폐해를 방지하는 역할을 한다. 폐쇄경제에서는 국내 기업들이 독과점을 할 수 있으나 무역개방이 되면 외국의 기업들과도 경쟁해야 하므로 독과점을 할 수 없다. 따라서 무역을 하게 되면 세계 유수의 기업들과의 심화된 경쟁속에서 더 효율적으로 경영해야만 하고 이러한 가운데 산업은 발전 하게 된다.

8) 기업활동과 기업가정신의 발전

개발도상국의 경제발전의 장애요인중의 하나는 근대적 기업가정신(entrepre-neurship) 및 기업경영능력의 부족이다. 국제무역활동은 세계적인 차원에서 경 쟁을 해야 하기 때문에 국내거래에서 보다 전문적인 경영능력과 지식을 필요로 하며, 위험을 무릅쓰고 새로운 기회를 개척하는 기업가정신을 필요로 한다. 이 러한 측면에서 무역은 개발도상국의 전근대적인 경제사회에 변화와 발전을 가 져다주는 역할을 할 수 있다.

2.2 무역비관론

넉시(R. Nurkse), 싱거(H. Singer), 프레비쉬(R. Prebisch), 미르달(G. Myrdal) 등은 후진국의 경제발전에 있어서 무역의 부정적인 측면을 주장하였다. 이들의 주장은 다음 측면을 그 근거로 하고 있다.[3]

먼저 넉시(R. Nurkse), 싱거(H. Singer), 프레비쉬(R. Prebisch) 등은 개발도

---

3 R. Nurkse, *Equilibrium and Growth in the World Economy* (Harvard University Press, 1961); R. Prebisch, *The Economic Development of Latin America and Its Principal Problems* (United Nations, Department of Economic affairs, 1950), pp. 8~9; H. W. Singer, "U. S. Foreign Investment in Underdeveloped Areas: The Distribution of Gains between Investing and Borrowing Countries," *American Economic Review*, Papers and Proceedings, Vol. 40, No. 2 (May 1950), pp. 478~479; G. Myrdal, *An International Economy: Problems and Prospects* (New York: Harper and Brothers, 1956), pp. 230~231.

상국들이 1차상품에 특화하게 됨으로써 발생하는 불이익에 중점을 두고 있다. 전통적인 무역이론에 의하면 비교우위에 따라 선진국은 공산품에 특화하고 후진국은 1차상품에 특화하여 서로 교환하게 된다. 그런데 1차상품에 특화하는 것이 경제적으로 불리하기 때문에 후진국은 국제무역을 통하여 경제발전을 이루기가 어렵다는 것이다. 1차상품에의 특화가 불리한 주요 이유는 ① 1차상품의 교역조건이 장기적으로 악화된다는 점, ② 생산확대에 따른 동태적인 이익이 작다는 점, ③ 수출소득이 불안정하다는 점 등을 들고 있다.

다음으로 미르달(G. Myrdal)은 사회학적인 측면에서 국제무역은 부국인 선진국의 소득을 증가시키고 빈국인 후진국의 소득을 감소시키는 역할을 한다고 주장하였다. 그는 국제무역은 무역당사자 전체의 소득이 확대되는 확산효과(spread effect)와 주변국인 후진국이 중심국인 선진국에 이익을 빼앗기는 역류효과(backwash effect)의 두 가지의 효과가 발생하는데, 후자의 효과로 인하여 무역을 할수록 선진국 경제는 확대하고 후진국 경제는 축소하게 된다고 주장하였다.

3 무역과 성장전략

3.1 국제무역과 공업화전략

비교우위원리에 따라 무역을 하게 되면 대부분의 개발도상국은 1차상품 위주로 생산하고 수출하며 공산품은 선진국으로부터 수입해야 한다. 그러나 국제분업에서 1차상품 특화로 고착화되면 공업측면에서는 발전하기 어렵기 때문에 무역만으로 경제발전을 기대할 수는 없고 별도로 공업화전략을 추구할 필요가 있다. 개발도상국의 현실에 있어서 공업화에 의한 경제발전은 그 무엇보다 중요한 목표이다. 그래서 무역은 공업화를 위한 하위의 목표이다. 개발도상국이 공업화를 추구하는 이유는 다음과 같다.

첫째, 공업은 1차산업에 비하여 산업연관효과가 더 크며, 또 경제 전반에 미치는 긍정적인 외부효과가 크다.

둘째, 유휴노동력이 많은 개발도상국에서 공업은 그 생산규모를 늘려감에 따라 많은 노동력을 흡수할 수 있어 고용창출과 소득증대가 용이하다.

셋째, 공업은 과학발전과 기술혁신으로 생산성을 계속적으로 향상시킬 수 있다.

넷째, 개발도상국의 공업발전은 교역조건 개선효과를 가져온다.

다섯째, 공업의 발전은 개발도상국의 전근대성을 제거하고 과학적인 사고와 합리성을 도입케 함으로써 사회경제적인 근대화에 중요한 역할을 한다.

반면에, 공업화에 의한 경제발전전략이 갖는 문제점도 있다.

첫째, 세계적인 공업화의 치중은 농업의 생산을 감소시켜 기아와 빈곤을 가중시킬 수 있다.

둘째, 공산품의 과잉생산은 공산품가격의 하락을 가져오고 그 결과 공업화전략 소기의 목적을 달성하기 어렵다.

셋째, 이농과 도시화로 도시의 주택난, 교통난, 범죄의 증가, 사회적 문제발생 등으로 높은 사회적 비용이 발생된다.

이러한 문제점이 있음에도 불구하고 많은 개발도상국들에 있어서 공업화는 경제발전에 불가결한 부분으로 인식되고 있다. 따라서 공업화를 위해서는 단순하게 드러나는 비교우위에 따른 무역에 안주할 수 없고 공업화를 위한 개발전략에 맞추어 무역을 하지 않으면 안 되는 것이다. 이러한 공업화를 위한 주요 전략으로 개발도상국의 한정된 재원을 어떻게 투자하느냐를 중심으로 균형성장론과 불균형성장론으로 나누어지고, 산업육성의 중점을 수출산업에 두느냐 수입대체산업에 두느냐에 따라 수출주도 성장전략과 수입대체 성장전략으로 나누어진다.

3.2 균형성장론과 불균형성장론

1) 균형성장론

균형성장론은 국내의 보완산업들을 동시에 성장시켜 산업상호간에 수요를 창출함으로써 국내시장이 확대되도록 해야 한다는 이론이다.[4] 이 균형성장론은

---

4 P. N. Rosenstein-Rodan, "The Problems of Industrialization of Eastern and South-Eastern Europe," *Economic Journal* (June–September 1943); R. Nurkse, *Equilibrium and Growth in the World Economy* (Harvard University Press, 1961).

로젠스타인-로당(P. N. Rosenstein-Rodan), 넉시(R. Nurkse) 등에 의하여 제시되었다.

예를 들어 농업과 공업을 동시에 발전시킨다면 농업에서의 소득증대는 공산품의 수요를 증대시켜 공업을 더욱더 발전시키게 되고, 공업발전으로 인한 공업에서의 소득증대는 다시 농산품의 수요를 증대시켜 농업을 발전시키는 상호작용을 하는 가운데 전체로서의 산업발전을 도모할 수 있는 것이다. 이 균형성장론은 국내에서 어느 일부 산업분야에만 특화하지 않고 국내 여러 산업간에 서로 수요하고 공급하는 구조로 만들어가야 하기 때문에 반무역편향적이고 보호무역적인 성장정책이 된다.

2) 불균형성장론

불균형성장론은 산업은 서로 연관되어 있어 한 산업의 발전은 다른 산업의 발전에 영향을 주는 연관효과(linkage effect)가 발생되는데, 이 연관효과가 큰 산업에 집중하여 투자하여야 한다는 이론이다. 이 불균형성장론은 허쉬먼(A. C. Hirschman) 등에 의하여 주장되었다.

후진국의 희소한 투자재원을 여러 산업에 투자하기보다는 연관효과가 가장 큰 산업에 집중투자함으로써 산업발전효과를 극대화할 수 있다는 것이다. 이 이론은 산업생산에서 발생하는 수요의 수직적인 보완성에 기인한 외부효과를 중시하고 있다.[5] 이 수직적 보완성의 외부효과는 그 방향에 따라 전방연관효과(forward linkage effect)와 후방연관효과(backward linkage effect)로 나누어진다.

연관효과가 어떤 산업에서 크게 발생하는가에 따라 수출산업이 수입대체산업보다 더 큰 연관효과를 갖는다면 자유무역정책을, 수입대체산업이 수출산업보다 더 큰 연관효과를 갖는다면 보호무역정책의 방향으로 나아가게 된다.

---

5 A. O. Hirschman, *The Strategy of Economic Development* (New Haven: Yale University Press, 1958).

3.3 수출주도 개발전략과 수입대체 개발전략

1) 수출주도 개발전략

수출주도 개발전략은 수출산업을 전략적으로 집중 육성함으로써 경제발전을 이루려는 전략이다. 이 전략의 목표는 수출만 많이 하는 것이 아니라 수출을 통하여 외화를 획득하고 이 외화를 활용하여 국내 소비재화를 획득하고 산업발전을 위한 투자를 하는데 있다. 이 전략은 외국시장을 적극 이용하고 외국시장을 이용하기 위해서는 자국시장도 개방하여야 하므로 자연히 경제는 개방체제로 되고 대외의존적으로 된다. 경제발전에 무역을 적극적으로 활용한다는 측면에서 무역낙관론과 맥을 같이 한다.

(1) 수출주도 개발전략의 장점
① 수출산업은 넓은 세계시장을 대상으로 생산하므로 규모의 경제에 의한 이익을 가질 수 있다.
② 세계시장에서 경쟁력을 갖기 위한 노력속에서 산업의 효율성이 높아진다.
③ 경제발전을 위해서는 자본재의 수입이 필요하고, 이를 위해서는 외환이 필요한데 수출로써 외환을 마련할 수 있다.
④ 수출이 계속될수록 전문화와 규모의 경제효과로 비교우위를 계속 증가시킬 수 있다.

(2) 수출주도 개발전략의 단점
① 개발도상국 기업이 세계시장에서 선진국의 기업과 경쟁하여 우위영역을 확보해야 하기 때문에 수출산업 정착이 쉽지 않다.
② 개발도상국이 우위를 갖는 노동집약적인 상품에 대한 선진국의 무역장벽이 높기 때문에 수출이 쉽지 않다.
③ 해외시장에 의존하므로 대외적인 영향을 많이 받고 이에 대한 대응이 어렵다.
④ 비교우위의 잠재력이 있는 산업을 수출주력산업으로 육성해야 하는데 이를 발굴 선택하기가 어렵다.

2) 수입대체 개발전략

수입대체 개발전략은 수입산업을 국내에서 육성하여 수입대체함으로써 경제를 발전시키려는 전략이다. 이 전략은 국내시장을 바탕으로 육성·발전되어야 하므로 외국상품으로부터 국내시장을 보호하기 위하여 보호무역주의적 정책을 취하게 된다. 이 전략은 반무역지향적이며, 경제발전에 있어서 내수시장의 육성과 경제적 자립에 더 큰 무게를 두고 있다.

(1) 수입대체 개발전략의 장점

① 국내수요가 수입으로 이미 확인되므로 수입대체산업의 육성에 불확실성과 위험이 작다.

② 외국시장보다 어느 정도 통제와 관리가 가능한 자국시장에 기반을 두는 것이 정책적으로 산업을 육성하기가 쉽다.

③ 무역장벽강화는 교역조건을 개선하고 외국기업의 국내투자를 증가시킬 수 있다.

④ 해외경제가 불안정한 경우 수출주도 개발전략을 취할 때보다 경제가 안정적이다.

(2) 수입대체 개발전략의 단점

① 개발도상국은 대부분 국내시장이 작기 때문에 규모의 경제를 실현하기 어렵다.

② 국내기업이 보호조치속에 안주하기 쉽고, 이렇게 되면 기술혁신이나 효율성 향상을 기대할 수 없다.

③ 국내상품만 사용해야 하는 소비자의 후생수준이 저하된다.

④ 수입대체생산을 위한 설비를 도입하기 위해서 외환이 필요한데 이를 마련하기가 어렵다.

⑤ 초기에 단순공산품은 국내 생산대체가 가능하다고 하더라도 자본투입비율 및 기술수준이 높은 산업으로 갈수록 점점 더 어려워지고, 국내대체비용이 증가하게 된다.

⑥ 국내시장보호와 산업육성을 위한 정부의 정책적인 개입과정에서 부정 부

패가 발생할 수 있다.

3) 두 전략의 관계

수출주도 개발전략과 수입대체 개발전략은 두 정책이 완전히 구분되어 어느 하나를 사용하면 다른 하나를 사용할 수 없는 것은 아니다. 두 정책의 구분은 어느 쪽에 역점을 두느냐에 있다. 실제로 대부분의 국가에서 어느 정도는 두 정책을 병행하여 사용하여 왔다. 이러한 선택에서 수입대체 개발전략은 경제발전의 초기단계에 더 유리하고 수출주도 개발전략은 나중의 단계에서 더 유리한 것으로 인식되고 있다.

4) 개발전략의 경험

제2차 세계대전 이후 개발도상국중 수입대체 개발전략을 취한 국가가 대부분이었다. 특히 인디아, 파키스탄, 아르헨티나, 브라질 등과 같이 국내시장이 큰 국가들에 있어서 수입대체 전략은 매우 타당성 있는 방안으로 보였다. 그러나 그 결과는 대부분의 국가에 있어서 실패로 나타났다.

국내산업을 보호하기 위한 높은 수입장벽속에 제품생산이 매우 비효율적이어서 소비자는 높은 가격을 지불해야 했던 것이다. 또, 국가보조금 지급으로 자본을 과다투입하여 노동이 풍부한 이들 국가에서 자본집약도가 선진국수준에 이르고 노동은 거의 흡수되지 않았으며, 이러한 가운데 투자재원은 항상 부족하였다. 그리고 수입대체산업 육성을 위한 기계류와 원자재의 수입으로 외화소비는 많은 반면, 수입대체부문에의 자원집중으로 전통적인 수출산업은 쇠퇴하면서 외화유입은 줄어들어 만성적인 국제수지 적자를 겪게 되었다. 이러한 상황에서 수입대체 개발전략을 취한 국가들은 대부분 고실업과 저성장에서 벗어나지 못하였다.

이에 반하여 1950~60년대부터 수출주도 개발전략을 채택한 한국, 대만, 싱가포르, 홍콩 등은 높은 경제성장을 이루었다. 한국은 초기에는 국내시장보호로 수입대체 개발전략에서 시작하여 수출주도 개발전략으로 잠재적으로 국제경쟁력 있는 산업을 수출산업으로 집중 육성함으로써 선진국의 대열에 진입할 수 있었다.

　　이러한 결과로 1970년대에 들어오면서 경제의 효율성과 무역의 역할에 관심을 갖게 되면서 많은 개발도상국들이 수출주도 개발전략으로 전환하게 되었다. 브라질, 아르헨티나, 멕시코, 필리핀 등이 먼저 수출주도 개발전략으로 전환하였고, 인디아, 파키스탄, 터키 등이 뒤를 이었다. 지금은 대부분의 개발도상국들이 국제무역에 적극 참가하는 가운데 경제개발을 추구하는 방향으로 나아가고 있다.

제2절　무역의 경제발전 장애요인

1 교역조건 악화

　　국제무역에서 교역조건은 국가간 무역이익의 배분에 중요한 요소이다. 선후진국간의 무역속에서도 선진국은 경제적으로 발전해온 반면 개발도상국은 경제발전을 하지 못했던 역사적인 사실을 두고 무역에 의한 경제발전이 교역조건과도 관련될 수 있다는 의구심이 있어 왔다. 여기서 교역조건이 개발도상국에 불리하게 변해왔으며 이로 인하여 개발도상국은 무역을 통한 경제발전이 어려웠다는 주장이 제기되었는데 이를 교역조건악화설이라 한다. 이에 대한 구체적인 내용을 보기 위하여 먼저 교역조건의 개념을 알아보고 개발도상국의 국제교역조건 악화를 주장한 싱거-프레비쉬(Singer-Prebisch) 가설을 살펴보기로 한다.

1.1 국제교역조건

1) 교역조건의 종류

　　일반적으로 교역조건은 수출재와 수입재의 가격비율을 말한다. 이 상품교역조건 외에 여기서 변형된 몇 가지 형태의 교역조건이 있는데, 이들을 통하여 무역이 경제에 미치는 여러 측면의 효과를 알아낼 수 있다. 먼저 교역조건을 크게 대별하면 상품측면에서의 교역조건과 생산요소측면에서의 교역조건의 두 부류로 나뉜다.

상품측면에서의 교역조건에는 ① 상품교역조건 ② 총교역조건 ③ 소득교역조건이 있다. 그리고 생산요소측면에서의 교역조건에는 ④ 단일(생산)요소교역조건 ⑤ 복수(생산)요소교역조건이 있다.

(1) 상품교역조건

상품교역조건(commodity terms of trade)은 순교역조건(net terms of trade)이라고도 불리는데, 한 나라의 수입재가격에 대한 수출재가격의 비율이다. 즉,

$$상품교역조건 = \frac{P_x}{P_m} \times 100$$

여기서 P_x와 P_m은 각각 기준연도(base year)를 100으로 했을 때 비교연도의 수출가격지수와 수입가격지수를 나타낸다. 따라서 교역조건이 100 이상이 되면 개선되고, 100 이하로 되면 악화되었음을 의미한다.

예를 들면, 2010년을 기준연도로 하여 2015년에 수출가격이 10% 상승하고 ($P_x = 110$), 수입가격이 15% 상승했다고($P_m = 115$) 하면, 2015년의 상품교역조건은 $\frac{110}{115} \times 100 = 95.65$ 가 되고, 악화된 것으로 판단할 수 있다.

상품교역조건은 수출입상품간의 국제교환비율을 가격면에서 보는 것이며, 앞의 예에 의하면 수출가격은 수입가격에 비해서 4.35% 하락해서 교역조건이 악화되었음을 알 수 있다.

(2) 총교역조건

총교역조건(gross barter terms of trade)은 한 나라무역의 수입수량에 대한 수출수량의 비율이다. 즉, 총교역조건은 수출입상품간의 교환을 수량면에서 보는 것이다.

$$총교역조건 = \frac{Q_x}{Q_m} \times 100$$

여기서 Q_m과 Q_x는 각각 기준연도를 100으로 했을 때 비교연도의 수입수량 지수와 수출수량지수를 나타낸다. 따라서 총교역조건이 100 이상이 되면 개선되고, 100 이하로 되면 악화되었음을 의미한다.

예로서 2010년에서 2015년도 사이에 수출수량이 40% 증가하고($Q_x = 140$), 수입수량이 20% 증가했다고($Q_m = 120$) 하면, 2015년도의 총교역조건 $\frac{140}{120} \times 100 = 116.67$ 이 되어, 개선된 것으로 판단할 수 있다.

총교역조건은 무역수지가 균형이 되는 경우에는 상품교역조건과 같아지며, 수량지수보다 가격지수가 파악하기 용이하기 때문에 일반적으로 상품교역조건이 많이 사용되고 총교역조건은 잘 사용되지 않는다.

(3) 소득교역조건

소득교역조건(income terms of trade)은 한 나라의 수출총액지수를 수입가격지수로 나눈 것이다.[6] 이는 한 국가의 수출을 통하여 얻을 수 있는 수입능력을 나타낸다.

$$소득교역조건 = \frac{P_x \times Q_x}{P_m}$$

여기서 P_x, P_m, Q_x는 각각 기준연도(base year)를 100으로 했을 때 비교연도의 수출가격지수, 수입가격지수, 수출수량지수를 나타낸다. 마찬가지로, 소득교역조건이 100 이상이 되면 개선되고, 100 이하로 되면 악화되었음을 의미한다.

앞의 예에서 소득교역조건은 $\frac{110 \times 140}{115} = 133.91$로 계산된다. 이는 2010년에서 2015년도 사이에 수출에 따른 수입능력이 33.91% 증가했음을 알 수 있다.

소득교역조건은 상품교역조건 $\left(\frac{P_x}{P_m} \right)$에 수출수량지수($Q_x$)를 곱한 것이기 때문에 상품교역조건이 악화되더라도 수출수량이 증가하면 소득교역조건은 개선될 수 있다.

소득교역조건은 한 국가의 수입능력의 변동을 측정할 수 있기 때문에 경제개발을 위해 자본재 수입을 해야 하는 개발도상국에 있어서 무역의 기여정도를

---

6 달리 표시하면 상품교역조건에 수출수량지수를 곱한 것이다.

평가하는데 유용한 개념이다.

(4) 단일요소교역조건

단일요소교역조건(single-factoral terms of trade)은 순교역조건에 수출산업의 생산성지수를 곱한 것이다. 즉, 상품교역조건을 수출재생산에 투입한 생산요소의 생산성변화를 감안하여 조정한 개념으로, 수출상품에 들어간 생산요소 한 단위로서 얻을 수 있는 수입량의 변동을 측정하게 된다.

$$단일요소교역조건 = \left(\frac{P_x}{P_m}\right) \times T_x$$

여기서 T_x는 수출산업의 생산성지수를 나타낸다.

예로서 2010년과 2015년도 사이에 수출산업에서 생산성이 100에서 150으로 증가했다고 하면 단일요소교역조건은 앞의 예에 이어서 $\left(\frac{110}{115}\right) \times (150) = 143.48$ 이 된다. 이는 단일요소교역조건이 기준연도에 비해서 43.48% 개선된 것이며, 수출산업 생산요소의 실질소득 혹은 후생수준이 그만큼 증가했음을 나타낸다.

단일요소교역조건은 생산성의 변동이 있는 경우 무역의 이익 혹은 실질소득의 증감을 판단하는 교역조건지수로서 적합하다. 생산성의 변동이 있는 경우 상품교역조건만으로는 무역에 따른 실질소득증감이나 후생수준의 변화를 잘 나타내지 못한다. 수출산업에서 생산성이 증가되는 경우에는 수출가격의 하락으로 상품교역조건은 악화된다고 하더라도 수출산업의 생산비용이 감소하게 되어 일국의 후생수준은 오히려 상승할 수 있기 때문이다. 앞의 예에서도 상품교역조건은 악화되었지만 단일요소교역조건은 개선되어 후생수준은 높아졌음을 알 수 있다.

(5) 복수요소교역 조건

복수요소교역조건(double-factoral terms of trade)은 상품교역조건에 수입상품의 생산성지수에 대한 수출상품의 생산성지수의 비율을 곱한 것이다. 즉, 상품교역조건을 자국과 상대국의 수출재생산에 투입한 생산요소의 생산성변화를 감안하여 조정한 개념으로, 단일요소조건에서 한 단계 더 나아가 상대국 수출산업의 생산성변동까지도 감안하게 된다.

$$복수요소교역조건 = \left(\frac{P_x}{P_m}\right) \times \left(\frac{T_x}{T_m}\right) \times 100$$

　　자국의 생산성상승률이 상대국의 생산성상승률보다 크면 복수요소교역조건은 개선되는 방향으로 영향을 주게 된다. 여기서 생산성지수는 투입된 생산요소량의 역수를 나타내기 때문에 복수요소교역조건은 수출상품에 포함된 자국의 생산요소와 수입상품에 포함된 상대국의 생산요소간의 교환비율을 나타내게 된다.

　　앞의 예를 이어 수입품의 생산성지수(T_m)가 2010년에서 2015년도 사이에 100에서 120으로 상승했다고 하면 복수요소교역조건은 $\left(\frac{110}{115}\right)\left(\frac{150}{120}\right) \times 100 = 119.56$이 되어, 19.56%가 개선되었음을 나타내고 있다. 이는 수출상품 생산요소 한 단위와 교환되는 수입상품 생산요소의 양이 그만큼 증가했음을 표시한다.

　　복수요소교역조건은 양국간에 생산성의 증가율이 상이한 경우 후생수준의 상대적 변동을 파악하는데 있어서 유용한 방법이다. 그러나 실제 자국과 상대국의 수출상품에 투입된 모든 생산요소의 생산성지수를 측정하는 데는 어려움이 많고, 양국간 생산요소의 교환비율은 중요성이 크지 않아 잘 사용되지 않는다.

2) 교역조건과 경제발전

　　교역조건들중에서 가장 많이 사용되는 것은 상품교역조건, 소득교역조건, 그리고 단일요소교역조건이다. 일반적으로 교역조건이라 하면 상품교역조건을 지칭한다. 상품교역조건은 모든 교역조건의 기본이 되며, 측정하기가 용이하여 가장 많이 사용된다.

　　상품교역조건외에도 개발도상국의 입장에서 수입능력의 변동을 나타내는 소득교역조건이 유용하다. 그리고 실질소득의 장기적인 변동을 나타내는 단일요소교역조건이 또한 중요한 지표가 될 수 있다. 단일요소교역조건은 자국 생산요소 단위당 얻을 수 있는 수입량을 파악하고, 경제가 성장하는 가운데 무역이 실질소득에 미치는 후생효과를 판단하는데 중요한 개념이다. 어느 개발도상국에서 상품교역조건이 악화되더라도 수출산업에서의 생산성 증가로 인해서 단일요소교역조건이 개선되었다면 국제무역이 그 국가에게 유리하게 작용하였다고 판단할 수 있는 것이다.

1.2 싱거-프레비쉬 가설

1) 싱거-프레비쉬 연구

전통적인 고전파 경제학에서는 장기적으로 교역조건이 1차상품에 유리하고 공산품에 불리하게 변동하게 되리라고 믿었다. 일반적으로 제조업은 규모에 대한 수확체증이 되는 경우가 많고 수확불변을 가정하더라도, 1차산업은 규모에 대한 수확체감의 법칙이 작용되는 것이 일반적이기 때문이다. 1차산업의 경우는 처음에는 비옥한 토지만 사용하다가 생산량을 늘리면서 점점 더 척박한 땅까지도 이용해야 하기 때문에 생산량을 늘릴수록 단위생산비용이 증가될 것이기 때문이다.

그런데 프레비쉬(R. Prebisch), 싱거(H. W. Singer), 그리고 미르달(G. Myrdal) 등은 고전파 경제학의 이론과 반대로 교역조건이 1차상품을 주로 수출하는 개발도상국에 장기적으로 불리하게 변동하여 왔음을 주장하였다.[7]

이러한 근거로서 프레비쉬와 싱거는 1949년 국제연합에서 시행한 연구에서 1870년에서 1938년 사이의 영국의 교역조건을 분석한 결과, 영국의 교역조건은 100에서 170으로 상승하였음을 밝혀내었다. 그런데 영국은 개발도상국들에 공산품을 주로 수출하고 식량과 원자재를 주로 수입하므로, 개발도상국들의 입장에서는 교역조건이 반대로 100에서 59로 하락한 것이 되고, 이 결과로서 개발도상국의 교역조건이 악화되어 왔음을 추론할 수 있는 것이다. 그리고 이러한 현상이 발생하는 이유로서 다음 몇 가지 요인을 제시하였다.

---

7 R. Prebisch, *The Economic Development of Latin America and Its Principal Problems* (United Nations, Department of Economic affairs, 1950), pp. 8~9; H. W. Singer, "U. S. Foreign Investment in Underdeveloped Areas: The Distribution of Gains between Investing and Borrowing Countries," *American Economic Review*, Papers and Proceedings, Vol. 40, No. 2 (May 1950), pp. 478~479; G. Myrdal, *An International Economy: Problems and Prospects* (New York: Harper and Brothers, 1956), pp. 230~231.

첫째, 개발도상국에서 1차산업 부문에서의 생산성향상은 제품의 가격하락으로 반영되는 반면, 선진국에서 제조업부문에서의 생산성향상은 제품의 가격하락으로 반영되지 않는다. 그 이유는 개발도상국에서는 실업률이 높고, 노동조합이 발달되어 있지 못하고, 다수의 공급자로 완전경쟁시장에 가까운 반면에, 선진국에서는 실업률이 낮고, 노동조합의 힘이 강하며, 제한된 수의 공급자로 독과점적 시장구조를 갖고 있다. 따라서 생산성향상이 개발도상국의 경우에는 제품의 가격하락으로 반영되지만, 선진국의 경우에는 임금의 상승이나 이윤의 증대로 반영되는 것이다.

이것은 국제무역 이익의 배분에 있어서 중요한 의미를 갖는다. 즉, 선진국에서의 공산품 생산성향상에 따른 경제적 이익은 선진국에서의 보수증대로 흡수되는 반면에, 개발도상국에서의 1차상품 생산성 향상에 따른 경제적 이익은 개발도상국에 돌아가지 않고 이를 수입하는 선진국 소비자들의 후생증대로 흡수되는 비대칭적 불공평이 발생되고 있는 것이다.

둘째, 경기변동과정에서 나타나는 개발도상국의 1차상품과 선진국의 공산품의 가격변동의 형태 차이이다. 개발도상국 1차상품 가격은 경기상승 국면과 경기하락 국면에 큰 폭의 등락을 거듭하면서 장기적인 상승률이 낮으나, 선진국 공산품 가격은 경기상승 국면에 급격히 상승하지는 않으나 경기하락 국면에는 상승 국면에서의 상승보다 작게 하락하면서 장기적으로 높게 상승하는 추세를 보인다. 이것도 앞의 경우와 마찬가지로 선진국의 경우는 시장구조와 노동조합의 영향력으로 인한 물가변동의 하방경직성이 발생하기 때문이다.

셋째, 경제발전에 따른 수요에서의 1차상품과 공산품간의 차이이다. 경제가 발전함에 따라 공산품에 비하여 1차상품의 수요는 상대적으로 줄게 된다. 이에 대한 이유는 크게 두 가지이다. 먼저, 1차상품에서 큰 비중을 점하고 있는 식료품의 경우 엥겔의 법칙에서 말하듯 식료품은 공산품보다 수요의 소득탄력성이 작아 경제가 발전할수록 이에 대한 소비지출의 상대적 비중이 작아지기 때문이다.

넷째, 기술발전에 따른 1차상품의 수요감소이다. 천연섬유나 천연고무가 화학섬유나 인조고무로 대체되는데서 알 수 있듯이 기술의 발전에 따라 1차상품원료가 공산품원료로 대체되는 경우가 많아지면서 1차상품에 대한 수요가 감소되기 때문이다.

2) 싱거-프레비쉬 가설의 비판

싱거-프레비쉬 가설은 큰 반향을 불어 일으키며 국제경제관계에 적잖은 영향을 미쳤지만 다음 몇 가지 측면에서 비판을 받고 있다. 먼저 연구분석의 측면에서 다음과 같은 비판을 받고 있다.

첫째, 연구에서 사용한 무역통계자료의 문제이다. 연구에서 영국이라는 한 나라의 무역통계를 기초로 하고 있는데, 대부분의 다른 국가에서와 마찬가지로 수출은 FOB(Free on Board: 본선인도조건)가격이고, 수입은 CIF(Cost Insurance and Freight: 운임보험료포함조건)가격으로 산정한 무역통계이다. FOB가격은 상품의 가격만 포함되는 반면에, CIF가격은 상품가격에 운송비와 보험료가 포함된다. 그렇다면 CIF가격으로 계상된 수입가격은 운송비와 보험료의 변화에 따라 달라질 수 있다. 더구나 연구대상 기간에는 국제운송의 급속한 발전으로 국제운송비와 보험료가 크게 낮아지는 추세에 있었다. 그렇다면 수출가격에 비해서 수입가격이 상대적으로 하락한 추세는 운송비와 보험료 인하에 의한 영향일 수도 있다는 것이다.

둘째, 1차상품과 공산품의 품질변화 요인도 고려할 필요가 있다는 점이다. 같은 품목에서 품질의 개선정도가 1차상품의 경우는 작지만 공산품의 경우는 매우 클 수 있다. 예를 들어서 커피의 경우는 수십 년 동안 품질이 크게 변화하지 않지만 자동차의 경우는 크게 향상되었다. 따라서 커피와 같은 1차상품보다 자동차와 같은 공산품의 가격이 더 많이 상승한 것은 당연한 것이다.

셋째, 영국의 수출, 수입으로 개발도상국의 수입, 수출을 추론하는 데는 무리가 있다는 점이다. 영국은 개발도상국가와만 무역한 것이 아니며, 개발도상국도 영국하고만 무역한 것이 아니다.

넷째, 개발도상국만 1차상품을 수출하고, 또 공산품은 선진국만 수출한 것이 아니었다. 상당수의 선진국이 1차상품을 많이 수출해왔고 일부 공산품은 개발도상국도 수출해 왔다는 점이다.

다섯째, 분석기간의 종반 1930년대는 대공황기로서 이때는 1차상품의 가격이 비정상적으로 낮은 시기였는데, 이것이 전체적인 추세분석에 영향을 주었을 가능성이 있다는 점이다.

다음으로 가설의 이론적인 측면에서 다음과 같은 비판을 받고 있다.

첫째, 가설에서 선진국의 독과점적인 시장구조와 노동조합의 힘에 의해서 공산품의 가격이 하방경직적이었다고 하나, 이런 현상은 국내시장에서는 발생가능하지만 국제시장에서는 발생하기 어렵다. 왜냐하면 국내에서는 독과점적 위치에 있는 기업도 국제시장에서는 다른 국가들의 많은 기업들과 경쟁해야 하기 때문이다.

둘째, 이 연구의 결과로서 무역의 경제발전에 대한 효과를 평가하기 어렵다. 연구에서는 무역의 이익이 선후진국간에 불공평하게 배분되고 있으며, 개발도상국은 무역으로 인하여 경제발전에 장애가 있었다고 주장한다. 그러나 상품교역조건이 불리하게 되는 경우에도 소득교역조건이 개선되었다면 개발도상국의 경제발전에 긍정적인 효과를 주었을 수 있고, 또 단일요소교역조건이 개선되었다면 개발도상국의 후생수준은 향상되었을 수도 있기 때문이다.

3) 후속연구들의 결과

싱거-프레비쉬 가설의 문제점을 극복하기 위한 여러 후속연구들이 나왔는데 그 연구들의 결과는 대개 다음과 같다.

첫째, 개발도상국들의 상품교역조건이 장기적으로 악화되었다고 하더라도 그 정도는 약하다.

둘째, 교역조건의 장기적인 추세변화를 정확하게 추정하는 데는 난점이 많다. 예로서 시작연도와 최종연도가 달라짐에 따라 분석결과가 크게 달라질 수 있고, 무역상품의 가격지수 산정방법에 따라서도 결과가 달라질 수 있다.

셋째, 개별 개발도상국가마다 무역상품구성이 다르므로 개발도상국 전체의 교역조건변화의 결과를 개별국가에 적용하기에는 무리가 있다. 예를 들면, 열대농작물 수출국의 교역조건은 악화되는 반면, 광산물 수출국의 교역조건은 개선되는 경향이 있다.

넷째, 상품교역조건과 관계없이 대부분의 개발도상국에서 소득교역조건은 개선되는 현상을 보이고 있다.

2 수출소득의 불안정성

1차상품을 수출하는 개발도상국이 직면하는 또 하나의 어려움은 수출소득이 불안정하다는 점이다. 이것은 1차상품의 수출가격이 단기적으로 급변함으로써 발생되는데 이 수출소득의 불안정성이 개발도상국의 경제발전을 저해하는 요인으로 작용하고 있다.

2.1 수출소득의 불안정성 원인

수출소득의 불안정성 원인은 개발도상국의 수출 주종상품인 1차상품이 단기적으로 수요와 공급 모두 비탄력적인 특성을 가지고 있기 때문이다. 먼저 수요가 가격비탄력적인 이유는 개발도상국 수출상품은 커피, 차, 코코아, 설탕 등과 같이 선진국 입장에서 볼 때 이에 대한 소비지출이 가계소득에서 지출되는 전체 금액중 매우 작은 부분에 해당하기 때문이다. 또한 광물의 경우에도 대체재가 많지 않기 때문에 마찬가지로 가격비탄력적으로 된다. 다음으로 공급이 비탄력적인 이유는 1차상품 생산은 자연적인 상황이나 새로운 광산의 발견 등에 많이 의존하고, 농작물의 씨가 뿌려진 뒤나 광산물의 채광작업이 시작된 후에는 가격이 오른다고 생산량을 늘리거나 가격이 내린다고 생산을 줄이기가 어렵기 때문이다.

이렇게 수요와 공급이 비탄력적인 상황에서 선진국에서 경기변동이 있게 되면 수요량이 변동하게 되고, 개발도상국 생산지에서 풍작을 이루거나 기상악화, 해충, 재해 등으로 인해 작황이 나빠지게 되면 공급량이 변하게 되고 이에 따라 가격은 큰 폭으로 오르내리게 되는 것이다.

이를 [그림 8-3]에서 보기로 하자. 수요와 공급의 가격탄력성이 작은 경우 수요곡선과 공급곡선은 수직에 가까운 형태로 된다. 수요가 D_0에서 D_1으로 감소하게 되면 가격은 P_0에서 P_1으로 크게 내려가고, 여기에 공급마저 S_0에서 S_1으로 증가하게 되면 가격은 P_2까지 더욱 크게 하락하게 된다. 이와 같이 수요와 공급의 비탄력적인 특성으로 인하여 수출상품 가격변동의 폭이 커지게 되고 이에 따라 수출소득이 불안정하게 되는 것이다.

그림 8-3 수요 · 공급의 탄력성과 수출가격불안정

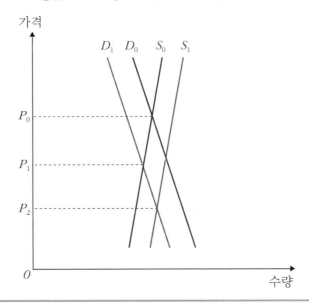

2.2 수출소득 불안정성의 검증

맥빈(A. I. MacBean)은 선진국그룹과 개발도상국그룹으로 나누어 1946년에서 1958년까지 수출소득 안정성지수를 측정하였다. 측정 결과 개발도상국의 수출소득 불안정성이 선진국의 그것에 비해서는 높았지만 심각하게 높은 수준이 아니라는 것을 알아내었다. 또 불안정성의 발생은 소수의 상품을 수출하거나 소수의 국가에만 수출함으로써 발생하는 것이 아니라 수출상품의 특성에 좌우된다는 것도 밝혀내었다. 예로서 고무, 삼, 코코아 등은 바나나, 설탕, 담배 등에 비해서 불안정성이 상대적으로 더 크다는 것이다.[8]

결론적으로 개발도상국의 수출소득 불안정성의 정도가 예상보다 크지 않고 무역승수가 작기 때문에 수출소득의 변동이 국민소득, 저축, 투자를 크게 변동시킨다고는 할 수 없었고 따라서 경제발전에 크게 지장을 주지 않았다고 주장하였

---

8 D. Salvatore, *International Economics* (New Jersey: John Wiley & Sons, 2007), p. 391.

다. 이후의 연구들에서도 대체로 맥빈의 연구와 같은 결과를 도출하고 있다.

제3절 개발도상국의 국제무역

1 개발도상국의 무역과 남북문제

1.1 개발도상국의 개념

개발도상국(developing countries)이란 경제적인 측면에서 상대적으로 발전이 덜 된 나라를 일컫는 말이다. 개발도상국의 문자 그대로의 의미는 개발중에 있는 국가라고 할 수 있지만 세계의 국가군을 경제발전수준을 기준으로 양분할 때 경제발전이 앞선 선진국(developed countries)에 대칭되는 개념이라고 할 수 있다. 개발도상국이라는 국가집단을 구분하는 개념이 뚜렷이 나타나기 시작한 것은 선진국의 지배하에 있던 식민지들의 독립으로 경제발전이 낙후된 국가들이 많이 탄생하게 된 제2차 세계대전 이후라고 할 수 있다.[9]

따라서 선진국과 개발도상국으로 나누기는 하지만 양자를 구분하는 명확한 기준은 없다. 경제적 수치만으로써 양자간의 경계를 설정할 수는 없기 때문이다. 또, 같은 개발도상국이라 하더라도 경제발전수준이 거의 선진국의 수준에 접근하고 있는 신흥공업국에서 극도로 낙후된 최빈국에 이르기까지 매우 다양하다. 그렇기 때문에 WTO에서도 회원국이 개발도상국의 대우를 받느냐 선진국의 대우를 받느냐는 회원국이 스스로 선택하여 결정하게 된다.[10]

---

9 이들 국가군을 지칭하는 용어에 있어서 많은 변화가 있었다. 현재 일반적으로 사용되고 있는 개발도상국(developing countries)이라는 표현과 함께 빈곤국(poor countries), 후진국(backward countries), 저개발국(under-developed countries, less-developed countries)이라는 표현도 과거에 많이 사용되었으나 오늘날에는 공식적으로 잘 사용하지 않는다. GATT에서도 출범 직후인 1940~50년대에는 저개발국(less-developed countries)이라는 용어가 사용되었으나 오늘날에는 일반적으로 개발도상국(developing countries)이라는 용어를 사용하고 있다.

10 이에 관한 회원국의 지위는 GATT에서부터 어떠한 기준이나 절차와 관계없이 체약국들의 묵시적인 수락에 기초하여 회원국가가 스스로 선택하여 결정하는 관행이 유지되어

그리고 최빈개발도상국(least-developed countries: LDC)이란 개발도상국중
에서도 경제발전의 수준이 더욱 낮은 국가군을 지칭한다. 국제연합은 일인당 국
민소득, 문맹률, 국내총생산중 제조업의 비중 등을 기초로 이 범주의 국가군을
발표하고 있는데 2016년 현재 48개국이 이에 포함되어 있다.[11] WTO에서도 국
제연합에서 정한 최빈개발도상국에 대해서는 더 많은 특혜를 부여하고 있다.

1.2 국제무역에서 개발도상국의 입장

신흥공업국들과 같이 경제발전에 어느 정도 성공한 나라들도 있지만 대다수
의 개발도상국들은 경제개발에 큰 진척을 이루지 못하였다. 경제발전은 정치,
경제, 사회를 포함한 국가 전반의 문제와 연관된 것이고 무역에 의해서 결정될
수 있는 문제는 아니다. 하지만 수출을 통하여 국내생산과 고용을 증대시킬 수
있고 수출소득으로 경제개발 재원을 조달할 수 있기 때문에 개발도상국들은 국
제무역의 필요성을 인식하고 있다. 그러나 다음과 같은 이유들이 개발도상국의
무역을 통한 발전을 어렵게 한다.

첫째, 1차상품 중심의 수출구조이다. 현재 개발도상국이 수출할 수 있는 상
품은 주로 1차상품이다. 그런데 1차상품 특화는 공업화에 도움이 되지 않으며,
1차상품은 가격변동이 심하여 공산품에 비하여 상대적으로 수출소득이 안정적
이지 못하다. 1차상품의 수출증가는 쉽게 국제가격을 하락시켜 교역조건이 악화
되고, 교역조건의 악화는 실질소득의 하락을 가져올 수도 있다. 이러한 사항은
이미 앞에서 논하였다.

둘째, 공산품에 비하여 1차상품의 무역장벽이 높다. 그동안 무역장벽의 완화
는 주로 공산품을 중심으로 이루어져 왔으며 농업에 있어서는 각국이 국내생산
을 보호하기 위하여 높은 무역장벽을 두고 있다.

셋째, 개발도상국의 공업화에 비교적 접근하기 쉬운 섬유산업과 같은 노동집
약적 단순상품에 대해서는 선진국들의 무역장벽이 높다.

왔다. GATT 말기에는 128개의 회원국중 98개의 회원국이 개발도상국의 지위를 인정받
  았다.

11 UNCTAD, *The Least Developed Countries Report 2015* (United Nations, 2015).

넷째, 선진국들은 가공 진행에 따라 관세율을 높게 하는 계단식관세율(tariff escalation)을 두어 가급적 자국내에서 생산공정이 많이 이루어지도록 유도하고 있다. 이것은 개발도상국 입장에서는 가공하여 수출하는 것보다 원자재로 수출하는 것이 유리하도록 되어 공업화에 불리하게 작용한다.

다섯째, 개발도상국들은 선진국들의 시장, 자본, 기술에 의존하고 있기 때문에 무역이익의 배분이나 협상에서도 항상 불리한 입장에 서게 된다.

이러한 상황속에서 많은 개발도상국들은 현재의 국제경제체제가 선진국들의 이해를 중심으로 하고 있어 이러한 체제하에서는 국제무역이 개발도상국의 경제발전에 도움이 되지 않거나 오히려 불리하게 작용한다고 생각해 왔다. 선진국들은 개발도상국들이 세계시장에서 공산품을 놓고 경쟁자가 되는 것을 원치 않고 원료의 공급자로 계속 남기를 바라기 때문에, 개발도상국들의 관심을 반영하고 공평한 규율로써 국제무역을 촉진시키는데 소극적이라는 것이다. 현행 국제무역체제에서 원칙으로 하고 있는 최혜국대우나 상호주의도 선후진국간의 현격한 경제력 차이로 인해서 개발도상국에게는 오히려 불리한 결과를 가져오기 때문에 선후진국간의 형평한 발전을 위해서는 국제경제체제가 개발도상국의 입장을 보다 많이 반영하는 방향으로 개선되어야 한다는 것이다.

1.3 남북문제와 신국제경제질서

1) 남북문제의 대두

1950년대에 들어와 선진국의 식민통치하에 있던 많은 국가들이 독립하면서 개발도상국들이 대거 국제사회에 등장하게 되었다. 이들 국가는 정치적으로는 독립하였지만 경제적으로는 독립 이전보다 사정이 더욱 악화된 경우도 많았다. 경제는 빈곤의 늪에서 헤어나지 못했고, 국제수지는 적자가 만연했다.[12] 그래서 많은 개발도상국들에서는 과거 지배국가였던 선진국에 대한 반감도 작용하여

---

12 1957년 「GATT 연차보고서」에서 개발도상국들 수출의 상대적인 감소로 인하여 전 세계 무역에 대한 개발도상국들과 선진국들간의 무역비중이 지속적으로 감소하고 있음이 지적되었고, 1958년 「Harberler 보고서」는 개발도상국들의 주종수출품인 1차상품의 교역 부진을 지적하고, 선진국들이 개발도상국들로부터의 1차상품 수입에 대한 무역장벽을 낮추어 줄 것을 건의하였다.

선진국중심의 국제경제질서에 대한 불만이 표출되었다. 이러한 선후진국간의 이해관계는 북쪽의 선진국과 남쪽의 개발도상국간에 대립되는 관계로의 남북문제(north-south problem)로 자리잡게 되었다.

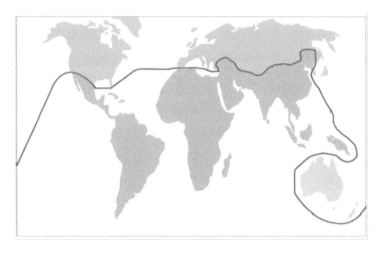

■ **세계경제의 남과 북(North-South)** ■

1960년대에 들어오면서 개발도상국들은 국제회의나 국제연합(United Nations)을 중심으로 국제무역체제에 변화를 요구하기 시작하였다. 선진국위주의 GATT를 통해서는 개발도상국의 이해를 반영시키기 어렵기 때문에 국제연합에서 다수의 입장에 있는 개발도상국들로서는 다수결에 의해 의사가 반영되는 국제연합을 통하여 국제무역문제를 다루고자 하였다. 그래서 1961년 「베오그라드 비동맹회의」에서는 국제연합에서 개발도상국의 경제문제에 대한 회의를 개최할 것을 제안하였으며, 같은 해 국제연합 총회에서 선진국들의 반대에도 불구하고 국제무역회의를 개최하여 협의할 것을 결의하였다. 또, 1962년 7월 카이로에서 개발도상국의 무역을 개선하기 위하여 국제연합하에 국제무역회의를 열도록 촉구하는 「카이로선언」을 채택하였다. 이러한 결과로 마침내 1963년 12월 국제연합 총회에서 국제연합 무역개발회의(UNCTAD) 설립을 결의하게 되었다.

2) 국제연합 무역개발회의의 창설

1964년 「국제연합 무역개발회의(United Nations Conference on Trade and

Development: UNCTAD)」가 국제연합 산하기관으로 정식 발족함에 따라 제1차 국제연합 무역개발회의 총회가 개최되었다. 여기서 UNCTAD 초대 사무총장으로 임명된 프레비쉬(R. Prebisch)는 "개발을 위한 새로운 무역정책을 향하여"라는 토의자료용 보고서를 제출하였는데, 이 보고서가 바로 「프레비쉬 보고서」다. 이 보고서는 이후 남북문제의 전개방향에 큰 영향을 주게 되었다.

이후 UNCTAD를 중심으로 개발도상국의 무역과 개발에 대한 논의가 활발하게 이루어지게 되었다. 개발도상국의 이 같은 적극적인 태도는 지금까지의 보호무역주의적인 수입대체적 공업화와 선진국의 원조라는 차원에서 탈피하여 자유무역주의적인 수출지향적 공업화로 나아가면서 국제무역에 더 치중하게 된 것을 반영하는 것이다.

1964년 3월 제네바에서 개최된 UNCTAD 제1차 총회를 시작으로 매 4년마다 연차총회가 개최되었다. 제1차 총회에서는 ① 개발도상국의 1차상품에 대한 무역제한 철폐, ② 국제상품협정체결, ③ 개발도상국상품에 대한 선진국의 특혜관세 부여, ④ 개발도상국에 대한 선진국 GNP 1% 원조 등을 결의하였다.

1968년 3월 인도 뉴델리에서 개최된 UNCTAD 제2차 총회에서는 ① 1차상품에 대한 상품협정체결, ② 1차상품에 대한 완충재고와 보상융자 실시, ③ 일반특혜관세제도 실시, ④ 개발도상국에 대한 선진국 GNP 1% 원조 등을 결의하였다.

2차 총회 결의사항이 1차 총회 결의사항에서 큰 진전이 없었듯이 이후에 계속된 총회에서의 결의사항도 제1, 2차 총회와 비슷한 내용들의 반복이었다. 지금까지 총회에서 결의한 주요 내용은 ① 1차상품 무역장벽완화, ② 1차상품 협정체결 등 1차상품 가격안정을 위한 조치, ③ 개발도상국에 대한 통화 및 금융 사용조건 완화, ④ 개발도상국에 대한 원조, ⑤ 개발도상국에 대한 기술이전, ⑥ 최빈국에 대한 경제지원 등이었다. 그런데 이러한 결의는 대부분 선언만 되었을 뿐 실행이 뒷받침되지 않았다. 더구나 이러한 결의는 개발도상국들의 강한 요구로 채택될 수 있었지만 이의 이행에는 선진국의 적극적인 참여와 지원이 있어야 가능한 것이 대부분이었기 때문에 처음부터 성과를 기대하기 어려웠다.

이후 계속적으로 UNCTAD를 중심으로 개발도상국들의 무역과 경제발전을 위한 논의가 있었지만 많은 협상의제들이 정치화되어 선후진국간의 의견대립으로 나타나게 되었다. 이러한 가운데 실질적인 성과를 거의 거두지 못함에 따라 UNCTAD의 존립 자체에 대한 회의적인 시각도 대두하게 되었다.

이러한 과정을 거쳐 최근에 들어와서는 과거와 같은 상호대결에서 벗어나 실질적인 성과를 거두기 위한 변화를 모색하고 있다. 1992년 제8차 총회에서는 UNCTAD의 활성화와 무역과 개발관련 문제를 보다 효율적으로 접근하기 위하여 기구의 개편과 함께 회원국의 상호대결을 지양하기로 하였다. 1996년 제9차

표 8-1 UNCTAD

1. 설립

   1963년 11월, 제18차 국제연합 총회의 결정에 의해, 1964년 3월, 제1차 총회를 제네바에서 개최하고, 1964년 12월, 제19차 국제연합 총회에서 국제연합 직속기구로 되었다.

2. 목적 및 기능

   무역을 통한 개도국의 경제개발 및 남북협력을 도모하기 위해 회원국의 경제개발과 무역을 촉진하고, 이에 관한 원칙과 정책을 수립하며, 다자간 무역규범의 협상과 채택을 주도하는 기능을 수행한다.

3. 조직구성

   총회는 전 회원국이 참여하는 최고의사결정기구로서 매 4년마다 개최된다. 총회는 A그룹(아시아, 아프리카), B그룹(선진국), C그룹(중남미), D그룹(러시아 및 동구), 기타(구유고연방 등) 등의 그룹으로 나누어지는데 한국은 B그룹에 속해 있다. 총회아래로 총회 결정사항의 이행을 연구·검토·보고하고 총회 및 각 위원회의 토의·결정사항을 국제연합 총회에 보고하는 무역개발이사회가 있으며, 그 산하에 3개 위원회와 특별작업반 그룹이 있다.

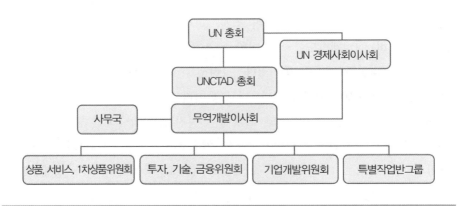

총회에서는 세계화 과정에서 개발도상국, 특히 최빈개발도상국이 다자무역체제에 동참할 수 있도록 지원하기 위해서 UNCTAD를 실용적이고 효율적인 기구로 개혁하기로 하였다.

3) 신국제경제질서

(1) 신국제경제질서의 배경

1960년대 이후 개발도상국들은 국제연합과 같은 국제기구뿐만 아니라 독자적인 모임을 통해서도 개발도상국의 입지를 향상시키려 노력하였다. 1960년대 초반 UNCTAD의 개최를 준비하면서 개발도상국들은 공동보조를 취하기 위하여 보다 공식화되고 조직화된 「77그룹(Group of 77)」을 결성하게 되었다.[13]

77그룹은 제2차 UNCTAD 회의에 앞서 1967년 「알지에헌장(Algier's Charter)」, 제3차 UNCTAD 회의에 앞서 1971년에는 「리마선언(Lima Declaration)」을 하는 등 적극적으로 개발도상국의 이익을 옹호하였다. 또한 개발도상국들은 UNCTAD 등을 통하여 개발도상국에 대한 선진국의 특혜관세부여, 개발도상국에 대한 선진국의 원조확대, 1차상품 가격안정화를 위한 국제상품협정의 확충 등을 요구하였다.

그러나 특혜관세제도 이외에는 별로 만족할 만한 성과를 거두지 못하였다. 그리하여 1971년 리마에서 개최된 제2차 77그룹 각료회의와 1972년 제3차 UNCTAD 총회에서 개발도상국들은 국제통화제도개혁 요구를 포함하여 세계경제체제에 대한 강한 비판을 제기하였고 이를 계기로 선후진국간의 대립은 더욱 강하게 나타났다. 이러한 가운데 1973년 석유파동을 계기로 천연자원 가격이 앙등하자 제3세계 국가들은 자원민족주의를 내세우면서 입지를 강화하게 되었다. 석유와 같이 다른 1차상품도 공급이 통제되고 가격이 관리될 수 있다면 세계의 자원과 소득이 보다 공평하게 분배될 수 있으리라는 기대감속에서 개발도상국들의 신국제경제질서 요구가 구체화되기에 이르렀다. 이에 1974년 4월 제6차

---

13 77그룹은 개발도상국들의 경제·사회발전을 목표로 결성된 모임이다. UNCTAD 총회 등 국제회의에서 개발도상국간 사전적 의견조정과 개도국의 대선진국관계에서의 단합을 통하여 국제사회에서 개발도상국의 이익을 반영시키기 위한 목적으로 결성되었다. 1964년 77개국이 처음 모였고 이후 회원국 수가 증가하여 2016년 현재 134개국에 이르고 있다. 한국은 창립멤버였으나 1996년 경제협력개발기구(OECD) 가입으로 1997년 자동탈퇴하여 옵서버 자격으로 참가하고 있다.

자원관련 국제연합 특별총회에서의 「신국제경제질서의 확립에 관한 선언과 행동계획(Declaration and the Program of Action on the Establishment of a New International Economic Order)」으로 새로운 국제경제질서(New International Economic Order: NIEO)의 확립을 주장하면서 개발도상국의 경제적인 지위개선을 강하게 요구하기에 이르렀다.

(2) 신국제경제질서의 내용

신국제경제질서는 모두 20개 항목으로 구성되어 있는데 그 주요 내용은 다음과 같다.

① 국가주권의 평등, 자결, 그리고 내정불간섭원칙의 존중
② 국가의 천연자원과 경제활동에 대한 항구적인 주권 존중
③ 개발도상국 수출품의 교역조건개선과 경쟁력 향상을 위한 조치
④ 국가의 다국적기업을 규제하고 감독할 권리 존중
⑤ 개발도상국을 위한 국제금융제도 개선과 자금이동의 촉진
⑥ 개발도상국에 대한 무역특혜 제공
⑦ 개발도상국에 대한 원조 확대
⑧ 개발도상국에 대한 기술이전과 자생적 기술개발 지원
⑨ 국제경제문제에서 개발도상국의 참여와 역할 증대
⑩ 개발도상국 상호간의 협력강화

(3) 신국제경제질서 요구의 결과

신국제경제질서는 선진국의 개발도상국에 대한 경제자원 재분배와 기술이전을 선진국의 도덕적 의무로 선언하고, 이런 가운데 남북관계를 근본적으로 시정하여 국가간의 실질적인 평등에 입각한 새로운 국제경제질서를 구축하자는 것이다. 이러한 개발도상국들의 주장에 대하여 미국을 비롯한 선진국들은 정면으로 반대하였으며 결과적으로 남북간의 대립이 더욱 심화되었다.

이후 1980년을 전후하여 최빈개발도상국의 문제가 별도로 다루어지는 등 개발도상국중에서도 경제력이나 국가사정에 따라 입장차이가 나타나게 되었고, 세

계적인 불황이 계속되면서 개발도상국간의 결속력이 약화되어 갔다. 이러한 가운데 국제관계가 남북관계가 대립에서 벗어나 상호협력의 방향으로 진전되면서 NIEO의 이념은 후퇴하게 되었다.

2 국제상품협정

2.1 국제상품협정의 의의

제2절에서 논한 바와 같이 1차상품은 수급에 변동이 많고 그 가격의 변동폭이 크다. 이러한 1차상품 가격변동의 불안정성에 대하여 생산량이나 수출량을 조절함으로써 문제를 해결하려는 시도는 오래전부터 있어 왔다. 제2차 세계대전 이전부터 1차상품의 생산자간의 국제카르텔이 있었다. 당시는 1차상품의 주요 생산국들이 주요 소비국인 선진국들의 식민지배하에 있었기 때문에 문제화되는 경우가 없었다. 그러나 제2차 세계대전 이후 전전에 식민지로 있던 많은 자원보유지역이 선진국들로부터 독립하게 되어 생산국과 소비국으로 분리되면서 중요한 국제문제로 부상하게 되었다. 개발도상국의 무역상황이 개선의 기미를 보이지 않고 선후진국간의 소득격차가 점점 확대되는 추세를 보이자 개발도상국들은 단기적인 소득안정, 교역조건의 개선을 위한 대책이 절실하게 되었고, 이를 위하여 UNCTAD, 77그룹 등을 통하여 국제상품협정을 추진하게 되었다.

UNCTAD가 설립되면서 그 산하에 상품위원회(Committee on Commodities)를 두고 상품협정의 원칙개발, 협정의 체결추진, 상품무역분야의 국제기구간의 협력 등 국제상품협정에 관한 문제를 다루어 왔다. UNCTAD는 기존의 주석, 설탕, 커피 등에서의 상품협정 연장과 1972년 국제코코아협정의 체결에 기여하였으나 개발도상국들의 기대와는 달리 큰 성과를 거두지 못하였다. 상품협정의 설립에 이해당사국간의 합의도출이 쉽지 않았고, 상품협정이 체결된 경우에도 가격유지와 소득안정이 잘 되지 않았기 때문이다.

특히, 77그룹의 생산자카르텔 결성 주장을 뒷받침하여 1976년 UNCTAD 제4차 회의에서는 1차상품 통합계획이 추진되기도 하였다. 통합계획은 개발도상국의 저장 가능한 주요 수출상품을 통합적으로 수급 관리한다는 것이다. 통합하게 되면 대상상품 전체에 대한 완충재고기금을 공동 운용할 수 있고, 이렇게 되면 각 상품가격의 변동시기의 차이를 이용하여 적은 자금으로도 더 효율적으로 상품의 완충재고조작을 할 수 있기 때문이었다. 그러나 이러한 계획은 성공을 거두지 못하였다.

2.2 국제상품협정의 정책수단

국제상품협정은 1차상품이 거래되는 국제시장에서의 교역가격의 단기적인 불안정성과 교역조건의 악화를 방지하여 개발도상국들의 수출소득의 안정과 증진을 목표로 하고 있다. 상품협정의 주요 수단으로는 완충재고조작, 생산량 및 수출량의 할당, 다자간 구매계약 등이다.

완충재고조작이란 회원국의 자금출자로 해당 상품을 시장에서 구매할 수 있는 기금을 조성하고 이 기금을 이용하여 시장가격의 하락시 구매하고 시장가격 상승시 공급하여 가격의 심한 변동을 방지하는 것이다. 생산량 및 수출량의 할당은 생산 및 수출자간에 과당경쟁과 공급초과를 방지하기 위하여 공급자별로 물량을 할당하여 조절하는 것이다. 다자간 구매계약은 다수의 공급자와 다수의 구매자가 참여하여 시장가격과 관계없이 일정한 가격으로 물품을 구매하는 계약이다.

그 외에 개발도상국들은 1차상품 공급국의 교역조건 개선과 소득안정을 위한 지원책으로서 상품가격지수화와 수출소득안정제도 등을 강력히 주장하였다. 상품가격지수화는 1차상품의 가격을 공산품의 가격에 연동시키는 방법으로 개발도상국의 교역조건악화를 막고 선후진국간의 불균등한 소득분배구조를 경감하기 위한 것이다. 또 수출소득안정제도는 개발도상국이 1차상품의 국제가격하락으로 수출소득이 하락하는 경우 수출소득감소의 일부분을 무상증여 혹은 금융지원으로 보상해주는 제도로서 대표적으로 IMF의 보상금융제도(Compensatory Financing Facility)와 EU의 ACP국가에 대한 STABEX(Stabilization of Export Earnings)를 들 수 있다.[14]

---

14 이외에 EU의 수출소득안정제도로서 광산물 수출소득감소를 지원하기 위하여 1979년 설립된 MINEX(Mineral Export Earnings)와 비회원 저소득개발도상국의 수출소득안정을 위하여 1987년 설립된 COMPEX(Compensation for Loss of Export Earnings)가 있다.

2.3 국제상품협정에 대한 평가

세계에는 소맥, 설탕, 커피, 주석 등 상품별로 다양한 국제상품협정들이 있다. 이러한 상품협정과 관련하여 개발도상국들의 많은 노력이 있었음에도 불구하고 현재 소기의 목적에 따라 제대로 운영되고 있는 협정은 거의 없다.

국제상품협정의 문제점을 살펴보면 첫째, 기술발전에 의한 경제적인 채광지역 확대, 자원절약적인 기술개발, 대체재의 개발 등으로 1차상품은 가격이 장기적으로 하락할 수밖에 없는데, 이러한 가격하락추세를 국제상품협정으로 막기는 어렵다는 점이다. 둘째, 자원생산국들간에 경제발전단계나 부존자원이 매우 다양하기 때문에 국가간 이해수렴이 쉽지 않다는 것이다. 실제 개발도상국중 상당수의 국가가 자원수입국인 반면, 선진국중 상당수의 국가가 1차상품의 수출국이다. 셋째, 지역경제통합체와 무역특혜지역 증가 등으로 국제경제관계가 복잡해지고 있는 것도 상품협정의 효율성을 감소시키는 요인이라고 할 수 있다.

3 WTO의 개발도상국 특혜

WTO에서 개발도상국에 대하여 부여하는 특별한 대우는 크게 네 가지를 들수 있는데 ① 국내산업보호를 위하여 무역제한조치를 허용한 GATT 제18조, ② 개발도상국들의 수출을 촉진시키기 위한 GATT 제4부(36~38조)의 무역과 개발조항, ③ 선진국이 개발도상국에게 또는 개발도상국 상호간에 특혜대우를 할 수 있도록 허용하는 개발도상국의 특혜대우에 대한 결정, ④ WTO 협정에 산재된 개발도상국에 대한 기술지원, 정보제공, 의무이행시기의 차등적용, 양허협상에서의 배려 등이다. 이들의 내용을 보다 구체적으로 보기로 한다.

3.1 GATT의 개발도상국에 대한 특혜규정

1) GATT 제18조

GATT 설립당시 개발도상국에 대한 특혜는 제18조 뿐이었다. 아바나헌장에서는 무역특혜, 상품협정, 개발조항 등과 같은 개발도상국의 요구사항들이 포함되었으나 GATT에서는 이러한 사항이 제외되었다. GATT 설립 당시에도 개발도상국이라는 개념이 지금과 같이 뚜렷하지는 않았지만 저개발수준의 국가에게 동일한 무역규칙을 적용하기는 곤란하다는 의견을 부분적으로나마 반영하여 GATT 제18조 개발도상국 조항을 두게 되었다.

개발도상국들은 요구사항이 수용되지 않은데 대한 불만으로 GATT에 적극 참여하지 않게 되었는데,[15] 이는 결국 이들 국가에 더욱 불리한 결과를 가져왔다. GATT의 일반관세인하협정에서 선진국들의 관심품목인 공산품들의 관세율은 대폭 인하된 반면에, 1차상품, 섬유와 같은 개발도상국들의 관심품목들은 인하폭이 작았기 때문이다.

GATT 제18조에서 개발도상국에 대하여 허용하고 있는 특별권한은, 첫째, 유치산업의 보호를 위하여 국내 생산물품에 대한 관세양허 재교섭을 할 수 있으며, 둘째, 국제수지 곤란시에 수량제한조치를 할 수 있고, 셋째, 특정 산업을 진흥시키기 위하여 정부지원조치를 사용할 수 있다는 것 등이다. 그런데 둘째의 국제수지를 이유로 하는 수량제한은 국제수지 옹호목적으로 제한을 허용한 GATT 제12조에 의거해서 일반국가도 필요한 경우에는 할 수 있어서 큰 혜택이 되지 못하는 등 이 제18조가 개발도상국에 주는 혜택은 미약하였다.

2) GATT 제4부

제4부는 개발도상국들의 요구로 1966년 GATT 조문에 첨가된 조항이다.[16] 이 GATT 제4부는 36조에서 38조의 3개의 조문으로 구성되어 있는데 그 주요 내용은 다음과 같다.

■ **제36조** 개발도상국의 주요 수출품인 1차상품에서의 시장접근을 용이하게 하고, 1차상품에 과도한 의존을 탈피하며, 국제금융을 지원하며, 선진국은 개발

---

15 멕시코도 1986년에 와서야 GATT에 가입할 정도로 특히 중남미국가들의 불만이 컸다.

16 1957년 「GATT 연차보고서」와 1958년 「하벌러 보고서」의 제안에 따라 1958년 GATT 체약국단은 개발도상국의 수출소득의 유지 및 증대를 위한 행동계획을 착수하기로 결정하였고, 1963년 GATT 제21차 총회에서 개발도상국의 교역확대문제를 다룰 위원회를 설치하였는데, 여기서 GATT 제4부 "무역 및 개발"조항이 입안되어 1966년 발효하게 되었다.

도상국의 양허에 대해서 상호주의를 요구하지 않는다.

■ 제37조   선진국은 개발도상국이 수출할 수 있는 상품에 대하여 무역장벽을
완화한다.

■ 제38조   GATT 체약국들은 개발도상국이 무역을 통하여 발전할 수 있도록
세계 1차상품 시장의 개선, 개발도상국의 수출능력개발 등을 위해서 공동으로
노력한다.

　제18조가 개발도상국의 수입정책에 대한 것이라면 제4부는 수출의 확대를
통한 개발의 촉진을 위한 것이라고 할 수 있다. 제4부는 GATT의 상호주의원칙
에서 벗어나 개발도상국에 대한 비상호주의를 인정함으로써 이후 개발도상국에
대한 특혜대우를 부여하는데 있어서 그 기초를 마련하여 주었다는 점에서 의의
가 있다. 그러나 구속력 있는 실질적인 방안이 마련되지 못하고 선언적인 내용
에 그쳤다는 점에 한계가 있었다고 할 수 있다.

3) 개발도상국에 대한 특혜공여

(1) 특혜공여를 위한 GATT 규정의 설정

　1964년 UNCTAD 제1차 회의에서 프레비쉬(R. Prebisch)는 선진국이 개발도
상국으로부터의 수입에 대하여 관세를 특별히 인하하는 특혜제도를 제안하였다.
개발도상국의 생산자들은 선진국의 생산자에 비하여 불리한 입장에 있기 때문
에 선진국들이 이들에게 관세특혜를 부여함으로써 결과적으로 공평해질 수 있
다는 것이다.

　여기에서 실행상 어려운 문제는 이러한 특혜의 부여가 GATT의 기본원칙인
최혜국대우원칙에 어긋난다는 점이었다. 그래서 1971년 5월 GATT 체약국단은
협정 제25조 5항에 의한 의무면제 결의로서 10년간 한시적으로 개발도상국에
대한 특혜관세를 허용하게 되었다. 이후 1979년 동경라운드에서 "개발도상국의
특혜대우에 관한 결정"을 채택하게 되었다.[17] 이 결정은 「권능부여조항(enabling

---

17 동경라운드에서 소위 「골격협정(Framework Agreement: Agreements relating to the
　 Framework for the Conduct of International Trade)」이 채택되었다. 이 협정은 4건의
　 문서로 되어 있는데 이중의 하나가 「개발도상국의 완전참여와 상호주의 그리고 차등적
　 인 특혜대우에 관한 결정(Decision on Differential and More Favourable Treatment,

clause)」혹은 「수권조항」이라고 부르는데 개발도상국에 대해서만 차등적이고 유리한 대우를 부여할 수 있다고 규정하여, 이로써 개발도상국에 대한 특혜조치를 항구적으로 부여할 수 있게 되었다.

여기서 특혜조치의 내용은 ① 선진국의 개발도상국의 물품에 대한 일반특혜관세제도(GSP) ② 비관세조치와 관련하여 개발도상국에 대한 차별적이고 유리한 대우 ③ 개발도상국간의 관세인하나 철폐를 위한 협정 ④ 최빈개발도상국에 대한 특별대우 등이다.

(2) 일반특혜관세제도

① **일반특혜관세제도**　　일반특혜관세제도(Generalized System of Preferences: GSP)는 선진국이 개발도상국들에게 자발적으로 제공하는 관세상의 특혜제도이다. 이 제도는 1966년 오스트레일리아에서 최초로 시행된 이래, 1971년에 EEC가 시행하고, 미국은 선진국들중에 가장 늦은 1976년에 시행되었다.

② **일반특혜관세제도의 운영**　　GSP는 개별국가의 재량에 따라 독자적인 프로그램으로 운영된다. 공여국은 수혜국가, 수혜품목을 수시로 조정하여 품목에 따라 무관세 혹은 일반관세보다 저율의 관세를 부과한다.[18] 일반적으로 수혜대상이라고 할지라도 해당 국가 해당 품목의 수입이 일정 비율을 넘거나 일정액을 넘을 경우 혜택을 제한한다. 또 국민소득수준이 일정수준 이상으로 되거나 자국에 대한 수출량 등을 기준하여 해당 국가의 경제수준 및 무역경쟁력이 일정수준 이상 도달하였다고 판단되는 경우 GSP에서 졸업시키게 된다.[19]

③ **일반특혜관세제도에 대한 평가**　　GSP는 개발도상국의 수출기회를 확대함으로써 수출소득을 증대시키고 유치산업을 육성하게 해준다는데 의의가 있다.

Reciprocity and Fuller Participation of Developing Countries)」이다.

18 미국의 경우 GSP에 관한 결정권을 대통령이 갖는다. 수혜대상품목에 대해서는 무관세를 적용한다. 공산주의국가, 보상없이 미국의 재산을 수용한 국가, OPEC 회원국, 미국에 이익이 되는 중재결정을 인정하지 않는 국가, 국제테러지원국가 등에 대해서는 공여하지 않는다.

19 한국, 홍콩, 싱가포르, 대만 등과 같이 경제발전을 이룬 나라들을 대부분의 선진국들에서 GSP 졸업을 하였다.

그런데 GSP공여에 대한 지금까지의 연구결과는 대체로 큰 효과를 가져오지 못한 것으로 나타나고 있다.

그 이유는 첫째, 개발도상국의 공산품의 수출이 소량이었으며 그나마 개발도상국간에 차이가 많아 한국, 대만, 싱가포르 등 일부 신흥개발도상국가들이 집중적으로 이 제도의 혜택을 누린 반면에 최빈개발도상국들은 이러한 혜택의 존재여부에 관계없이 무역발전이 거의 없었다.

둘째, 정작 개발도상국이 비교적 유리하게 생산할 수 있는 섬유, 피혁, 가공농산물 등은 GSP에서 제외되는 경우가 많았다.

셋째, 선진국이 특혜대상품목에서 시장질서유지, 쿼터 등의 수입제한조치를 적용하는 경우가 많았다.

넷째, 동경라운드 이후 세계적으로 공산품 수입에 대한 관세가 대폭 인하됨으로써 개발도상국특혜의 폭이 실질적으로 줄게 되었다.

다섯째, 각국의 국내법령에 근거하여 GSP혜택을 공여하기 때문에 해당 선진국과 수혜개발도상국간의 이해관계에 의하여 좌우되는 경우가 많았고, 모든 개발도상국과 물품에 있어서 혜택이 고루 돌아가지 못하였다.

그러나 GSP는 무역에서의 직접적인 혜택이외에 간접적으로 개발도상국에 혜택이 발생하는 긍정적인 측면도 많았다. GSP는 개발도상국에 대한 직접투자를 유인하는 효과를 가져다 주었다. 개발도상국의 GSP혜택을 이용하기 위하여 선진국이나 다른 개발도상국에서 개발도상국에 생산하여 수출하기 위한 투자가 증가한 것이다. 또 소수의 국가에 집중되었다고 하더라도 경제발전효과가 있은 것은 사실이며, 이들 국가의 수출증대는 다른 개발도상국들의 원자재 수출을 유발했다는 점에서 긍정적인 효과를 찾을 수 있다.

(3) 개발도상국간 무역특혜제도

개발도상국간의 무역특혜제도는 UNCTAD와 77그룹에 의하여 먼저 추진되었다. 이에 따라 1971년 11월 GATT는 「개발도상국상호간 무역협상에 관한 의정서」에서 개발도상국간의 특혜무역에 있어서의 의무면제를 허용하였다. 이후 1976년 6월 제4차 UNCTAD 총회에서 정식으로 거론되었으나 계속 지연되어 오다가 개발도상국간 무역특혜제도(Global System of Trade Preferences: GSTP)

에 대한 협정이 1989년 4월에 발효하게 되었다.

GSTP의 목적은 개발도상국상호간에 무역장벽을 완화하여 무역을 확대함으로써 국내시장의 협소성을 극복하고 규모의 경제를 달성하며, 개발도상국시장에서 개발도상국이 선진국보다 유리한 입장에서 경쟁할 수 있는 여건을 제공하는데 있다. GSTP 협상은 원래 UNCTAD의 이념에 따라 경제발전단계에 따라 혜택을 차등화하고자 하였으나, 실제 협상과정에서는 GATT의 상호주의를 기초로 협상이 이루어졌다. 2016년 현재 회원국의 수는 44개국에 이르고 있고, 한국도 1989년 5월에 가입하여 회원국으로 되어 있다.

3.2 WTO 협정에서의 개발도상국에 대한 특혜규정

무역의 필요성이 점점 더 커져감에 따라 개발도상국들은 다자간 무역체제에 더욱 적극적으로 참여하고 있다. 또한 선진국의 입장에서도 수적으로 다수를 차지하는 개발도상국이 참여하지 않는다면 세계적인 무역체제가 형성될 수가 없다. 따라서 우루과이라운드 협정에서는 그 어느 때보다 개발도상국들이 많이 참여하였고, 또 개발도상국들의 참여를 유도하기 위하여 개발도상국을 위한 특혜규정이 많이 포함되었다. 특히 개발도상국간에도 경제력의 차이가 많은 점을 고려하여 협정은 최빈개발도상국을 별도로 구분하고 일반개발도상국보다 훨씬 더 많은 배려를 하고 있다.

WTO 협정 전문(前文)에서 개발도상국 특히 최빈개발도상국의 경제발전을 위하여 국제무역의 증대 노력의 필요성을 인식한다는 기본적인 입장을 밝히고 있다. 또 여러 개별협정에서 개발도상국에 대한 기술지원, 정보제공, 의무이행시기의 차등적용, 양허협상에서의 배려 등이 산재되어 있다. 개별협정에서의 개발도상국에 대한 배려 내용을 보면 다른 협정보다 농산물협정에서 비교적 많다. 또 여러 협정들에서 조치 이행시기를 늦춰주는 것이 많은데 이것은 WTO 출범후 시간이 흐른 오늘날에 있어서는 큰 의미가 없다. 또 전반적으로 구체적이고 실질적인 내용보다는 추상적이고 선언적인 내용을 많이 담고 있다. 각 협정에서의 개발도상국 우대 내용을 간추려 보면 [표 8-2]와 같다.

표 8-2	WTO 협정에서의 개발도상국에 대한 특별대우 내용(GATT 제외)

	협정	내용
상품분야협정	농산물	• 관세화유예기간, 감축대상보조금감축이행기간, 관세인하기간, 최소시장접근이행기간 등 연장: 선진국은 6년이나 개도국은 10년 • 관세율인하율, 보조금감축률을 선진국의 2/3 수준으로 함 • 개도국의 중요농산물 1품목에 예외적으로 최초 1% 시장개방 • 일반적 투자보조, 저소득계층보조와 농업투입재보조, 마약재배농의 작목전환보조 등에서 감축의무대상 제외 • 최빈개도국은 모든 감축의무 면제
	위생검역조치	• 기술전문지식 부족시 협정시행시기 늦춰줌 • 최빈개도국 협정시행시기 늦춰줌
	섬유·의류	• 양모제품수입 쿼터에서 소규모생산 개도국에 특별고려 • 잠정세이프가드 적용에 최빈개도국에 유리한 대우적용
	반덤핑	• 개도국상품 반덤핑조치 적용시 개도국에 악영향 없도록 고려
	보조금·상계조치	• 최빈개도국 및 $1,000 미만 소득국가에 수출보조금금지 제외 • 금지보조금 적용시기 늦춰줌: 선진국은 5년이나 개도국은 8년 • 미미한 수준의 보조금 개도국상품에 대해서는 조사종료
	관세평가	• 협정적용 시기 늦춰줌: 5년 • 기술지원
	무역기술장벽	• 개도국고유의 기술규정, 표준, 적합판정절차 채택인정 • 기술지원
	무역관련 투자조치	• 국제수지보호목적의 내국민대우, 수량철폐 의무 한시적 배제 • 협정불일치조치철폐시한 연장: 선진국 2년이나 개도국 5년, 최빈국 7년
	서비스무역 일반협정	• 협정 전문(前文)에서 개도국의 서비스공급규제 필요성 인정 • 개도국의 서비스 공급경쟁력 향상과 관심분야 자유화 • 선진국의 자국시장정보제공 • 양허협상에서 개도국의 상황고려 • 기술지원
	무역관련 지적재산권협정	• 적용시기유예: 원래 1년 유예 가능하나 개도국은 4년(내국민대우, 최혜국대우, 권리획득유지 등 제외), 최빈국은 10년 추가로 가능

	• 기존법에서 보호할 수 없는 분야의 경우 5년 추가로 유예 가능 • 기술이전 및 재정적 협조 • 협정 전문(前文)에서 최빈개도국에 융통성 있게 적용
분쟁해결규칙 및 절차	• 개도국관련 분쟁에서 요청시 패널중 최소 1인은 개도국출신 포함 • 개도국에 제소시 충분한 논거준비시간 제공, 개도국상황 고려 • 최빈개도국의 경우 해당국의 특수상황 고려 • 최빈개도국에 대한 제소, 보상의 양허 및 의무정지 승인요청 자제
무역정책검토제도	• 무역정책 및 보고에서 개도국 요청시 사무국의 기술지원

4 지역협정에서의 개발도상국에 대한 무역특혜

EU, 미국 등은 오래전부터 특혜협정으로 자국과 지리적·역사적으로 연관을 가진 개발도상국에 대하여 무역상 특혜를 제공해 왔다. 이러한 특혜협정은 개발도상국에 대한 특혜와 지역경제통합의 중간에 해당하는 특성을 가진다.

4.1 EU-ACP국가들간 특혜협정

유럽국가들은 ECC가 결성되자 1957년 「로마조약(Rome Treaty)」의 "해외영역과의 제휴"에 관한 규정에 의거하여 식민지 및 속령과의 교역상의 유대관계를 유지하였다. 그러나 이후 이들중의 많은 지역이 독립을 하게 되자 1963년 「야운데협약(Yaounde Convention)」을 체결하여 이들 아프리카 국가들에게 무역특혜를 부여하였다. 그 후 영국이 EC에 합류함에 따라 관련 개발도상국의 범위가 확대되어 아프리카, 카리브해, 태평양 지역의 국가(Africa, Caribbean, Pacific countries: ACP)들과 1975년 「로메협약(Lome Convention)」으로 무역특혜협정을 체결하게 되었다. EU는 ACP국가들로부터의 수입에 대하여 관세특혜를 부여하고 있으며, 이들 국가의 소득안정을 위하여 원조를 제공하고 있다.

4.2 EU-지중해연안국가들간 특혜협정

EU는 지중해연안, 북아프리카, 중동 등 유럽 인근지역에 있는 국가들과 준회원국협정, 관세협정, 무역협정 등 다양한 형태의 무역특혜협정을 맺고 있다. 이에 해당하는 국가는 터키, 알제리, 모로코, 튀니지, 이스라엘, 이집트, 요르단, 시리아, 레바논, 팔레스타인 정부 등이다. EU는 이들 국가로부터의 수입에 대하여 무관세 혹은 저율의 특혜관세를 부과하고 있다.

4.3 미-카리브해연안국가들간 무역특혜협정

미국은 2000년 「미-카리브해연안 무역협력법」에 기초하여 카리브해연안에 있는 국가들과 무역특혜협정을 맺고 이들 국가에 대하여 특혜를 부여하였다. 이에 해당하는 국가는 코스타리카, 자메이카, 바하마, 파나마, 과테말라, 아이티, 온두라스, 도미니카, 엘살바도르 등 23개국이었다. 미국은 이들 국가로부터의 수입에 대하여 무관세 등의 무역상 특혜를 부여하였고, 현재는 이들 국가 대부분과 자유무역지역협정을 맺고 있다.

주요용어

이중경제	무역낙관론	무역비관론	균형성장론
불균형성장론	연관효과	수출주도 개발전략	수입대체 개발전략
상품교역조건	총교역조건	소득교역조건	단일요소교역조건
복수요소교역조건	남북문제	신국제경제질서	야운데협약
국제연합 무역개발회의	국제상품협정	일반특혜관세제도	개도국간 무역특혜제도

📋 연습문제

01 오늘날 선진국이 선진국으로 발전하는데 있어서 무역의 역할을 논술하시오.

02 개발도상국의 경제발전에 있어서 무역의 역할에 대하여 논술하시오.

03 무역낙관론의 근거를 논술하시오.

04 균형성장론에 대해서 약술하시오.

05 불균형성장론에 대해서 약술하시오.

06 수출주도 개발전략의 장·단점을 설명하시오.

07 수입대체 개발전략의 장·단점을 설명하시오.

08 소득교역조건을 설명하시오.

09 싱거-프레비쉬 가설에 대하여 논술하시오.

10 남북문제에 대하여 논술하시오.

11 신국제경제질서에 대하여 논술하시오.

12 국제상품협정에 대하여 논술하시오.

13 일반특혜관세제도에 대하여 논술하시오.

참고문헌

제1장 무역정책 개관

김세원, 『무역정책』, 무역경영사, 1988.

김신행, 『국제경제론』, 법문사, 1993.

김완순·한복연, 『국제경제기구론』, 박영사, 1997.

김인준, 『국제경제론』, 제5판, 다산출판사, 2003.

김행권·신동수, 『무역학개론』, 법경사, 2001.

남종현, 『국제무역론』, 경문사, 1999.

노택환, 『국제통상정책론』, 박영사, 2008.

문창권, 『무역정책입문』, 두남, 2006.

박종수, 『국제통상원론』, 박영사, 1997.

박종식, 『국제경제학』, 무역경영사, 1998.

박진근, 『국제경제학』, 박영사, 1988.

박희종·전형구, 『국제통상정책론』, 두남, 2006.

신현종, 『무역정책론』, 박영사, 1988.

온병훈, 『국제경제학』, 법문사, 1996.

이남구, 『국제무역정책』, 무역경영사, 1998.

이장로·문희철, 『무역개론』, 무역경영사, 2005.

조영정, 『국제통상론』, 제2판, 법문사, 2009.

조영정, 『국제통상학』, 학현사, 1999.

조영정, 『무역학개론』, 제3판, 박영사, 2015.

Carbaugh, J. R., *International Economics*, 7th. ed., Cincinnati, Ohio: South-Western College Publishing, 2000.

Greenaway, D., *International Trade Policy*, London: The Macmillan Press, Ltd, 1983.

Kreinin, M. E., *International Economics: A Policy Approach*, 8th. ed., USA, FL Orlando: Dryden Press, 1998.

Krugman, R. P. and M. Obstfeld, *International Economics: Theory and Policy*, 6th. ed., New York: Addition-Wesley, 2003.

Lomborg, Bjorn, ed., *Global Crisis, Global Solutions*, U.K.: Cambridge University Press, 2004.

Pugel, T. A., *International Economics*, 16th. ed., New York: McGraw-Hill, 2016.

Salvatore, D., *International Economics*, 9th. ed., New York: Macmillan Publishing Co., 2007.

제2장 무역정책의 양대 기조

김세원, 『무역정책』, 무역경영사, 1988.

김신행, 『국제경제론』, 법문사, 1993.

김인준, 『국제경제론』, 다산출판사, 1998.

바그와티 저, 송용엽 역, 『보호무역주의』, 전남대학교 출판부, 1993.

신현종, 『무역정책론』, 박영사, 1988.

온병훈, 『국제경제학』, 법문사, 1996.

조영정, 『국제통상론』, 제2판, 법문사, 2009.

Bastable, C. F., *The Commerce of Nations*, 9th ed., London: Methuen & Co. 1923, pp. 140~143.

Bhagwati, J. N. and T. N. Srinivasan, *Lectures on International Trade*, Cambridge: The MIT Press, 1983.

Brander, A. and B. J. Spencer, "Export Subsidies and International Market Share Rivalry," *Journal of International Economics*, Vol. 16, 1985, pp. 83~100.

Brander, A. and B. J. Spencer, "International R&D Rivalry and Industrial Strategy," *Review of Economic Studies*, 50, 1983, pp. 707~722.

Finger, J. Michael and Sam Laird, "Protection in Developed and Developing Countries—An Overview," *Journal of World Trade*, Vol. 21, 1987.

Greenaway, D., *International Trade Policy*, London: The Macmillan Press, Ltd, 1983.

Hagelstam, Jarl, "Mercantilism Still Influences Practical Trade Policy at the End of the Twentieth Century," *Journal of World Trade*, Vol. 25, 1991.

Hamilton, A., *Report on Manufactures*, Washington: US Congress, 1791.

Harberler, G., *The Theory of International Trade with Its Applications to the Commercial Policy*, London: Hodge, 1936.

Cairnes, J., *Some Leading Principles of Political Economy*, London: MaCmillan, 1984.

Kemp, M. C., "The Mill—Bastable Infant Industry Dogma," *Journal of Political Economy*, Vol. 68, 1960, pp. 65~67.

Kenwood, A. G. and A. L. Lougheed, *The Growth of the International Economy*, 4th ed., London: George & Unwin Ltd, 1983.

Krugman, Paul R., ed., *Strategic Trade Policy and the New International Economics*, Cambridge: The MIT Press, 1986.

List, F., *The national System of Political Economy*, 1841.

Mill, J. S., *Principles of Political Economy*, London: Longmans, Green, 1917, Book 3, Chapters 17, 18.

Palmeter, David, "Protectionism and the Rise of 'Unfair' Trade: Review Essay of Regulating Unfair Trade by Pietro S. Nivola," *Journal of World Trade*, Vol. 27, 1993.

Ricardo, D., *Principles of Political Economy and Taxation*, London: J. Marry, 1817.

Roessler, Frieder, "Diverging Domestic Policies and Multilateral Trade Integration," in *Fair Trade and Harmonizations: Prerequisites for Free Trade?* Vol. 2, eds. Jagdish Bhagwati and Robert E. Hudec, Cambridge:

The MIT Press, 1997.

Salvatore, D., *International Economics*, 9th. ed., New York: Macmillan Publishing Co., 2007.

Smith, A., *An Inquiry into the Nature and Causes of the Wealth of Nations*, Chicago: University of Chicago Press, 1977.

Stolper, W. F. and P. A. Samuelson, "Protection and Real Wages," *Review of Economic Studies*, Vol. 9, November 1941, pp. 58~73.

Williamson, J., *The Open Economy and the World Economy*, New York: Basic Books Inc., 1983.

제3장 세계무역기구

김세원, 『무역정책』, 무역경영사, 1988.

김신행, 『국제경제론』, 법문사, 1993.

김인준, 『국제경제론』, 제5판, 다산출판사, 2003.

남종현, 『국제무역론』, 경문사, 1999.

박종식, 『국제경제학』, 무역경영사, 1998.

박진근, 『국제경제학』, 박영사, 1988.

이 균, 『관세이론』, 법경사, 1996.

조영정, 『국제통상론』, 제2판, 법문사, 2009.

Bhagwati, J. N. and T. N. Srinivasan, *Lectures on International Trade*, Cambridge: The MIT Press, 1983.

Carbaugh, J. R., *International Economics*, 7th. ed., Cincinnati, Ohio: South-Western College Publishing, 2000.

Greenaway, D., *International Trade Policy*, London: The Macmillan Press, Ltd, 1983.

Harberler, G., *The Theory of International Trade with Its Applications to the Commercial Policy*, 1936.

Kreinin, M. E., *International Economics: A Policy Approach*, 8th. ed., USA, FL Orlando: Dryden Press, 1998.

Krugman, R. P. and M. Obstfeld, *International Economics: Theory and Policy*,

6th. ed., New York: Addition-Wesley, 2003.

Levinsohn, Jim and et. al., ed., *New Directions in Trade Theory*, Ann Arbor: The University of Michigan Press, 1995.

Metzler, A., Tariffs and Terms of Trade and the Distribution of National Incomes, *Journal of Political Economy*, February 1949.

Mill, J. S., *Principles of Political Economy*, London: Longmans, Green, 1917. Book 3, Chapters 17, 18.

Pugel, T. A., *International Economics*, 16th. ed., New York: McGraw-Hill, 2016.

Salvatore, D., *International Economics*, 9th. ed., New York: Macmillan Publishing Co., 2007.

Smith, A., *An Inquiry into the Nature and Causes of the Wealth of Nations*, Oxford: Glasgow Edition, 1776.

Stolper, W. F. and P. A. Samuelson, "Protection and Real Wages," *Review of Economic Studies*, Vol. 9, November 1941.

Williamson, J., *The Open Economy and the World Economy*, New York: Basic Books Inc., 1983.

제4장 무역정책수단

김성준, 『WTO 법의 형성과 전망』, 삼성출판사, 1996.

김완순·한복연, 『국제경제기구론』, 박영사, 1997.

김원태, 『글로벌시대의 WTO의 이해』, 한경사, 2006.

나경원, 『국제교역에 있어서 최혜국조항의 적용에 관한 연구』, 서울대학교 석사학위논문, 서울대학교 대학원, 1989.

대외경제정책연구원, 『WTO 출범과 신교역질서』, 대외경제정책연구원, 1995.

대한무역진흥공사, 『UR 최종협정문』, 대한무역진흥공사, 1995.

박수혁, 『국제경제기구』, 매경문고, 1986.

법무부, 『UR 협정의 법적 고찰(상, 하)』, 법무부, 1994.

서헌제, 『국제경제법』, 율곡출판사, 1996.

심상윤, 『최혜국민대우원칙에 관한 연구』, 전북대학교 사회과학연구 제5호, 전북.

대학교, 1978.

조영정, "WTO 다자간무역협정에서의 최혜국대우원칙," 『국제통상연구』 제3권 1
호, 한국국제통상학회, 1998.

통상산업부, 『WTO 협정 해설』, 통상산업부, 1995.

World Trade Organization Secretariat, *World Trade Organization*, Geneva:
World Trade Organization Secretariat, 1998.

Anderson, Kym, ed., *Strengthening the Global Trading System: From GATT to
WTO*, University of Adelaide: Centre for International Economic Studies,
1996.

Croome, John, *Reshaping the World Trading System: A History of the Uruguay
Round*, Geneva: WTO, 1995.

Espiell, H. G., "The Most Favored Nation Clause," *Journal of World Trade
Law*, Vol. 15, 1971.

GATT, *The General Agreement on Tariffs and Trade*, GATT, 1994.

Hoekman, Bernard M. and Robert M. Stern, "An Assessment of the Tokyo
Round Agreements and Arrangement," in *The Multilateral Trading System*,
ed. Robert M. Stern, Ann Arbor: The University of Michigan Press, 1993.

Jackson, John H., "A New Constitution for World Trade: Reforming the GATT
system," in *The Multilateral Trading System*, ed. Robert M. Stern, Ann
Arbor: The University of Michigan Press, 1993.

Jackson, John H., *Restructuring the GATT Trading System*, London: Pinter
Publishers, 1996.

Jackson, John H., *The World Trading System: Law and Policy of International
Economic Relations*, Cambridge: The MIT Press, 1989.

Jackson, John H., 『GATT 해설』, 한국무역협회, 1988.

Klabbers, J., "Jurisprudence in International Trade Law–Article XX of GATT,"
Journal of World Trade, Vol. 26, 1992.

Martin, Will and L. Alan Winters, *The Uruguay Round: Widening and
Deepening the World Trading System*, Washington, D.C.: The World Bank,
1995.

Petersmann, Ernst-Ulrich, *The GATT/WTO Dispute Settlement System*, London: Kluwer Law International, 1997.

Schott, Jeffrey J., *WTO 2000: Setting the Course for World Trade*, Washington, D. C.: Institute for International Economics, 1996.

Tita, A., "A Challenge for the World Trade Organization," *Journal of World Trade*, Vol. 29, 1995.

Whalley, John and Colleen Hamilton, *The Trading System after the Uruguay Round*, Washington, D. C.: Institute for International Economics, 1996.

제5장 지역경제통합

김완순·한복연, 『국제경제기구론』, 박영사, 1997.

대한무역진흥공사, "북미자유무역협정의 체결과 우리의 대응," 1993.

박수혁, 『국제경제기구』, 매경문고, 1986.

손병해, 『경제통합론』, 법문사, 1994.

조영정, 『국제통상론』, 제2판, 법문사, 2009.

Balassa, B., *The Theory of Economic Integration*, Homewood: Richard. D. Irwin, 1961, pp. 1~3.

Holbein, James R. and Donald J. Musch, *North American free tradeagreements: Commentary*, New York: Oceana Publications, 1994.

Johnson, H. G., *Money, Trade and Economic Growth*, Cambridge, Mass: Harvard University Press, 1962, Ch. 2.

Lipsey, R. G., "The Theory of Customs Union: A General Survey," *Economic Journal*, Vol. 70, No. 279, 1960, pp. 496~513.

Lipsey, R. G. and K. Lancaster, "The General Theory of the Second Best," *Review of Economic Studies*, October 1956, pp. 33~49.

Meade, J. E., *The Theory of Customs Union*, Amsterdam: North Holland Publishing Co., 1955, Ch. II.

OECD, *Economic Integration*, Paris: OECD, 1993.

OECD, *Integration of Developing Countries into the International Trading System*, Paris: OECD, 1992.

OECD, *Regional Integration and the Multilateral Trading System*, Paris: OECD, 1996.

Organization of American States Trade Unit, *Analytical Compendium of Western Hemisphere Trade Arrangements*, Organization of American States Trade Unit, 1995.

Qureshi, Asif H., "The Role of GATT in the Management of Trade Blocs-An Enforcement Perspective," *Journal of World Trade*, Vol. 27, 1993.

UN, *Regional Trading Blocs: A Threat to the Multilateral Trading System*, UN, 1990.

Viner, J., *The Custom Union Issue*, New York: Carnegie Endowment for International Peace, 1950, Ch. 4.

Wild, J. J. et. al., *International Business: The Challenge of Globalization*, 5th ed., New Jersey: Pearson Prentice-Hall, 2008.

World Bank, *World Development Indicators*, 2015.

WTO, *International Trade Statistics*, 2015.

WTO, *Regionalism and the World Trading System*, Geneva: WTO, 1995.

WTO, *RTAs and the WTO*, WTO, 2013.

WTO, *Some Figures on Regional Trade Agreements Notified to the GATT/WTO and in Force*, 2016. http://rtais.wto.org/UI/PublicConsultPreDefReports.aspx. 2016년, 4월 7일 발췌.

WTO, *List of all RTAs in Force*, http://rtais.wto.org/UI/PublicAllRTAList.aspx. 2016년, 4월 7일 발췌.

제6장 무역에서의 환경문제

김승진 외, 『환경-무역관계가 한국무역에 미치는 영향』, 세계경제연구원, 1994.

김영생, 『무역과 환경』, 두남, 2002.

법무부, 『국제환경법과 무역』, 법무부, 1995.

손찬현 외, 『WTO 체제의 정착과 신통상의제』, 대외경제정책연구원, 1997.

외교통상부, 『DDA 협상동향』, 2008.

이정전, 『환경경제학』, 박영사, 2002.

이호생, 『무역과 환경: GATT/WTO의 논의』, 대외경제정책연구원, 1995.

전국경제인연합회, 『그린라운드 동향과 주요 업종의 대응방안』, 전국경제인연합회, 1994. 5.

조영정, 『국제통상론』, 제2판, 법문사, 2009.

조영정, 『국제통상법의 이해』, 제3판, 무역경영사, 2009.

최영진 외, 『뉴라운드: UR 이후의 새로운 경제 이슈들』, 지식산업사, 1995.

한국무역협회, 『"무역과 환경"논의 동향』, 한국무역협회, 1995.

Anderson, K. and R. Blackhurst, *The Greening of World Trade Issues*, New York: Harvester Wheatsheaf, 1992.

Cavusgil, T. S. et. al., *International Business: Strategy, Management, and the New Reality*, New Jersey: Pearson Prentice Hall, 2008.

Congress of the United States, *Trade and The Environment: Conflict and Opportunity*, Washington D. C.: Congress of the United States, 1994.

Congress of United States, *Trade and Environment*, Congress of United States Office of Technology Assesment, 1992.

Esty, C. D., *Greening the GATT: Trade, Environment, and the Future*, Washington DC: Institute for International Economics, 1994.

GATT, *The General Agreement on Tariffs and Trade*, GATT, 1994.

Griffin, Joseph P. and Michael R. Calabrese, "Coping with Extraterritoriality Disputes," *Journal of World Trade*, Vol. 22, 1988.

Krugman, R. P. and M. Obstfeld, *International Economics: Theory and Policy*, 6th. ed., New York: Addition-Wesley, 2003.

Le Quesne, Caroline, *Reforming World Trade: The Social and Environmental Priorities*, Oxford: Oxfam Publications, 1996.

Lomborg, Bjorn, ed., *Global Crisis, Global Solutions*, U.K.: Cambridge University Press, 2004.

OECD, *Consumers, Product Safety Standards and International Trade*, Paris: OECD, 1991.

OECD, *The Environmental Effects of Trade*, Paris: OECD, 1994.

OECD, *Trade and Environment*, Paris: OECD, 1994.

OECD, *Trade and The Environment: Process and Production Methods*, Paris: OECD, 1994.

Pugel, T. A., *International Economics*, 16th. ed., New York: McGraw-Hill, 2016.

van Bergeijk, A. G. Peter, "International Trade and the Environmental Challenge," *Journal of World Trade*, Vol. 25, 1991.

국가인권위원회, 『국내거주 외국인 노동자 인권실태조사』, 2002.

국제노동기구, 『불법이주 및 이주노동자의 기회 및 처우 균등의 촉진에 관한 조약』, 1975.

국제연합, 『모든 이주자와 그 가족의 권리 보호에 관한 국제협약』, 1990.

김관호, 『세계화와 글로벌 경제』, 박영사, 2005.

김인준, 『국제경제론』, 제5판, 다산출판사, 2003.

남종현, 『국제무역론』, 경문사, 1999.

서민교·강한균, 『다국적기업론』, 진영사, 1997.

설동훈, 『노동력의 국제이동』, 서울대학교 출판부, 2000.

어윤대 외, 『국제경영』, 학현사, 1998.

유길상 외, 『"WTO 도하개발 아젠다 협상" Mode 4(인력이동) 대응전략』, 대외경제정책연구원, 2004.

정성진 외, 『신자유주의적 구조조정과 노동문제: 1997~2001』, 한울아카데미, 2000.

조영정, 『무역학개론』, 제3판, 박영사, 2015.

Adams, H. Richard, Jr., *International Migration, Remittance and the Brian Drain: A study of 24 Labor-Exporting Countries*, World Bank Policy Research Working Paper, World Bank, Washington, DC, 2003.

Aharoni, Y., *The Foreign Investment Decision Process*, Boston, Mass, Harvard University Press, 1966, pp.42~46.

Bangko Sentral NG Pilipinas, *Economic and Financial Statistics*, Philippine Manila, 2015.

Bauer, Thomas, et al., *Immigration Labor and Workforce Safety*, IZA Discussion Paper Series, No. 16, Institutes for the Study of Labor, 1998.

Borjas, G. J., "The Labor Demand Curve is downward slopping: Reexamining the Impact of Immigration on the Labor Market," *Quarterly Journal of Economics*, 2003.

Buckley, Peter and Mark Casson, *The Future of the Multinational Enterprise*, London: MacMillan, 1976.

Caves, R. E., International Corporations: The Industrial Economics of Foreign Investment, *Economica*, vol. 38, 1971.

Chang, Howard, *Migration as International Trade: The Economic Gains From the Liberalized Movement of Labor*, University of Pennsylvania Law School, Institutes for Law and Economics Working Paper No. 278, 1998.

Chaudhuri, Sumanta, *Moving People to Deliver Services: How Can the WTO Help?*, World Bank Policy Research Working Paper, World Bank, Washington, DC, 2003.

Coase, R. H., "The Nature of the Firm," *Economica*, Vol. 4, 1937.

Daniels, D. J. et. al., *International Business: Environment and Operations Strategy, Management, and the New Reality*, 11th ed., New Jersey: Pearson Prentice Hall, 2007.

Dunning, J. H., "Toward and Eclectic Theory of International Production: Some Empirical Tests," *Journal of International Business Studies*, Spring/Summer, 1980.

Fertig, Michael, *The Impact of Economic Integration on Employment-An Assessment in the Context of EU Enlargement*, IZA Discussion Paper Series, No. 919, Institutes for the Study of Labor, 2003.

Griffin, W. R. and M. W. Pustay, *International Business: A Managerial Perspective*, 5th ed., New Jersey: Pearson Prentice Hall, 2007.

Hymer, S., *The International Operations of National Firms: a Study of Direct Foreign Investment*, Ph. D. Dissertation, Massachusettes: MIT Press, 1976.

ILO, *Global Estimates on Migrant workers*, 2015.

Jansen, Marion, *The Impact of Mode 4 on Trade in Goods and Services*, WTO Staff Working Paper ERSD-2004-07, TO, 2004.

Kindleberger, C. P., *American Business Abroad: Six Lectures on Direct Investment*, New Heaven: Yale University Press, 1969.

Knickerbocker, F. T., *Oligopolistic Reaction and the Multinational Enterprise*, Boston, Mass: Harvard University Press, 1973.

Kojima, K., *Direct Foreign Investment: A Japanese Model of Multinational Operations*, London: Croom Helm, 1978, pp. 9~15.

Kojima, K., Macroeconomic Versus International Business to Foreign Direct Investment, *Hitosubashi Journal of Economics*, vol. 23, 1982.

Krugman, R. P. and M. Obstfeld, *International Economics: Theory and Policy*, 6th. ed., New York: Addition-Wesley, 2003.

Lomborg, Bjorn, ed., *Global Crisis, Global Solutions*, U. K.: Cambridge University Press, 2004.

Markusen, James R. and Anthony J. Venables, *Multinational Firms and the New Trade Theory*, National Bureau of Economic Research Working Paper, 1995.

Martin, Philip, "Migration," in *Global Crisis, Global Solutions*, ed. Bjorn Lomborg, Cambridge: Cambridge University Press, 2004.

Nielson, Julia, *Current regimes for Temporary Movement of Service Providers: Labour Mobility in Regional Trade Agreements*, in Joint-WTO-World Bank Symposium on Movement of Persons(mode 4) Under GATS, WTO, Geneva, 2002.

Philip, Martin, *Migrants in the Global Labor Market*, Global Commission on International Migration, 2005.

Pugel, T. A., *International Economics*, 16th. ed., New York: McGraw-Hill, 2016.

Rama, Martin, *Globalization and Workers in Developing Countries*, World Bank Policy Research Working Paper, World Bank, Washington, DC, 2003.

Rotte, Ralph and Michael Vogter, *The Effect of Development on Migration:*

Theoretical Issues and New Empirical Evidence, IZA Discussion Paper Series, No. 46, Institutes for the Study of Labor, 1999.

Ruhs, Martin, *Temporary Foreign Worker Programmes: Policies, Adverse Consequences, and the Need to Make Them Work*, The Center for Comparative Immigration Studies, Working Paper No. 56, University of California, San Diego, 2002.

Ruppert, Elizabeth, *Managing foreign Labor in Singapore and Malaysia: Are there Lessons for GCC Countries?*, World Bank, 1999.

Schiff, Maurice, *South-North Migration and Trade*, World Bank Policy Research Working Paper, The World Bank, 1996.

Smith, J. and B. Edmonston, eds., *The New Americans: Economic Demographic, and Fiscal Effects of Immigration*, National Research Council, Washington DC, 1997.

Solimano, Andres, *International Migration and the Global Economic Order: An overview*, Macroeconomics and Growth Development Economics Research Group, World Bank, Washington, DC, 2001.

United Nations, *Trends in International Migrant Stock*, 2016.

United Nations, *World Population Prospects*, 2016.

UNCTAD, *Handbook of Statistics*, 2015.

UNCTAD, *World Investment Report*, 2015.

UN Population Division, *International Migration Report*, UN Department of *Economic and Social Affairs*, Population Division, 각 연도.

Vernon, R., "International Investment and International Trade in the Product Cycle", *Quarterly Journal of Economics*, Vol. 80, May 1966.

Winters, L. Alan, *The Economic Implications of Liberalising Mode 4 Trade*, in Joint-WTO-World Bank Symposium on Movement of Persons(mode 4) Under GATS, WTO, Geneva, 2002.

WTO Secretariat, *GATS, Mode 4 and the Pattern of Commitments*, in Joint-WTO-World Bank Symposium on Movement of Persons(mode 4) Under GATS, WTO, Geneva, 2002.

제8장 국제무역과 경제발전

고준성, "WTO/GATT 체제에 있어서 개발도상국에 대한 특별대우," 『통상법률』, 제9호, 1996. 6.

김세원, 『무역정책』, 무역경영사, 1988.

김신행, 『국제경제론』, 법문사, 1993.

김인철, 『경제발전론』, 박영사, 2001.

박승, 『경제발전론』, 제2전정판, 박영사, 2003.

박종식, 『국제경제학』, 무역경영사, 1998.

박진근, 『국제경제학』, 박영사, 1988.

에쇼 히데끼, 『경제발전론』, 진영사, 2002.

전순신, 『국제무역에 있어서의 일반특혜제도에 관한 연구』, 서울대학교 박사학위 논문, 서울대학교 대학원, 1984.

조영정, 『국제통상법의 이해』, 제3판, 무역경영사, 2009.

Hirschman, A. O., *The Strategy of Economic Development*, New Haven: Yale University Press, 1958.

Kenwood, A. G. and A. L. Lougheed, *The Growth of the International Economy*, 4th ed., London: George & Unwin Ltd, 1983.

Krugman, R. P. and M. Obstfeld, *International Economics: Theory and Policy*, 6th. ed., New York: Addition-Wesley, 2003.

Kunibert, Raffer, *Unequal Exchange and the Evolution of the World System*, New York: st. Martin's Press, 1993.

Myrdal, G., *An International Economy: Problems and Prospects*, New York: Harper and Brothers, 1956, pp. 230~231.

Nurkse, R., *Equilibrium and Growth in the World Economy*, Harvard University Press, 1961.

OECD, *Integration of Developing Countries into the International Trading System*, Paris: OECD, 1992.

Prebisch, R., *The Economic Development of Latin America and Its Principal Problems*, United Nations, Department of Economic affairs, 1950.

Rosenstein-Rodan, P. N., "The Problems of Industrialization of Eastern and

South–Eastern Europe," *Economic Journal,* June–September 1943.

Salvatore, D., *International Economics,* 9th. ed., New York: Macmillan Publishing Co., 2007.

Singer, H. W., "U. S. Foreign Investment in Underdeveloped Areas: The Distribution of Gains between Investing and Borrowing Countries," *American Economic Review,* Papers and Proceedings, Vol. 40, No. 2, May 1950, pp. 478~479.

Spraos, John, *Inequalising Trade?: A Study of Traditional North/South Specialization in the Context of Terms of Trade Concepts,* Oxford: Clarendon Press, 1983.

van Dijk, Pieter and et. al., eds., *Restructuring the International Economic Order: The Role of Law and Lawyers,* Deventer: Kluwer Law and Taxation Publishers, 1987.

Wright, M., *Rights and Obligations in North–South Relations,* New York: st. Martin's Press, 1986.

UNCTAD, *The Least Developed Countries Report 2015,* United Nations, 2015.

국문색인

영 문 색 인

저자 약력

고려대학교 경영대학 무역학과(학사)
고려대학교 대학원 무역학과(석사)
고려대학교 대학원 무역학과(박사)
미국 Harvard University 국제무역전문가 과정 수료

고려대학교 경영대학 및 대학원 강사
국제대학교 무역학과 교수
KOTRA 아케데미 강사
국가고시 및 자격시험 출제위원
대한상사중재원 중재인
지방행정연수원 국제관계 주임교수
미국 UCLA 교환교수
미국 U.C. Berkeley 교환교수
사회사상연구소장

<저서 및 논문>
「국제경영」(공저), 학현사, 1996.
「국제통상학」, 학현사, 1999.
「국제통상법의 이해」, 무역경영사, 2000.
「무역영어」, 법문사, 2002.
「국제통상론」, 법문사, 2003.
「무역정책론」, 무역경영사, 2009.
「무역학개론」, 박영사, 2010.
「표준 무역영어」, 박영사, 2011.
「국인주의 이론」, 박영사, 2016.
「무역정책」, 박영사, 2016.

"수입자유화의 한국수입구조에 대한 영향분석," 「무역학회지」 외 수십여 편.

E-mail: joyzz@daum.net

무역정책

초판인쇄	2016년 8월 5일
초판발행	2016년 8월 15일
지은이	조영정
펴낸이	안종만
편 집	김효선
기획/마케팅	박선진
표지디자인	조아라
제 작	우인도·고철민
펴낸곳	(주) 박영사
	서울특별시 종로구 새문안로3길 36, 1601
	등록 1959. 3. 11. 제300-1959-1호(倫)
전 화	02)733-6771
f a x	02)736-4818
e-mail	pys@pybook.co.kr
homepage	www.pybook.co.kr
ISBN	979-11-303-0326-0 93320

정 가   24,000원